天津市经济发展研究院智库报告

天津经济调研2020

◎ 刘福强/主编　冯玲 燕中州/副主编

Tianjin Economic Investigation 2020

天津社会科学院出版社

图书在版编目（C I P）数据

天津经济调研. 2020 / 刘福强主编 ; 冯玲, 燕中州副主编. -- 天津 : 天津社会科学院出版社, 2021.11
ISBN 978-7-5563-0791-3

Ⅰ. ①天… Ⅱ. ①刘… ②冯… ③燕… Ⅲ. ①区域经济发展－研究报告－天津－2020 Ⅳ. ①F127.21

中国版本图书馆CIP数据核字(2021)第241189号

天津经济调研. 2020
TIANJIN JINGJI DIAOYAN 2020

出版发行：天津社会科学院出版社
地　　址：天津市南开区迎水道7号
邮　　编：300191
电　　话：（022）23360165（总编室）
　　　　　（022）23075307（发行科）
网　　址：www.tass-tj.org.cn
印　　刷：北京建宏印刷有限公司

开　　本：787×1092　毫米　1/16
印　　张：18.25
字　　数：285千字
版　　次：2021年11月第 1 版　2021年11月第 1 次印刷
定　　价：78.00元

《天津经济调研2020》
编辑委员会

前 言

以“精卫填海”的劲头，攻坚克难引领发展突围

2020年是极不平凡的一年，更是刻骨铭心的一年。面对严峻复杂的发展形势和新冠肺炎疫情的严重冲击，统筹做好疫情防控和经济社会发展，既是一次大战，也是一次大考。全市上下认真落实习近平总书记的重要讲话和指示精神，闻令而动，向“疫”而行，在危难前选择英勇，在坚守中甘于奉献，用实实在在的行动、真真切切的善意，汇聚起抗击疫情和复工复产的强大合力，经济发展取得重大战略成果，向全市人民交上一份出色的答卷。

在砥砺前行中彰显韧劲。深入贯彻落实习近平总书记对天津工作“三个着力”的重要要求和一系列重要指示批示精神，坚持稳中求进工作总基调，坚定不移地贯彻新发展理念，笃定高质量发展不动摇，持续深化供给侧结构性改革，全力推进京津冀协同发展，扎实做好“六稳”工作，全面落实“六保”任务，实施一系列打基础、利长远、惠民生的重大举措，全市经济社会经受住前所未有考验，发展好于预期。2020年天津市生产总值(GDP)14083.73亿元，按可比价格

计算，比上年增长 1.5%。

在改革创新中彰显活力。深入实施我市《优化营商环境条例》，完成"一制三化"2.0 版改革任务，出台进一步优化营商环境更好服务市场主体的若干措施，制定实施优化营商环境三年行动计划，852 项政务服务事项实行承诺审批，564 项实行"不见面"办理，"证照分离"实现涉企经营许可事项和改革实施范围全覆盖。"津心办"上线服务事项 1700 余项，实现企业开办等业务"掌上办"。实施市场准入负面清单（2020 年版），清理准入不合理限制和隐性壁垒。推动出台天津市社会信用条例，开展区域信用和市级部门诚信建设状况监测。全年新登记市场主体 25.62 万户，其中民营市场主体 25.45 万户。

在转型升级中彰显品质。全面贯彻新发展理念，突出高质量发展要求，以"钉钉子"的精神，持之以恒、锲而不舍追求高品质；以"踏石留印、抓铁有痕"的劲头，坚持优化内外部资源的市场化配置能力；以"风物长宜放眼量"的眼光和胸怀，推进产业结构的优化升级。全年高技术产业（制造业）增加值增长 4.6%，工业战略性新兴产业增加值增长 4.4%，高技术服务业和战略性新兴服务业营业收入分别增长 5.4% 和 4.9%。信息安全、动力电池入选全国 20 个先进制造业集群。"中国信创谷""细胞谷""生物制造谷""北方声谷"、市数字经济产业创新中心等新增长点正在形成。天津（西青）国家级车联网先导区揭牌，天津经济技术开发区入选首批国家数字服务出口基地。

在扩大开放中彰显效能。坚定不移推进对外开放，发展活力和内生动力进一步增强。积极融入"一带一路"建设，互联互通合作深度开展，开行中亚国际班列 396 列，累计发送 43448 标准箱。在非洲设立 10 个"鲁班工坊"，"鲁班工坊"累计达到 17 家，国际友城增至 92 对，跨境电商进出口规模处于全国前列。经贸投资合作持续深化，融入中蒙俄、中巴经济走廊建设取得成效，中欧先进制造产业园、天津意大利中小企业产业园加快建设，中埃·苏伊士经贸合作区保税仓库完成验收交付。自贸试验区向全国复制推广 37 项试点经验和实践案例，占全国 19.9%。完成滨海新区各开发区法定机构改革。出口加工区、东疆保税港区、天津保税物流园区转型升级为综合保税区。全年自贸试验区新设立企业 1.08 万家，新增内资企业注册资本 3004 亿元。

在绿色发展中彰显生机。牢固树立“绿水青山就是金山银山”理念,深入实施“871”重大生态工程,湿地自然保护区全面升级保护,七里海湿地完成生态修复工程,北大港湿地持续开展生态补水。双城间绿色生态屏障加快建设,重点打造十大生态片区,造林绿化工程完成4.9万亩。海岸线加快提升生态功能,整治修复滨海湿地531.87公顷、岸线4.78公里,全力打造“水清、岸绿、滩净、湾美”的蓝色海湾。中新天津生态城国家绿色发展示范区建设取得明显成效。蓟州区获批国家生态文明建设示范区。子牙经开区获批国家生态工业示范园区。津沽大地跃动着勃勃生机。

当今世界,百年未有之大变局进入加速演变期,疫情带来的各类衍生风险不容忽视,各种“黑天鹅”“灰犀牛”层出不穷,我们必须清醒地看到,发展速度提升仍然较慢,经济恢复基础尚不牢固,重点领域关键环节改革任务仍然艰巨,一些领域“卡脖子”问题仍然严重,创新平台聚集不足,营商环境对标一流仍有差距,等等,这些难题都亟待我们出招破解。走过2020年,一个启示分外鲜明:在危机中育先机,于变局中开新局。为巩固深化拓展高质量发展态势,天津市经济发展研究院联合天津市宏观经济学会,围绕创新、协调、绿色、开放、共享五大发展理念,在天津市16个区和重点功能区开展调研,形成了本书17篇调研报告,旨在为市委、市政府及相关部门提供决策参考依据,为研究天津经济发展的相关人士提供研究参考。

本书是我们连续第四年将调研成果汇编成册呈现给大家,但我们深知受自身能力水平和调研条件的限制,调研成果可能还存在这样或那样的不足,需要在今后的工作中加以改正和弥补。在此,希望各位关心天津经济发展的有识之士能不吝赐教,我们将感激不尽。

编者

2021年9月

目 录

创新篇

协调篇

绿色篇

开放篇

共享篇

创新篇

深入推进京津冀协同发展
加快天津市“一基地三区”建设的研究

天津市经济发展研究院　解威　姚晓东

京津冀协同发展是习近平总书记亲自谋划、亲自决策、亲自推动的重大国家战略。《京津冀协同发展规划纲要》赋予天津建设全国先进制造研发基地、北方国际航运核心区、金融创新运营示范区、改革开放先行区的定位。“十三五”期间，天津市围绕这一新的发展定位，深入贯彻落实党中央的决策部署，坚持功能引领、项目带动、清单管理、优化环境，以实现定位的项目化、清单化支撑体系为抓手，着力提升城市服务辐射功能，“一基地三区”建设取得明显进展。充分总结过去五年天津市“一基地三区”建设的成就和经验，系统分析未来五年发展的机遇、优势、条件，对比查找建设过程中的差距和短板，将会为天津市在“十四五”时期基本实现“一基地三区”功能定位，打造国内大循环的重要节点、国内国际双循环的战略支点，为全面建设社会主义现代化大都市提供决策参考。

一、“十三五”期间“一基地三区”建设成就

（一）全国先进制造研发基地取得新成就

为加快推进先进制造研发基地建设，天津市相继发布《关于推进供给侧结构性改革加快建设全国先进制造研发基地的实施意见》和《天津市建设全国先进制造研发基地实施方案（2015—2020年）》，为天津制造业的提质增效、转型升级指明了发展方向。经过近五年的努力，全国先进制造基地建设取得一定成效，2020年全市工业增加值为4188.13亿元，占全市GDP比重的29.7%。其

中先进制造产业产值占全市工业比重达到 70.4%，比“十二五”末提高 14.7 个百分点。

1. 质量效益稳步提升

发展效益加快提升。2020 年全年，规模以上工业企业百元营业收入成本为 85.8 元，比“十二五”末下降 2.5 个百分点；2020 年四季度，规模以上工业产能利用率为 78.8%，比“十二五”末提高 5.1 个百分点。

绿色制造加快推进。“十三五”期间，天津市深入贯彻“两山”理念，坚定不移推进工业绿色转型。114 个绿色工厂、绿色园区等入选国家绿色制造名单，108 家单位入选绿色制造“国家队”，规模以上工业单位增加值能耗累计下降 16%，完成国家“十三五”进度目标。

2. 制造业结构不断优化

“十三五”期间，天津市相继出台《天津市战略新兴产业提升发展行动计划》和《关于强化串链补链强链进一步壮大新动能的工作方案》，产业结构不断优化，加快向高端化、智能化、绿色化升级。工业战略性新兴产业和高技术产业（制造业）比重基本呈上升趋势（见图 1）。其中，工业战略性新兴产业增加值占规模以上工业增加值比重达到 26.1%，比“十二五”末提高 8.6 个百分点；高技术产业（制造业）增加值占规模以上工业增加值比重达到 15.4%，比“十二五”末提高 1.6 个百分点。

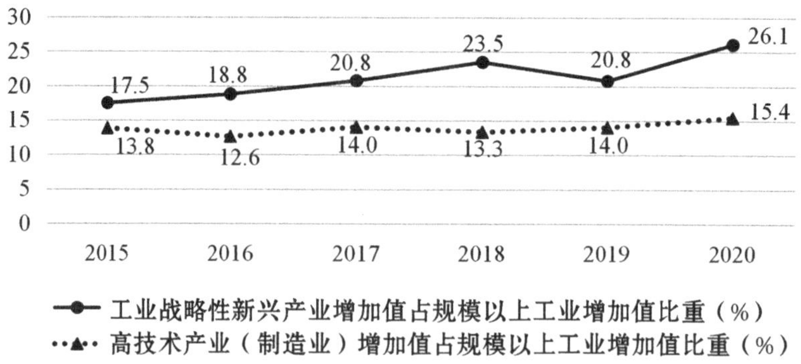

图 1 工业战略性新兴产业和高技术产业比重

智能科技成为引领产业转型升级的重要引擎。“十三五”期间，天津成功举办四届世界智能大会，国家新一代人工智能创新发展试验区、国家级车联网先导区获批建设，形成了大数据和云计算、智能网联汽车、智能终端、先进通信、机器人、智能安防、智能制造、智能医疗八大优势领域，打造了以“天河一号”超算、曙光计算机、“银河麒麟”操作系统为代表的自主安全可控产业链。2020年，智能科技产业实现营业收入超2000亿元，占全市规模以上工业和限额以上服务业的比重达到23.5%。

战略新兴产业培育壮大。区别于第三次工业革命，第四次工业革命不局限于数据技术的进步，而是生物科学、材料科学等各种技术的空前快速发展，加快新兴产业的培育力度，抢占发展制高点至关重要。“十三五”期间，天津市大力实施生物医药、新能源、新材料产业发展三年行动计划，三大产业产值占规模以上工业比重达到18.2%，比“十二五”末提高4个百分点。生物医药产业形成了现代中药、生物药、化学药、医疗器械为一体的完整产业链，产值占规模以上工业比重达3.7%。新能源、新材料产业基本具备了从基础研究、应用研究到产业化的全链条研发生产能力，新能源、新材料产业产值占规模以上工业比重分别为4.8%和9.7%，比“十二五”末分别提高2.8个百分点和2.7个百分点。（见图2、图3）

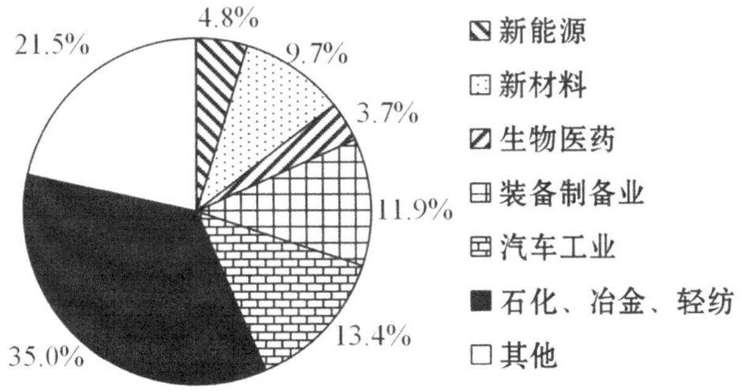

图2　2020年主要产业产值占规模以上工业比重

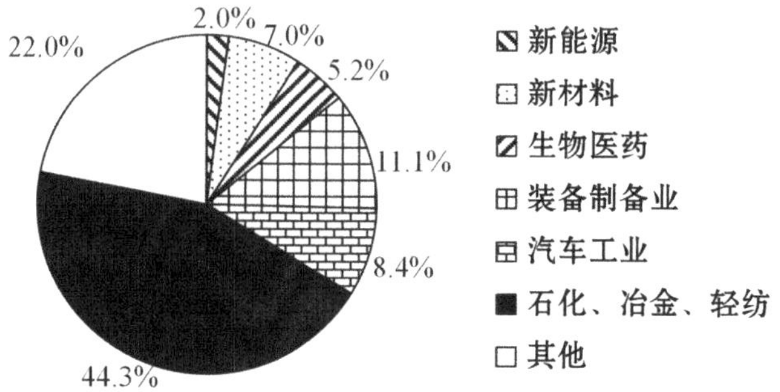

图 3　2015 年主要产业产值占规模以上工业比重

传统优势产业提质增效。天津市调整传统产业步伐加快,“十三五”末,石油化工、冶金、轻纺产业产值占规模以上工业比重 35%,比“十二五”末下降 9.3 个百分点;航空航天、装备制造、汽车工业等产业转型升级加快推进,产值比重比“十二五”末均有提升(见图 2、图 3)。石油化工产业效益增势良好,“两化”搬迁、中沙聚碳酸酯等项目顺利实施,南港世界一流化工新材料基地加快建设。航空航天产业快速发展,2018 年发布《天津市航空航天产业发展三年行动方案(2018—2020 年)》,空客 A350 完成和交付中心项目落户,大飞机形成了空客 A320、A330、A350 三大机型,无人机形成研发、生产、试飞“一站式”发展,新一代运载火箭发射基地跻身全球最大航天基地之一。装备制造产业向高端化和智能化发展,海洋工程装备制造基地加快推进,以智能装备、轨道交通、机器人、高档数控机床等为代表的智能装备产业集群正在形成。一汽大众华北基地、丰田新一代生产线、长城汽车产能释放,汽车产业形成了从整车开发、关键零部件生产配套、试验检测、推广应用等全面发展的产业格局。

3. 智能制造深入推进

“十三五”期间,天津市设立了百亿元智能制造财政专项资金,累计支持五批 1726 个项目,市、区两级财政共支持资金 36.4 亿元,形成1∶20的放大带动效应,拉动工业技改投资年均增长 20% 以上,建成丹佛斯、海尔 5G 智能工厂等一批全球智能制造标杆企业。全市累计建成 102 家智能工厂和数字车间,重点企业数字化研发设计工具普及率达到 81.9%,生产设备数字化率达到 53.3%,关键工序数控化率达到54.8%。工业互联网创新发展，培育了紫光云、中汽研、宜科电子等一批工业互联网平台，工业企业上云突破6000家，3家企业入选工信部“企业上云优秀案例”。移动宽带、固定宽带下载速率从全国第7位、第13位均跃居全国第3位，累计建成5G基站2.28万个，在智能制造等10个领域建设了150个应用场景，打造“宽带中国”示范城市。目前，全市拥有26个智能制造相关行业，是国内智能制造行业门类最齐全的城市。智能制造业企业数量占规模以上工业比重达20%、增加值比重近30%。根据《世界智能制造中心发展趋势报告(2019)》数据显示，天津市智能制造水平位列全国第4位、全球50强榜单第10位，在智能制造涉及行业数量排名中以26个行业居于全国重点城市首位。

4. 创新能力持续增强

“十三五”期间，全市大力实施创新驱动发展战略，以创新驱动引领高质量发展，创新生态持续优化，科技创新支撑引领作用日益突出，自主创新能力显著增强，综合科技创新水平指数保持全国第3位，进入创新型城市先进行列。

信息技术创新应用产业全国领先。打造了涵盖芯片、操作系统、服务器、超算、数据库、安全软件的完整产业链，飞腾CPU+麒麟OS操作系统构成的“PK”体系，成为国家信创工程主流技术路线。

企业创新主体地位不断增强。“十三五”期间，出台《天津市创新型企业领军计划》，加快科技企业培育力度。工业企业研发经费支出占全市研发经费支出比重达到46.1%。国家高新技术企业总数达到7420家，国家科技型中小企业数量达到8179家，国家企业技术中心累计达到68家，位居全国重点城市第3名，市级企业技术中心累计达到646家，比“十二五”末增加102家。批复培育建设现代中药、车联网、操作系统等9家市级制造业创新中心，国家技术创新示范企业总数达到22家，比“十二五”末增加12家。中科曙光成为国家先进计算产业创新中心，形成中科院工生所、天津药研院、中汽中心、“芯火”双创基地等一批产业创新平台。新一代超级计算机原型机、重组埃博拉病毒疫苗、首款脑机接口专用芯片“脑语者”等一批关键核心技术取得重大突破。

（二）北方国际航运核心区取得新进展

“十三五”期间，天津市深入贯彻落实习近平总书记视察天津港指示精神，依据《天津北方国际航运中心核心功能区建设方案》，加强顶层设计，相继出台《关于进一步加快建设北方国际航运核心的实施意见》《关于加快天津北方国际航运枢纽建设的意见》，持续优化口岸营商环境，全球航运枢纽功能不断提升，北方国际航运核心区建设加快推进。

1. 初步建成国际一流枢纽海港

港口承载能力进一步提升。完成大港港区 10 万吨级航道、高沙岭港区 10 万吨级航道一期、南疆港区 27 号通用码头、中石化天津液化天然气码头等 8 个码头工程，完成五洲国际集装箱自动化码头改造，开工建设天津港北疆港区 C 段智能化集装箱码头，万吨级码头泊位达到 123 个。

港口客货运吞吐量进一步增加。“十三五”期间，印发了《关于天津港建设世界一流港口的实施方案》，天津港集装箱吞吐量总量及同比增速均呈逐年上升趋势，2019 年集装箱吞吐量达到 1730 万标准箱，比“十二五”末增长 22.6%（见图 4）；货物吞吐量为 4.9 亿吨，邮轮母港进出境旅客吞吐量达 82.73 万人次。（受疫情影响，2020 年数据不具参考性，下同）

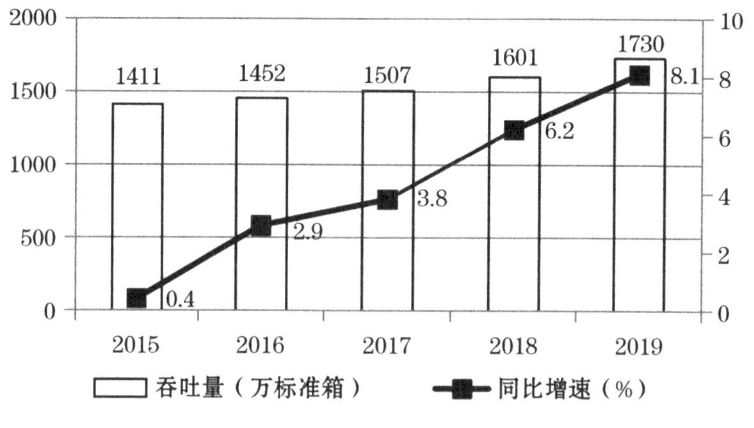

图 4　2015—2019 年天津港集装箱吞吐量及同比增速

服务辐射范围不断扩大。天津港对外辐射能力增强,“十三五”期间成功开发7条外贸新航线,增加环渤海运力至11条;在3条陆桥运输通道基础上,新开天津至白俄罗斯、天津至莫斯科集装箱专列,国际集装箱班轮航线达到130条;相继开通天津港至乌兰巴托、莫斯科、明斯克等城市的中亚、中欧班列。至“十三五”末,天津港对外通达200多个国家和地区的500多个港口。天津港对内辐射腹地广阔,已在内陆腹地打造42个“无水港”,布局104家阳光物流直营(加盟)店,开通天津港至内蒙古乌兰察布、河北省武安、山西省阳泉的三条铁路钟摆式运输线路。

邮轮产业蓬勃发展。2018年出台《关于印发天津市邮轮旅游发展三年行动方案(2018—2020年)的通知》。2019年开通母港航线邮轮公司5家,开辟冬季邮轮航线、环南太平洋航线、“环中国海”邮轮航线,全年接待国际邮轮121艘次,进出境旅客72.5万人次;邮轮产业链条不断延伸,积极将东疆打造为亚洲邮轮物资分拨配送基地。支持各区加大招商引资力度,加快高端航运要素集聚,新引进大中矿业股份有限公司贸易结算中心、中国供销集团保理公司、中国互联网金融协会技术及认证公司等一批重点项目落户,河西区、和平区航运物流相关企业总数近1500家。

2. 区域航空枢纽建设初见成效

天津机场客运快速增长。“十三五”期间,相继出台《天津航空物流区总体规划(2015—2030年)》和《天津市通用机场布局规划(2017—2030年)》,编制完成《天津滨海国际机场总体规划》并获得民航局批复。积极推进天津机场T3航站楼及第三跑道等前期工作。机场航线网络结构不断优化,新开、恢复、加密天津至东南亚的客运航线,积极推动开通天津至乌兰巴托的客运航线等,开通客运航线270条,通航城市159个,初步建立国内干支结合、国际主要通航东北亚、东南亚以及欧洲的客运航线网络。空域环境不断优化,机场高峰小时容量由28架次提升为31(+1)架次。不断加强多元化航空服务,在津运营的低成本航空公司达到12家,成立公务机公司,年保障公务机1400余架次。天津机场旅客吞吐量呈逐年上升趋势,2019年底达到2381.3万人次,2015—2019年,旅客吞吐量年均增速为13.6%,比“十二五”末增长66.4%。天津机场得益于承接首都机场客流外溢的优势，近五年内平均增速高出全国 3.4 个百分点（全国机场旅客吞吐量年均增速为 10.2%）。

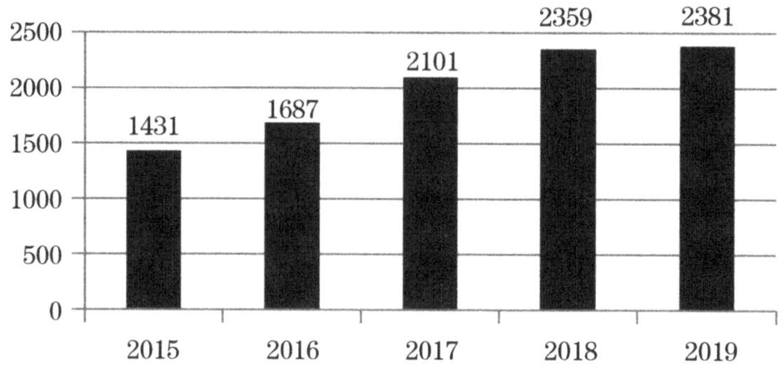

图 5　2015—2019 年天津机场旅客吞吐量（万/人次）

国际航空物流中心建设加快推进。“十三五”期间，机场货运发展顶层设计不断完善，签署《中国民用航空局天津市人民政府战略合作框架协议》，成立航空货运办。积极拓展货运网络，成立天津货运航空有限公司，货运通航城市 17 个，执行货运航线 20 条。航空物流区开发进程加快，开工建设航空物流园区大通关基地一期，吸引海航现代物流集团、联邦快递等知名快递物流企业落户。口岸功能不断完善，实现进口药品、进口植物种苗、进境冰鲜水产品、进境水果、进境食用水生动物等进境指定口岸功能以及国际邮件互换局功能。从天津机场历史发展看，得益于首都机场航空货运外溢、天津机场补贴政策等利好因素，机场货邮吞吐量增长率曾达到 11%，2019 年底机场货邮吞吐量为 22.6 万吨。

（三）金融创新运营示范区取得新开拓

“十三五”期间，天津市印发《关于进一步加快建设金融创新运营示范区的实施意见》和《关于支持金融机构和金融人才在津发展政策措施的通知》，深化金融供给侧结构性改革，加快现代金融体系建设，全方位服务高质量发展，有效防范化解金融风险。金融管理和服务流程不断优化，开展的多个特色改革创新项目走在全国前列,金融创新运营示范区建设推进卓有成效。

1. 金融服务供给不断扩大

主动服务重大战略,与工商银行、建设银行、国家开发银行等10余家大型金融总部签署战略合作协议,意向基金超万亿元。深入推进金融服务供给侧结构性改革,加快发展科技金融、绿色金融。全市持牌法人金融机构86家,是全国四个全金融牌照城市之一,建立起以银行、保险、证券为主干,以金融租赁、信托、财务公司、消费金融、汽车金融等为补充的全牌照、多元化、多层次的金融机构体系。2020年,金融业增加值2057亿元,占GDP(国内生产总值)比重达到14.6%,比"十二五"末提高4.9个百分点,占比位居全国前列;社会融资规模增量4508亿元;直接融资额占社会融资规模比重达到27.4%,高于全国平均水平12.1个百分点,比"十二五"末提高4个百分点;银行业存贷款余额分别达到3.41万亿元和3.89万亿元,分别是"十二五"末的1.21倍和1.49倍,具体见表1。

表1　金融业部分指标对比表

指标名称	2015年	2020年
金融业增加值占GDP比重(%)	9.7	14.6
银行业存款余额(万亿元)	2.81	3.41
银行业贷款余额(万亿元)	2.6	3.89
银行业金融机构资产总额(万亿元)	4.5	5.7
社会融资规模(亿元)	4473.8	4508.0
直接融资规模占社会融资规模比重(%)	23.4	27.4

2. 金融服务实体经济功能不断增强

金融服务国家战略成果显著。亚洲基础设施投资银行综合基地在津设立。支持京津冀协同发展融资6900亿元。工银金融租赁公司与"一带一路"沿线20多个国家和地区的45家客户开展了租赁业务,余额近500亿元。

金融服务产业能力持续提升。设立海河产业基金,认缴规模达到1239亿元,累计投资项目和子基金 183 个,在 2020 年清科“中国政府引导基金 30 强”榜单中名列第 4 位。金融资源更多流向先进制造业,截至 2020 年末,全市制造业企业贷款余额为 2628 亿元。首贷中心、信用贷中心等科技金融服务机构更加健全。绿色金融不断发展,截至 2020 年末,全市本外币绿色贷款余额达 3449 亿元,同比增长 7.9%。“十三五”期间,先后推出服务实体经济的金融创新产品 130 余个,编制并在全市范围内推送《天津市金融创新产品手册(2018)》,为企业选择高效适用的金融产品提供便利。

3. 特色金融业态集聚发展

融资租赁行业发展保持全国领先,截至 2020 年末,金融租赁公司 12 家,数量位居全国首位,飞机、国家航运船舶、海工平台租赁业务领跑全国,租赁跨境资产占全国 80% 以上。商业保理形成集聚效应,截至 2020 年末,全市商业保理公司 674 家,数量位居全国第三位,业务规模占全国的三分之一。各类基金规范发展,截至 2020 年末,管理规模净资产 8386 亿元,位居全国前十,外资私募证券投资基金管理人数量位列全国第二位。

4. 金融改革创新取得新突破

自贸区金融创新扎实推进。“金改 30 条”政策全部落地实施,11 项措施在全国复制推广。成功复制上海自由贸易账户体系(FT 账户),2019 年招商银行天津分行、中国银行天津市分行分别正式接入 FT 账户分账核算业务系统,成为全国第三个上线 FT 账户体系的地区。累计召开 7 期新闻发布会发布自贸试验区金融创新案例 65 个,涉及跨境金融服务、金融服务贸易和投融资便利化、融资租赁、金融支持京津冀发展、政府与监管部门完善服务、人民币跨境使用等重点领域,形成了一批可复制可推广的重要成果。

国家租赁创新示范区建设成效明显。出台《建设国家租赁创新示范区打造租赁业发展升级版有关工作方案》,推动租赁业环境、机构产品、政策制度和监督管理升级。在开展联合租赁、租赁公司外债意愿结汇等方面,实现了多个全国“首单”和“第一”。开展了租赁物跨境跨关区海关异地委托监管、租赁项目公司共享母公司外债额度、经营性租赁收取外币租金等一系列政策创新试点。探索出了离岸租赁、绿色租赁、无形资产租赁、保税飞机资产交易和保税飞机退租再租赁业务等创新业务模式。设立融资租赁法庭、扩大离岸融资租赁业务对外债权登记租赁物范围、保税租赁物海关监管创新等重要创新已落地。“十三五”期间,法人租赁企业境内外资产总额持续保持全国领先,融资租赁资产总额占全国四分之一。

(四)改革开放先行区建设取得新成果

“十三五”期间,天津市出台《关于进一步加快建设改革开放先行区的实施意见》《关于天津市扩大开放构建开放型经济新体制若干措施的通知》,通过大力建设自贸试验区,全面推进滨海新区开发开放,深度融入“一带一路”建设,以开放促改革、促发展、促转型,着力构建开放型经济新体制,增创对外开放新优势,打造营商环境与国际接轨、投资贸易高度便利、示范引领作用强劲的改革开放先行区。

1. 深入推进“一制三化”审批制度改革

“十三五”期间,天津市深入推进行政审批制度改革,出台《天津市承诺制标准化智能化便利化审批制度改革实施方案》《天津市优化营商环境条例》《关于进一步深化营商环境改革的若干措施》以及“津八条”“民营经济 19 条”“海河英才”计划等。“放管服”改革持续深化,“一制三化”审批制度改革启动实施,创造性提出了“五减”改革、标准审批、承诺审批、联合审批、无人审批等多项举措,出台了公开公示、信用承诺、一网通办、全程监督、失信惩戒等 5 个配套运行机制,并制定了试行办法。营造企业家创业发展良好环境的“天津八条”全面落实。与京津冀共建行政许可事项名称、设定依据、许可内容、申请条件、申请材料、许可结果形式“六统一”改革持续推进。2018 年和 2019 年天津市营商环境综合排名跻身全国前十,承诺审批事项达到 852 项,除特殊事项外 100% 的政务服务事项实现“一网通办”,企业开办时间压缩至 1 个工作日以内,实现“32 证合一”。

2. 京津冀协同发展机制不断革新

国家批复京津冀三省市共同推动的 18 项改革举措中,知识产权运营公共服务平台、药品上市许可持有人制度试点、土地占补平衡、高新技术企业认定等措施取得积极成效。“通武廊”小京津冀改革试验不断深化，在社会管理、公共服务等领域实施 66 项合作协议，北运河生态文化工程等 12 项重点工程逐步落实。京津冀（天津）检验检疫综合改革试验区挂牌运营。

3. 积极开展自贸试验区改革创新

为推动自贸试验区创新升级，天津市出台《中国（天津）自由贸易试验区创新发展行动方案》，相继推出投资、贸易、金融、口岸通关、行政管理等 300 多项先行先试改革措施。率先实施“一个部门、一颗印章审批”、最简告知承诺审批、京津冀区域通关一体化、离岸租赁债券登记和租赁业配套外汇便利化、海关区块链验证系统等一批“首创性”“差异化”改革创新措施。天津自贸区挂牌五年来，累计向国家上报 5 批 182 项试点经验和 51 个创新实践案例，其中，国际贸易单一窗口、国际船舶登记制度创新等 27 项试点经验和实践案例向全国复制推广，328 项经验案例向全市和相关区域复制推广；发布 7 批 65 个金融创新案例。开展“深改方案”实施成效第三方评估，甄选出新一批 55 项全国性创新成果，其中，34 项具有首创性、重构性创新成果在全国率先实施，可在全国复制推广 33 项，可在海关特殊监管区域复制推广 22 项。

4. 积极融入“一带一路”建设

国际友城工作稳步推进。以“一带一路”沿线港口城市为重点，新建 10 个友城，截至 2020 年末，国际友好城市增至 92 对，覆盖 50 个国家，友城布局不断优化，合作成果务实丰硕，形成了我市国际友城合作新格局。发挥职业教育优势，深入推进“鲁班工坊”建设。自 2016 年天津渤海职业技术学院在泰国建立第一家鲁班工坊。截至 2020 年末，天津已经先后在泰国、英国、印度、印尼、巴基斯坦、柬埔寨、葡萄牙、吉布提、肯尼亚、南非、马里、埃及等国家建设了 17 家鲁班工坊。深化国际产业合作，积极打造国际合作示范区。中日（天津）健康产业发展合作示范区获批建设，成为中日地方发展合作新样板。中欧先进制造产业园落户天津港保税区，推进《中国制造 2025》与“德国工业 4. 0”标准体系的衔接，全力打造高端装备制造产业集群。天津意大利中小企业产业园加快建设，搭建对意科技创新渠道，引入“中意技术转移中心”，在津探索建立“中意技术转移平台”，并支持该平台开展中意技术转移与创新合作工作开展。

二、"一基地三区"建设的短板与差距

对比定位要求和先进地区，天津市"一基地三区"建设还存在一些短板和差距。

（一）全国先进制造业研发基地核心竞争力不强

1. 高新技术产业比重低于全国平均水平

2018 年天津战略性新兴产业增加值占规模以上工业比重的 21.8%，低于全国平均水平（26.1%）4.3 个百分点。2019 年天津高技术（制造业）产业增加值占规模以上工业比重的 14%，同样低于全国平均水平（14.4%）0.4 个百分点。总体来看，在工业战略性新兴产业和高技术（制造业）产业方面，天津尚不具有区域先进性，与全国先进制造研发示范基地的目标定位尚有差距。

2. 先进制造业城市发展指数偏低

赛迪顾问于 2019 年发布了《2019 中国先进制造业城市发展指数》，从创新能力、多领域融合、经济带动性、品牌质量、绿色集约 5 个维度对全国 126 个重点城市的先进制造业发展水平进行了综合评价，排名前十的是上海（83.6）、深圳（80）、北京（79.9）、广州、苏州、武汉、杭州、成都、南京、宁波，天津位列第 11 位（59.9）。上海作为国内的金融中心和长三角城市群核心城市，产业集群丰富，在经济带动性方面保持领先优势。深圳在绿色集约方面位居第一。北京作为全国的科技创新中心，拥有最多的科研机构、大专院校和高新企业，在创新能力方面处于领先地位，天津高新企业的数量仅为北京的四分之一。广州凭借"一带一路"、广深科技走廊以及粤港澳大湾区建设，在经济带动性和创新能力方面表现良好。苏州加快国家高新技术产业基地建设，在多领域融合方面位列第一，天津在这一指标上的排名为第 44 位，差距显著。武汉则着力推动制造业智能化水平，激发出较大潜力。杭州通过打造"1 + N"工业互联网体系，推进"两化"深度融合，着力提升制造业数字化水平。总体来看，天津在创新能力、多领域融合、经济带动性、品牌质量、绿色集约等方面都不具备显著优势，仍有较大改善空间。

(二)北方国际航运核心区服务功能不足

1. 天津港航运产业规模不足

天津港货物、集装箱吞吐量与国内一流港口存在一定差距。2019 年天津港货物吞吐量位列全国第七位,不及宁波舟山港的二分之一,天津港集装箱吞吐量位列全国第六位,不及上海港的二分之一(见图 6、图 7)。航运基础产业规模不足,现代航运服务功能不发达。天津现代航运服务业的货代、船管企业规模都偏小,船舶交易量偏低,航运经纪、咨询、指数等现代航运服务功能发展迟缓,船舶融资、保险理赔、海事仲裁等高端海事法律服务和金融服务市场环境尚未形成。

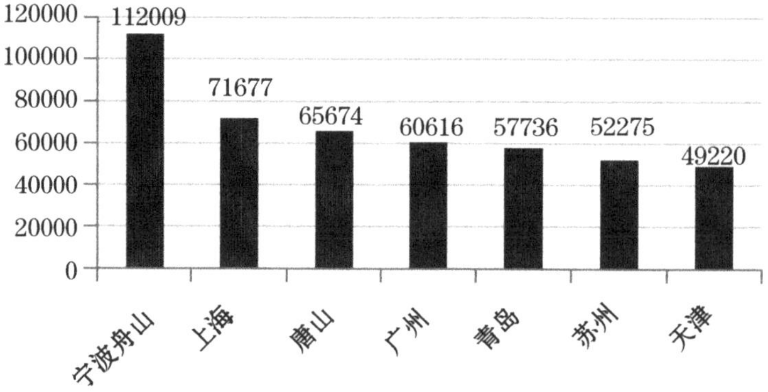

图 6　2019 年港口货物吞吐量(万吨)

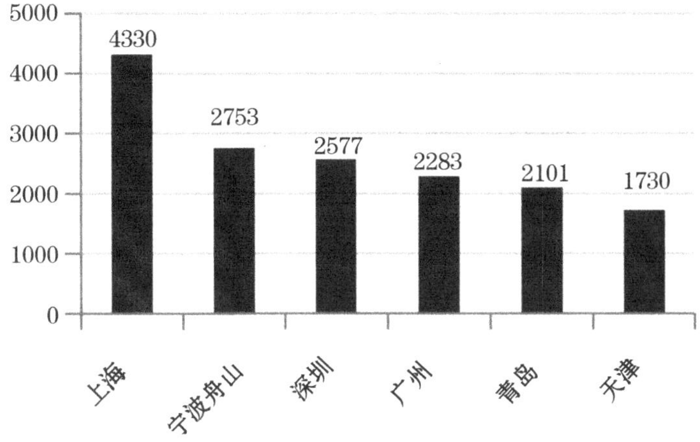

图7　2019年港口集装箱吞吐量(万标准箱)

2. 天津滨海国际机场对标先进仍有很大追赶空间

天津滨海国际机场在机场旅客、货邮吞吐量方面与北京首都机场、上海浦东机场、广州白云机场等存在一定差距。2019年天津滨海国际机场的旅客吞吐量不及北京首都机场的1/4,机场货邮吞吐量不及上海浦东机场的1/15(见图8、图9)。综合考虑京津冀地区空域资源紧张、大兴机场短期虹吸效应等不利影响,天津滨海国际机场在"十四五"期间航空旅客运输将以本地客源及毗邻的河北省相关地市客源为主。

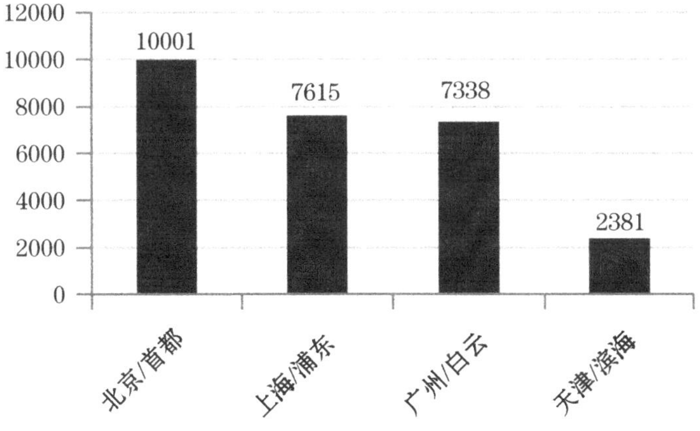

图8　2019年部分机场旅客吞吐量(万人次)

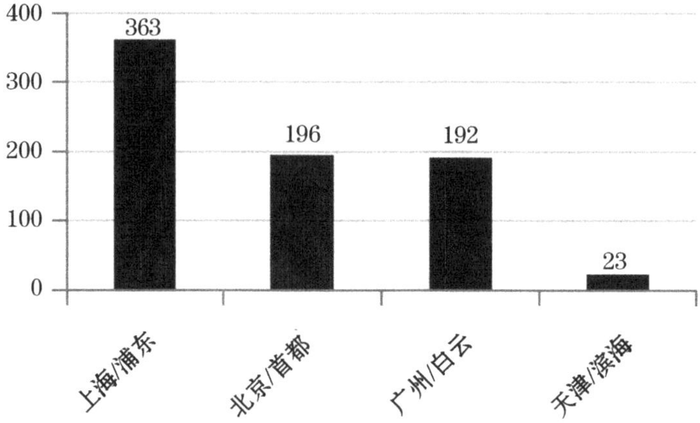

图 9　2019 年部分机场货邮吞吐量(万吨)

(三)金融创新运营示范区聚集能力较弱

1. 存贷比久居高位不下

自 2017 年 11 月贷款规模首次超过存款以来,我市区域贷存比始终保持高位运行,2020 年 1—7 月贷存比达到 111.87%,远高于上海、重庆等城市(见表 2)。

表 2　2020 年 1—7 月部分城市存贷款情况表

指标名称	上海	重庆	天津
中外金融机构本外币存款余额(亿元)	149931	42519	34072
中外金融机构本外币贷款余额(亿元)	81894	40281	38117
贷存比	54.62%	94.74%	111.87%

数据来源:天津市统计局。

2. 融资规模和结构有待改善

与北京和上海比,天津的社会融资规模偏小,社会融资规模增量不及北京的1/5、上海的 1/3。直接融资规模偏低,资产证券化水平不高,资金持续供给难度较大,见表3。

表3 2019年京、沪、津三地社会融资规模增量比较 单位:亿元

指标名称	北京	上海	天津
地区社会融资规模增量	14630	8642	2866
人民币贷款	6489	5204	2317
企业债券	6975	2746	875
政府债券	1009	763	920
非金融企业境内股票融资	486	403	109

数据来源:《中国人民银行2019年年报》。

3. 金融机构集聚程度及创新能力不高

法人金融机构实力不强且集聚程度较低。上海积极推动国际金融机构总部或地区总部落户,当前已汇集金砖国家新开发银行、人民币跨境支付系统、全球清算对手方协会等重要金融机构,有力推动了国际金融中心建设。与上海对比差距显著,天津市缺少有实力和影响力的全国性甚至国际性的金融机构总部。

金融产品存在同质化、服务功能单一化、经营模式粗放化等问题。政策优势和区域辐射带动作用发挥不充分。金融人才特别是高层次金融人才明显不足。

(四)改革开放先行区建设有待深入推进

1. 改革仍需进一步深化

与北京、上海等城市对比,天津在营商环境改善方面还存在一定差距。《2019中国营商环境报告》显示,在全国综合排名前十的城市里,北京、上海、深圳综合得分在85分以上,属于第一梯队;广州、重庆、成都等5个城市综合得分在80至85分之间,属于第二梯队;天津综合得分在80分以下,则属于第三梯队,还有很大的上升空间。见表4。

表 4　2018 年部分城市营商环境评价情况表

	北京	上海	深圳	广州	重庆	南京	杭州	成都	天津
总分	93. 67	89. 57	85. 13	84. 36	83. 27	81. 49	81. 22	81. 18	79. 85

数据来源:《2019 中国营商环境报告》。

从营商环境评价体系的五个维度分项指标看(见图 10),天津在金融服务方面的得分与北京、上海的差距相对较小,其他四个维度还有较大的上升空间。

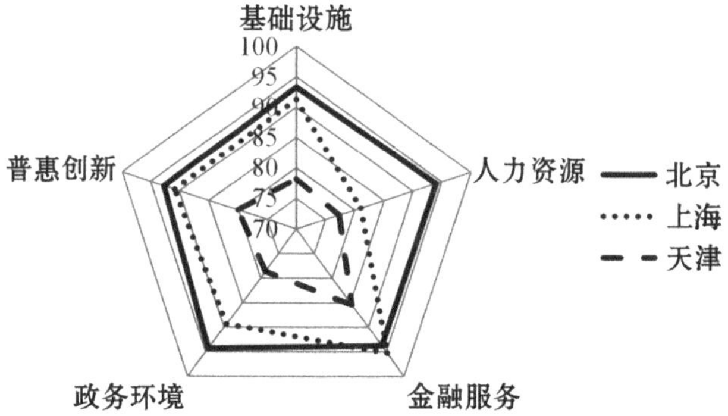

图 10　2018 年京、沪、津营商环境分项指标对比

2. 对外开放的广度和深度不够

开放方面,国际交流的广度和深度不够,缺乏诸如世博会、进口博览会等高水平会展品牌,有国际影响力的体育赛事、艺术表演等较少,城市国际知名度和国际化水平还需进一步提升。

三、"十四五"时期加快实现"一基地三区"功能的建议

(一)坚持制造业立市的发展战略

坚持制造业立市,巩固壮大实体经济根基。大力引育新动能,推进产业基础高级化、产业链现代化,加快制造业高端化、智能化、绿色化、服务化发展,着

力构建“1 +3 +4”现代工业产业体系，建设制造强市。以信创产业为主攻方向，壮大信创产业集群，打造天津市信创产业品牌。大力发展智能科技产业，以智能科技赋能产业发展，以高端产业支撑高质量发展。培育壮大生物医药、新能源、新材料等战略新兴产业。加快航空航天、装备制造、汽车、石油化工等传统优势产业的转型升级。聚焦高端化、链条化、集群化，培育壮大一批主题产业园区和先进制造业产业集群。

深化京津冀协同发展，推进重点领域合作。积极承接北京非首都功能疏解，主动靠近、配合和服务北京，吸引和利用北京创新资源；主动对接、支持和服务雄安新区。不断探索京津冀产业对接路径和协同模式，充分发挥滨海中关村、宝坻京津中关村等产业合作载体集聚资源的作用。深化京津冀协同创新，在产学研合作和创新平台建设等方面开展科技合作，与中国科学院、北京大学、清华大学等一流大学和科研院所共建一批新型研发机构（平台），促进创新资源共享，进一步推进天津创新发展，将天津打造成我国自主创新的重要源头和原始创新的主要策源地。

（二）提升北方国际航运核心区的功能和地位

持续推进天津港智慧化、绿色化发展。加密航线数量，加强天津与国际大型班轮公司的深层次合作，增强集装箱对外服务能力。实施智能化集装箱码头工程和航道拓宽工程，提升基础设施服务能力。积极开拓京津冀、“三北”地区货源，加速布局内陆无水港，进一步提升辐射能力。完善集疏运体系，提升铁路、公路集疏运能力。促进港口数据信息互联互通、开放共享，持续优化港口作业单证无纸化，进一步提升智能化水平。推进运输结构、生产环节、日常管理的绿色化，打造绿色港口。

加快国际航空物流区建设。实施天津机场三期改扩建工程，并加强与轨道、公路、铁路等交通联系，构建便捷的换乘体系、公路集疏运体系、空铁联运体系。积极拓展航线网络，提升客货运服务效能，增强辐射面。创新航空服务模式，积极发展低成本航空与公务航空，推进中转联程、客流联程联运和机场“行李直挂”等模式发展，提升航空服务水平。

(三)增强金融创新服务实体经济的能力和水平

全面提升金融机构实力,集聚更多优质金融资源。积极引进各类金融机构总部、子公司、事业部等机构,提升汇聚资源、配置资源和辐射服务能力。鼓励法人金融机构通过增资扩股、整合重组等方式提高自身的综合实力。充分利用境内外多层次资本市场,推动市内更多企业上市和挂牌。

深化金融供给侧结构性改革,提升金融服务能力。持续推进金融产品和金融科技创新,进一步促进风险投资和科技创新,助推小微企业融资,提高"三农"普惠金融覆盖面。鼓励天津区域性股权交易市场根据科技型中小企业的需求提供差异化定制综合服务,进一步提升服务能力。深化自贸区金融改革创新,拓展自由贸易账户应用功能,支持商业银行在自贸区内开展离岸业务。推动融资租赁业环境、机构、业务、政策、监管五方面升级提档,巩固融资租赁业优势。

(四)加快形成更高水平的开放型新体制

"以一制三化"改革为抓手,继续深化行政审批制度改革。严格落实市场准入负面清单,进一步放宽市场准入。完善提升"企业开办一窗通"平台功能,优化企业开办流程,进一步压缩企业开办时间。持续深入开展工程建设项目"清单制 + 告知承诺制"审批改革,探索"互联网 + 工程审批"。落实落细国家减税降费政策,释放更多减税降费红利。全面推进诚信建设,建立健全社会信用体系。以"混"促"改",推进国有企业改革。推动要素市场一体化改革,推动土地、劳动力、资本、技术、数据等要素自由流动。

推动自贸区"首创性""差异化"改革。深化投资便利化改革,落实外商投资负面清单,完善外商投资促进、保护和管理等配套制度。积极培育新经济新模式,推动跨境电商创新试验区建设,积极培育跨境电商零售出口业务,鼓励区块链技术在航运、贸易、金融等多种场景应用,深化服务贸易创新发展。推动自贸区建设成为国际国内双循环的重要资源要素配置枢纽和中日韩自贸区战略先导区。

积极融入“一带一路”建设，构建更高水平的对外开放格局。深化多双边产业投资合作，深度融入中蒙俄、中巴经济走廊建设，持续深化与意大利等国家务实合作，支持境外产业园区建设。发挥天津国家现代职业教育改革创新示范区优势，积极推介“鲁班工坊”天津职教国际化品牌，拓展合作领域和实施范围，加快职业教育“走出去”步伐。强化城市名片开发和城市形象塑造，全力推动会展经济发展，加快国家会展中心（天津）会展设施建设，继续办好世界智能大会、夏季达沃斯论坛等国际会议，打响天津会展品牌；积极推进创意设计产业高质量发展，积极打造天津“设计之都”，让“海河设计”走出国门、享誉海外，提高城市国际化水平。

参考文献：

[1]穆荣平、郭京京主编：《2019 中国制造业创新发展报告》，科学出版社 2020 年版。

[2]王爱俭、林文浩主编：《金融创新示范区：功能定位、区域协同和发展路径》，中国金融出版社 2020 年版。

[3]牛桂敏：《紧抓京津冀协同发展机遇 2020 促进天津“一基地三区”建设》，《天津经济》2017 年第 5 期。

[4]吴婷、张娟：《天津融入“一带一路”建设研究》，《产业创新研究》2018 年第 5 期。

实施创新发展战略,大力引育发展新动能

天津市经济发展研究院　朱鹏　王泽敏

一、发展现状分析

“十三五”期间,天津市加快实施国家创新驱动发展战略,科技创新能力大幅提升,科技型企业蓬勃发展,在推动产业结构优化升级、增强创新创业活力等方面发挥了顶梁柱和生力军的作用。创新驱动在全市发展格局中的核心位置更加突出。同时,以战略性新兴产业为主体的高新技术产业保持了良好的发展态势,产业规模不断扩大,新兴业态不断涌现,产业链构建和集聚发展能力显著增强,生态体系和发展环境进一步优化。科技型企业和高新技术企业成为落实创新驱动战略的先导力量,推动动能转换的重要引擎,建设全国先进制造研发基地的重要抓手。

(一)综合科技实力不断提升

综合科技创新水平位居全国前列,根据《中国区域科技创新评价报告2019》研究显示,科技创新环境继续领跑全国,科技创新环境指数为89.03%,连续两年稳居全国榜首;天津市综合科技创新水平指数达到81.17%,继上海、北京之后,连续17年稳居全国第三位。2019年研发经费内部支出462.97亿元,投入强度3.28%;专利申请数96045件,产出强度为6.81件/亿元,居于重点城市前列。(见表1)

表 1　2019 年天津市总体研发投入与相关省市产出情况比较

城市	R&D 经费（亿元）	R&D 经费占 GDP 比重（%）	专利申请数（件）	产出强度（件/亿元）
北京	2233.59	6.31	226113	6.39
上海	1524.55	4	173586	4.55
广州	677.74	2.87	177223	7.50
深圳	1328.28	4.93	261502	9.71
重庆	469.57	1.99	67300	2.85
天津	462.97	3.28	96045	6.81

（二）创新主体规模不断壮大

各类创新主体的数量规模不断扩大，科技创新能力明显提高。截至 2020 年底，评价入库国家科技型中小企业、市级雏鹰企业、市级瞪羚企业分别达到 8179、3557、385 家。在战略性新兴产业领域，2019 年，企业总数为 1149 家，新一代信息技术产业、高端装备制造业、新材料产业、生物产业、新能源汽车产业、新能源产业、节能环保产业、数字创意产业分别为 120、216、302、162、47、97、188、5 家。在高技术产业领域，2019 年，企业总数为 481 家，营业收入 2720 亿元。其中医药制造、航空航天及设备制造、电子通信设备制造、计算机及办公设备制造、医疗仪器设备及仪器仪表制造领域的企业数分别为 97、16、233、23、112 家。

（三）创新载体建设不断加快

“十三五”期间，围绕壮大新兴产业和做优支柱产业，提升产业创新能力和水平，大力推进创新平台建设，自主创新和原始创新策源能力明显提升，有力支撑我市制造业转型升级和产业创新发展。截至 2020 年底，在国家备案众创空间总数达到 88 家，国家专业化众创空间达到 6 家，位居全国第三。国家企业技术中心达到 68 家，市级企业技术中心达到 646 家，共有国家级重点实验室 14

个。引进中国原子能科学研究院、中科无人机应用研究院、人工智能军民融合创新中心等多家国家级科研院所，新一代超级计算机、大型地震工程模拟研究设施等 10 个国家级重大平台获批建设。国家自主创新示范区、新一代人工智能创新发展试验区建设加快推进，获批设立中国（天津）知识产权保护中心、省部共建组分中药国家重点实验室和国家应用数学中心，入围国家军民科技协同创新平台试点。逐步形成“中国信创谷”“细胞谷”“生物制造谷”“北方声谷”以及市数字经济产业创新中心、天津（西青）国家级车联网先导区等产业集聚区。信息安全、动力电池入选全国 20 个先进制造业集群。天津经济技术开发区入选首批国家数字服务出口基地。

（四）创新成果丰硕

各项专利数量增长明显。2015 年到 2020 年，全市专利授权总数从 37342 件增加到 75400 件，其中发明专利从 4624 件增加到 5262 件；有效发明专利总数从 18493 件增加到 38200 件，增长了 1 倍多；每万人口发明专利的拥有量从 11.95 件增加到 24.03 件，增长了 1 倍多。科技成果转化取得一定突破。2018 年到 2020 年，签订技术合同成交额从 725.26 亿元增加到 1112.98 亿元，技术交易额从 553.19 亿元增加到 600.8 亿元。另外，近年来大部分新产品产量保持较快增长，其中，2020 年，服务机器人产量增长 1.6 倍，电子计算机增长 93.3%，新能源汽车增长 70.3%，电子元件增长 35.4%，集成电路增长 28.5%，光电子器件增长 2.1 倍。（见表 2、表 3）

表 2　专利申请授权数及有效专利情况（2015—2020 年）　　单位：件

年份	专利授权		有效专利		每万人口专利	
	授权总数	发明专利	总数	发明专利	每万人口专利拥有量	每万人口发明专利拥有量
2015	37342	4624	103775	18493	67.08	11.95
2016	39734	5185	124443	22663	79.66	14.51
2017	41675	5844	144706	28601	92.95	18.37

续表

年份	专利授权		有效专利		每万人口专利	
	授权总数	发明专利	总数	发明专利	每万人口专利拥有量	每万人口发明专利拥有量
2018	54680	5626	168879	32066	108.28	20.56
2019	57799	5025	198946	34726	127.38	22.23
2020	75400	5262	—	38200	—	24.03

表3　2018—2019年主要新产品产量

产品名称	产品产量	
	2018年	2019年
稀土磁性材料(吨)	2228	4042
工业机器人(套)	120	105
新能源汽车(辆)	158	9118
城市轨道车辆(辆)	18	201
服务器(万台)	24.64	45.15
集成电路(亿块)	16.29	14.74

(五)新旧动能转换加速

“十三五”期间,我市率先举起智能科技大旗,成功举办四届世界智能大会,大力实施新一代人工智能、生物医药、新能源、新材料产业发展三年行动计划,智能科技、生物医药、新能源、新材料等新动能加快成长,信创产业已形成涵盖芯片、操作系统、整机终端、应用软件等全产业体系。逐步形成“中国信创谷”“细胞谷”“生物制造谷”“北方声谷”以及市数字经济产业创新中心、天津(西青)国家级车联网先导区等产业集聚区,信息安全、动力电池入选全国20个先进制造业集群,天津经济技术开发区入选首批国家数字服务出口基地,飞机、国际航运船舶、海工平台等融资租赁业务保持全国领先。2020年,高技术产业(制造业)增加值增长4.6%,快于规上工业3个百分点,占比为15.4%,与2015年相比,提高了1.9个百分点;工业战略性新兴产业增加值增长4.4%,快于规上工业2.8个百分点,占规上工业比重为26.1%,与2015年相比,提高了8.6个百分点;高技术服务业和战略性新兴服务业营业收入分别增长5.4%和4.9%,均快于规模以上服务业平均水平,高技术服务业及以互联网和相关服务业为代表的现代新兴服务业增加值占服务业增加值比重达到17%。

表4　高技术产业(制造业)以及工业战略性新兴产业增加值分别占规上工业增长值比重(2015—2020年)

单位:%

年份	高技术产业(制造业)占比	工业战略性新兴产业占比
2015年	13.5	17.5
2016年	12.6	18.8
2017年	14.0	20.8
2018年	13.3	23.5
2019年	14.0	22.1
2020年	15.4	26.1

(六)创新生态系统不断完善

构建健全高效的科技服务体系,科技服务业主营业务收入保持20%以上的增长速度。以天津市科技成果展示交易运营中心为核心,打造市场化的技术转移网络体系,汇集可转化成果和企业技术需求,不断聚集创新要素,促进科技成果转移转化。截至2019年5月底,天津市已登记技术转移机构123家、技术转移示范机构16家。科技创新政策法规不断完善,出台了《天津市新动能引育五年行动计划》《天津市战略性新兴产业提升发展行动计划》《创新型企业领军计划》,智能科技、生物医药、新能源新材料产业发展三年行动计划,租赁2.0版创新政策等一系列政策措施。各类创新主体的互动与人才、技术、资本等创新要素的流动更加顺畅,设立百亿元智能制造专项资金。不断加大人才引育力度,加强“项目+团队”引才,遴选306个创新创业团队“带土移植”。截至2020

年末,“海河英才”行动计划累计引进各类人才35万人,在津院士36人,新建博士后工作站43个,新进站博士后417人。

二、发展存在的问题

(一)新兴产业发展规模和速度有待提升,尚未形成完备的产业集群

天津新兴产业发展氛围不浓郁,高水平创新主体数量少,战略性新兴产业和高技术产业规模偏小、比重偏低。2018年,天津市创新产业占规模以上工业增加值的21.8%,比上海市、江苏省、广东省分别低5.5个百分点、9.2个百分点和6.2个百分点。从高技术产业发展来看,2019年北京、上海和重庆的企业数分别为853家、1111家和747家,营业收入分别为5850亿元、7438亿元和5777亿元,无论是企业数量还是营业收入都大大高于天津。从最新发展速度方面看,2020年北京高技术制造业、战略性新兴产业增加值分别增长9.5%和9.2%,上海战略性新兴产业增加值增长9.2%,都大大快于天津增速。另外,相比先进地区,天津市在新兴产业集群培育方面还存在一定差距。如电子信息行业在产业链上游的智能终端研发设计、核心芯片设计、关键元器件等高附加值环节仍存在明显缺失。生物医药产业空间分布不平衡与结构趋同现象并存,滨海新区的生物医药企业达1500多家,分别坐落在开发区、高新区、生态城、保税区,点多线长,缺乏大型龙头制药企业,没有形成集聚效应。

(二)自主创新能力和水平有待提升

尽管部分新兴企业有一定的自主研发能力,但产品同质化严重,缺乏核心技术,在先进程度、专利技术、品牌建设等方面存在较大差距。在市级以上科技成果中,国际领先和国家先进成果所占比重较低,2020年的比重仅为17.3%,并且从2015年到2020年其所占比重降低了0.4个百分点。2019年天津高技术产业研发机构发明专利的申请数为1297件,而北京、上海和重庆则分别为

6332 件、6174 件和 1904 件。与国内相关发达省市和国内平均水平相比，科研产出效益有待提升，2019 年天津市科研机构 R&D 人员人均专利所有权转让许可收入只有 1800 元，每亿元经费支出形成国家或行业标准只有 0.4 个，不但低于上海、北京、广东等地区，还低于全国平均水平。（见表 5、表 6）

表 5　2015—2020 年天津科学技术成果情况

年份	市级科技成果登记数（个）	国际领先成果（个）	国际先进成果（个）	国际领先、先进成果比重（%）
2015 年	2610	77	385	17.7
2016 年	2622	80	390	17.9
2017 年	2319	72	263	14.4
2018 年	2331	94	262	15.3
2019 年	2002	93	239	16.6
2020 年	1880	94	231	17.3

表 6　2019 年天津市与部分省市和全国科研产出效益比较

地区	R&D 人员人均专利所有权转让及许可收入额（万元/人）	每亿元经费支出形成国家或行业标准数（个/亿元）
北京	0.38	1.54
上海	0.86	0.61
重庆	0.19	1.63
江苏	0.14	0.63
广东	2.16	1.39
天津	0.18	0.40
全国	0.40	1.09

（三）人才短缺与人才外流问题并存

天津产业领军人才、高级管理人才、高技能人才等高端人才短缺问题突出。

目前,天津律师从业人数仅相当于北京、上海的13.7%和28.4%,注册会计师人数为北京、上海的11.8%和32.8%。天津市作为国家职业教育改革创新示范区,2019年每十万人口中等职业学校平均在校生数为518人,高于北京市和上海市,但是低于重庆市、江苏省、广东省和全国总体水平。通过对天津市科技企业家进行调研发现,大部分受调研企业家认为专业型技术人才奇缺制约了企业提升研发能力和生产能力。受人力资源条件制约,今日头条、58同城等互联网企业在天津员工多为客服和审核人员,研发人员集中在北京。人才流失也是导致供给短板的重要原因。根据天津大学、南开大学就业指导中心的数据,2019年天津大学就业毕业生留津比例由2015年的47.5%下降为34.2%,下降了13.3个百分点,相比之下,去往北京、上海、广东的就业毕业生比例分别上升了6.1个百分点、2.9个百分点、1.3个百分点;2019年南开大学就业毕业生留津比例由2015年的49.0%下降为32.8%,下降了16.2个百分点,相比之下,去往北京、上海、广东的就业毕业生比例分别上升了7.3个百分点、1.6个百分点、4.3个百分点。《中国人工智能发展报告2018》显示,2018年北京拥有2.7万人工智能人才,西安、南京、上海、武汉的人才数量逾万,广州、成都、杭州的人才数量超过5000人,而天津仅有4929人,人才数量差距较大。

表7　2019年天津市与部分省市和全国人力资本情况比较　　单位:人

地区	每十万人口高等学校平均在校生数	每十万人口中等职业学校平均在校生数
天津	4214	518
北京	5320	229
上海	3582	412
重庆	3258	1015
江苏	3311	770
广东	2751	746
全国	2857	869

（四）京津科技资源主体衔接不充分

虽然我市“十三五”期间大力引进国家级院所和国内高水平研发分支机构，新建中科院自动化研究所天津中科智能技术研究院、清华大学高端装备研究院等一批代表国内国际先进水平的研究机构或研发生产基地，但由于引进时间偏短、人员安置等因素，大部分机构处于运营初期，机构的活力没有得到充分的释放，机构成果落地转化相对偏少，进而导致机构的带动辐射作用，特别是对行业共性研究技术的推广、普及、应用与服务还没有充分发挥出来。天津市紧邻北京这一全国最大的高校和科研机构聚集地，具有先天优势，但其利用外部科技资源的能力还有待提高。北京的科技创新成果在天津落地的比例很低，远远低于长三角地区。中关村已经成为我国重要的科技创新源头，流向津冀地区的技术合同成交额仅占中关村国家自主创新示范区技术输出成交额的2.46%，均低于长三角和珠三角地区。

三、国内外高新技术产业发展的经验借鉴

（一）德国高新技术产业的发展经验

德国是世界公认的、领先的创新型国家之一。卓越的创新能力驱动德国制造业不断升级，使其成为“全球最具吸引力的研究与创新区位之一”，高新技术产业始终保持国际竞争力。

1. 政府主导实施相关战略规划和行动计划

德国政府通过政策、计划等手段发挥有力的宏观引导和推动作用，在明确经济主战场层面推出高科技战略和计划，为产业发展指明方向，促进各类创新主体在成长过程中明确定位和主攻方向。德国制定了历史上第一个全国范围的《德国高科技战略》，而后相继推出了诸多高科技发展战略和具体领域行动规划，涉及从基础研发到技术创新到商业推广的全过程各领域。

2. 针对科研创新持续的资金扶持

德国政府对科技研发的投入可谓“不惜成本,持之以恒”,这也是德国科技始终保持活力和国际领先的根本保障。德国政府扶持与创新直接相关的活动主要有三类:科技研发活动,人才培养和职业教育活动,建立实质性技术联盟和战略合作伙伴关系。通过建立科技创新网络、产业集群等,推动各创新主体间形成一个内部紧密联系、具有实质性内容的特定技术领域或价值链关系的合作创新网络。

3. 搭建各类基础性研究平台和公共服务平台

德国政府非常重视科研平台建设,政府出资搭建的平台主要是基础性研究平台和各类公共服务平台。在德国国家创新体系中发挥基础性作用的德国四大骨干研究机构,其运营和科研活动都以国家支持为主。此外,德国政府还资助国家技术创新与创业中心联盟、工业应用研究所等专业研究机构,积极搭建技术贸易平台、技术服务平台、数据中心等公共服务平台,激发企业的创新活力。

(二)日本高新技术产业的发展经验

第二次世界大战后,日本迅速摆脱经济困境,进入高速增长,实现产业结构调整和经济发展,跻身于世界发达国家行列,科技进步和创新功不可没。

1. 技术引进消化吸收再创新

日本政府明确提出了“技术引进—消化吸收—改进提高—国产化—出口”的技术战略,并制定实施一系列法规措施,从税收、财政等方面加大对技术引进消化吸收再创新的支持力度。值得注意的是,日本政府十分重视引进技术的消化吸收再创新环节。从 20 世纪 50 年代到 70 年代,日本的技术引进费用增加了 14 倍,而用于技术消化吸收和再创新的费用却增加了 73 倍,为日本高新技术产业发展奠定了坚实基础。

2. 基础研究投资逐渐被重视

第二次世界大战后,日本政府把大部分科研资源集中于应用开发研究上,忽视了基础研究，导致自主创新能力不足，经济发展速度下降。为此，日本政府提出“将积极振兴基础研究作为推进研发的基本方向”“将推进基础研究作为科技战略重点”“切实推进基础研究，确保多样性和持续性”等科技基本计划，增加基础研究投入，为实现技术超越和保持产业的国际竞争力奠定坚实基础。

3. 产学研通力合作成为关键

日本政府推行《知识产权基本法》《产业竞争力强化法》《技术研究组合法》等法规和措施，整合“尖端技术革新基地”和“技术搭桥基地”，完善相关研发设备设施，促使大学和企业研究人员同在一个屋檐下开展研究。产学研合作取得成功的关键是：产学研合作项目目标明确，与企业发展战略相吻合；事前，产学研各方进行充分的沟通；产学合作项目管理以企业为主导；建立完善的推进体制等。

（三）深圳高新技术产业的发展经验

深圳享有内地“创新创业之都”的美誉，在产业链快速响应、组建新型研发机构、服务中小企业、全球引智、科技金融、产业用地制度变革、提升行政效能和国企改革等方面在全国都具有示范效应。主要具有以下几个特征：

1. 众多的科研机构和灵活的人才政策

一是积极培育研发机构。与国内著名高校尤其是工科院校合作建立研究院，建设大学科技园，从而实现各高校的科研成果能在深圳落地生根。同时也建立民办官助的研发机构，提升对中小企业的孵化效率。二是注重引才引智。由于年轻的深圳本身所具有的高校较少，深圳走出了一条靠引智成功实现创新的路。深圳积极探索灵活的人才引进政策，“在于用不在于拥有”；且深圳通过“孔雀计划”引进创新创业团队，成效十分明显。

2. 充足的科技投入和多元的金融体系

创业创新离不开资金的支持，深圳建立了一套支持创新的多元化金融体系。一是加大研发经费的投入。深圳研发经费占 GDP 的比重位于全国前列，超过 4%，对创新企业实施较高幅度的奖励政策。二是构建创新基金体系。建立了包括政府基金、海外基金和委托基金等多种类型在内的基金体系，在资金方面、管理经验和办公场地等方面予以支持。同时，深圳的银行体系也注重加大对创新的支持力度。

3. 密切的产学研合作和完善的产业配套体系

一是依托大型企业建立健全公共技术平台，进一步完善自主创新综合服务体系。深圳立足共性技术领域，从企业和大学、科研机构现有的重点实验室、工程技术中心中确定一批作为公共技术平台予以支持，并根据实际需要新建一些高新技术的公共技术平台，实行市场化运作。二是重点支持海内外企业、高校、科研院所、行业协会、商会及其他投资主体创办多元化科技企业孵化器，鼓励深圳虚拟大学园成员院校在深圳市建立产业化基地。依托科技情报机构、高等院校和图书馆等联合建立专业性、资源共享的科技数据库和科技信息网。

（四）重庆高新技术产业的发展经验

1. 以传统产业为基础，推动转化，注重引入

重庆市以传统产业的升级改造为基础，努力促进高新技术转化为生产力，并通过引入新兴产业领域大型企业，将现有企业融入新兴产业链中。一是传统产业高新技术化。以科技创新为动力，以传统产业的改造和升级为基础，将高新技术应用于传统产业，实现传统产业的转型。二是高新技术产业化。一方面大力发展和引入技术资源，另一方面推动技术转化平台建设，加快高新技术的产业化进程。三是引入新兴产业。利用产业政策和财税政策优势，积极引进笔记本电脑整机品牌商和代工商，进而引进零部件厂商，实现本地企业配套生产。

2. 搭建科技创新平台，重视人才的作用

一是密切加强与中国工程院和中国科学院的技术合作，推动“两院”在重庆设立分院，并引入国内创新型大企业、跨国公司的技术研发中心和各类国家级产业技术研发机构，为技术创新提供良好的平台。二是狠抓人才教育，实施各种高端技术人才引进计划，为高新技术产业的发展提供人力资源保障。三是利用资本市场和各种私募股权基金的投入形成“技术变钱、钱变技术”的产学

研紧密结合平台，使重庆的企业、研究机构、大学和全国乃至世界的研究机构、科学家合作，让全世界的技术进步要素在重庆循环。

3. 加大政策扶持，建设协同推进的配套制度

重庆市对于高新技术产业的扶持政策，形式多样，呈现“多管齐下”的特征。一是传统扶持政策与新型扶持政策并重，特别强调财政金融政策支持。重庆市通过科技创新的优惠政策，新产品开发的优惠政策，以及招商引资中的优惠政策，为企业减轻纳税负担。二是重视供给方面扶持的同时，还注重需求方面的政策支持，培育高新技术产业市场。三是在加大直接扶持力度的同时，更加注重相关配套制度的建设。重庆市通过实施知识产权大战略，推进“五个重庆”建设工程，落实高层次人才在个税、医疗、津贴等方面的政策来强化配套措施。

四、下一步发展对策建议

（一）注重顶层设计，坐实谋划布局

一是建立健全打造新动能的统筹协调机制，由市发展和改革委牵头，联合市工业和信息化局、市商务局、市科学技术局、市规划自然资源局、市统计局等单位，负责制定规划、梳理项目、配置资源等，定期召开联席会议，协调解决工作推进中遇到的重大问题。二是做好我市新动能产业发展基础的分析与评判工作。在产业层面，分析和研判我市在高技术产业和工业战略性新兴产业领域内各个行业的发展现状基础和存在问题，特别是找出我们存在的突出优势和明显短板，为谋划未来产业发展打下基础。三是谋划制定高质量发展图谱。在摸清新动能领域发展基础和现状的基础上，梳理清楚我市在新动能各个产业领域有什么、缺什么、补什么，进而制定相应的产业图谱和技术图谱，细分到产业链，细分到每项技术，细分到每个产品，对目前国内国际已具备的条件成熟的技术、产品，要细化到市场主体，为更有针对性的招商和形成重点突出的产业布局打好基础。

（二）注重提升创新能力，搭建良好的创新生态系统

一是完善产业创新平台体系。围绕产业创新发展需求，依托产业创新中心、行业协会和联盟等多层次公共产业促进机构，建设一批以企业为主体，在基础研究、应用研究、产业化、科技服务等方面发挥作用的新型产业创新平台，支持各类平台聚集创新资源，针对前沿技术、共性关键技术和跨行业融合性技术开展联合攻关和协同创新，突破产业创新技术供给瓶颈，带动产业创新发展。二是加强成果转化平台建设。支持高等院校、科研机构等设立“创新验证中心”，联合专业机构打造市场化、专业化的科技成果转移转化平台，提供创业孵化、投融资管理全流程服务。率先构建新产品地方标准、认证体系，加速科技成果转化和市场化进程。鼓励多元化投资、市场化运作的各类专业化技术交易服务机构有序发展，规范开展转让、许可、作价入股等多种科技成果转移转化形式的挂牌公示、经纪服务。三是搭建公共创新服务平台。支持共性技术研发、检验检测、维修服务等平台建设，优化资源配置，引导大中小企业协同创新和制造。支持园区建设研发中心、研发公共服务平台、开放式创新平台、众创空间等新型服务平台，孵化扶持科技研发机构和企业创新创业发展。引导行业协会、产业联盟、新型智库等公共服务机构提供产学研合作、科技和产业创新平台规划建设、标准制定、决策咨询、行业交流等服务。

（三）注重招商引资，壮大产业规模

一是明确招商重点方向，建立招商引资项目清单。重点培育、引进智能芯片、集成电路、高端材料、高端装备、新能源等新兴产业高端项目，建立高技术产业和战略性新兴产业项目储备库、项目种子库，构建远近结合、梯次接续、动态推进的项目储备格局。二是开展靶向招商、强链补链招商。面向产业链、价值链高端环节、缺失环节和薄弱环节，紧盯世界500强企业、大型跨国公司、大型央企、中国500强企业、行业领军企业，开展有针对性的招商。三是注重集群招商，发挥企业主导作用。鼓励企业主导建设产业链，进行自主招商。发挥龙头企业的带动效应，引进科技含量高、产业关联度高、产业特色强的项目，推动产

业链上下游延链、补链、壮链，打造产业集群。四是加强招引宣传。创新手段、广辟途径、善用媒体、把握重点、实事求是做好宣传交流，加强外界对天津产业发展基础、发展前景及相关投资需求的了解，提高各地投资者对天津的认知度，提高企业、人才入驻意向。

（四）注重提升营商环境，完善配套措施

一是持续提升政务服务环境。打造国际化、法治化、便利化的营商环境，对标国内外一流城市，借鉴国际先进国家（地区）营商环境经验，引入国际规则、惯例和管理标准，建立与国际接轨的营商规则体系，提高各类主体对天津营商环境的满意度。建设市级统筹、整体联动、部门协同、一网通办的“互联网＋政务服务”体系。加快社会信用体系建设，加快完善以信用承诺、信息公示、联合奖惩为核心机制的信用监管体系，为守信者提供“容缺受理”“绿色通道”便利措施。二是完善财政政策。发挥财政资金和投资引导基金杠杆效应，运用好财政性资金、海河基金等各类政府性资金，强化对产业发展的引导作用。创新财税支持方式，强化对新技术、新产品、新成果导入阶段的财税支持。加大对产业发展和结构调整的资金支持，重点支持支持技术先进、市场前景广阔、发展潜力大的高技术产业发展重点示范项目。三是提升金融支撑新兴产业发展水平。鼓励设立信贷风险补偿基金、过桥转贷资金池、科技金融风险补偿资金等，支持金融机构创新和丰富循环贷款等金融产品。推动实力较强的新兴产业领域重点企业在境内外上市，引导企业在新三版、区域性股权市场和科创板挂牌。拓展科技信贷产品，支持银行等金融机构提供股权质押、知识产权质押、信用贷款、出口信用保险、首台套保险等金融创新产品和服务。

（五）注重人才支撑，增强人才吸引力

一是加大高端人才和创新团队的引进力度。瞄准诺贝尔奖得主、国内外“两院”院士、长江学者等科技顶尖专家，支持其开展基础研究、创办科技型企业、创立新型产业技术研究机构等，借助他们快速攻克产业技术瓶颈、打通产业升级路径。重视团队招引，加速形成“引进一个高端人才、带来一个创新团队、

壮大一个新兴产业”的“蝴蝶效应”。二是聚焦重点产业领域,引进人才。结合我市城市功能定位与新兴产业发展需求,建立“人才引进重点职业目录”,重点支持信创、智能科技、生物医药、高端装备制造、新能源汽车、新材料等重点产业领域的人才引进。对重点产业和领域的用人主体和人才给予更大力度的政策支持。三是加强首都人才引进。深挖首都优质资源外迁伴生的人力资源红利,推动北京中心城区制造业企业以及专业人才有序向我市流动,深化与国家部委、央企、科研院所的对接合作,吸引高端人才来津创新创业。增强对首都高校优秀应届毕业生的引进力度,加强与首都重点院校合作,开展重点高校和科研院所研究生以及高年级本科生到我市开展科技智力服务。四是加强本地人才的教育培养。特别是加强对天津大学、南开大学等重点高校优秀应届毕业生的教育培养,在购房、落户、工资补贴、创新创业等方面制定相应的支持政策,留住本地优秀人才。

加快新旧动能转换，打造全国先进制造研发基地

天津市经济发展研究院　涂峰达

实施京津冀协同发展战略，天津被赋予了“全国先进制造研发基地”的功能定位。自2015年以来，天津集中精力向着发展先进制造业，全力推进产业转型升级的方向迈出强劲步伐。为推动传统制造业“脱胎换骨”，打赢打好新动能引育战役，天津市重点围绕五大工程破解发展瓶颈，在“引”和“育”两方面下功夫，一手抓增量升级，加快培育新一代人工智能、生物医药、新能源新材料等新兴产业，一手抓存量转型，着力推动传统动能智能化赋能改造，“3+4”新型产业体系初步形成，全国先进制造研发基地建设加快推进。

一、主要取得成就

“十三五”时期，天津市以新发展理念为引领，以供给侧结构性改革为主线，调结构、夯基础、育动能，加快构建以智能科技为引领的现代工业产业体系，全力推进全国先进制造研发基地建设，工业高质量发展态势加快形成。

（一）工业经济发展态势良好

1. 产业结构显著优化

近年来，通过大规模产业调整升级，天津市工业经济效益大幅提升，产业结构进一步优化。预计到2020年底，全市工业增加值达到4400亿元，占GDP比重近30%，“十三五”期间年均增长3.5%。发展效益加快提升，2019年，规模以上工业企业营业收入利润率达到5.86%；规模以上工业企业百元营业收入成本84.08元，比“十二五”末下降0.54元；2019年四季度，规模以上工业产能

利用率 78.2%，比“十二五”末提高 4.5 个百分点。在规模以上工业主要行业中，装备制造业带动作用强劲，2019 年增加值同比增长 6.7%，增速快于全市规模以上工业 3.3 个百分点，对全市规模以上工业的拉动作用继续提升，拉动全市工业增加值增长 2.2 个百分点，占比达到 33.5%，其中，专用设备制造业、电气机械和器材制造业、汽车制造业分别增长 6.5%、10.9% 和 13.7%，金桥高端智能焊材、“两化”搬迁、三星电池扩能等一批升级项目有序推进。

2. 新动能加快培育

新动能是推动工业高质量发展的引擎，通过持续加快新动能培育，加快发展天津工业新的增长极。2020 年 1—9 月份战略性新兴产业、高技术产业（制造业）增加值占规上工业比重为 26.0%、15.4%，比同期提高 5.1 个百分点和 1.3 个百分点。新产品产量快速增长。1—9 月份服务机器人增长 1.9 倍，光电子器件增长 1.9 倍，医疗仪器设备及器械增长 1.5 倍，电子计算机整机增长 1.2 倍，光纤增长 51%，电子元件增长 40%，新能源汽车增长 36%，集成电路增长 28%。

3. 投资拉动作用持续提升

工业投资逐年增加，通过对重点工业项目建设，迅速拉动了工业发展。2019 年，全市工业固定投资增长 17.9%，快于全市固定资产投资增速 4 个百分点。“三新”领域投资趋于活跃，高技术制造业投资增长 36.5%，比前三季度加快 33.4 个百分点，快于全市投资 22.6 个百分点。战略性新兴产业投资增长 15.7%，其中生物产业、新能源产业、新材料产业分别增长 86.1%、39.3% 和 28.1%，有力拉动了全市工业投资增长，为工业进一步转型升级奠定了坚实基础。

4. 创新能力显著提升

以创新驱动引领高质量发展，着力强化创新成果源头供给，加快打造全国领先的创新型城市和产业创新中心。技术创新体系加快完善，国家重点实验室达到 14 家，国家部委级重点实验室达到 48 家，国家工程技术研究中心达到 12 家，国家企业技术中心达到 63 家，市级企业技术中心达到 646 家，累计培育建设市级制造业创新中心 6 家、技术创新中心 4 家。企业创新主体地位进一步增强，工业企业研发经费支出占 GDP（国内生产总值）比重达到 1.5%，高出全国平均水平 0.1 个百分点；2019 年，企业专利申请量达到 74794 件，占全市专利申请量 75% 以上，比“十二五”末增长 14.7%；国家高新技术企业达到 6106 家，比“十二五”末增长 1.65 倍；国家技术创新示范企业总数达到 20 家，比“十二五”末翻一番。一批关键核心技术取得重大突破，新一代超级计算机原型机通过验收，重组埃博拉病毒疫苗、亿昇磁悬浮高端产品填补空白，全球首款脑机接口专用芯片“脑语者”正式发布，国内首台 240 吨重载自动导引运输车（AGV）成功下线，大型察打一体无人机“彩虹 -5”批量生产。

5. 产业布局不断优化

“两带集聚，多极带动、周边辐射”的产业空间布局基本形成。京津高新技术产业带集聚了电子信息、航空航天、新能源、新材料等产业集群；临海产业发展带装备制造、石油化工等产业加速集聚，产业集聚度和关联度进一步增强。市域产业加速联动，滨海新区的龙头带动作用进一步发挥，工业产值占全市比重保持在 55% 左右，成为全市经济发展的中坚力量；中心主城依托都市产业园和商业楼宇加快制造业与服务业深度融合，成为发展高端制造业和生产性服务业的核心区域；外围五区突出特色培育，形成了高端装备、生物医药、新能源、新材料等一批特色产业集群。国家新型工业化产业示范基地累计达到 11 个，成为制造业高质量发展的重要支撑力量。钢铁产业通过局部退出、减量调整，实现集中布局、提质增效。工业园区整合加快推进，形成了以国家级园区为龙头、市级园区为支撑的空间格局。

（二）新兴产业快速发展

1. 新一代信息技术产业成发展引擎

近年来，天津市把大力发展新一代信息技术产业作为推进自主创新和原始创新、加快新旧动能转换的重要战略引擎，突破多项“卡脖子”核心关键技术，形成全生态产业链布局，2020 年上半年，天津软件和信息技术服务业全行业实现收入 1027 亿元，同比增长 10.8%，增速位列全国第二。飞腾新一代桌面处理器“FT2000＋”实现量产、“FT－2000/4”研制成功，联通联合中汽研打造了国内首个基于第五代移动通信技术设计的车联网无线通信技术（5G－V2X）融合网络无人驾驶业务试点，海之星智能水下检测机器人填补国内外空白。紫光云总部、360上市主体、华为鲲鹏生态相继落户我市，云账户等一批新兴企业代表快速成长。滨海新区信息技术创新中心软件定义互连芯片——经纬芯SDI3210完成研制并顺利向全球发布，获2019年度“中国芯”优秀技术成果转化奖。新一代信息技术产业作为天津市的优势支柱产业，已成为天津实现创新驱动、加速转型、持续健康发展的重要驱动力。

2. 生物医药产业规模保持高速增长

为加快培育生物医药产业发展，天津市出台了《天津市智能医疗与健康专项行动计划》《天津市生物医药产业发展三年行动计划（2018—2020年）》等系列文件，对生物医药产业应用示范、创新创业和公共服务平台建设等项目给予财政金融支持，为产业发展营造了良好的政策环境。生物医药产业规模连年保持高速增长，天津经济技术开发区生物医药产业集群纳入国家发改委第一批战略性新兴产业集群发展工程。诺和诺德、医药集团、天士力、红日药业、施维雅5家企业入围工信部中国医药工业百强企业榜单。中新药业滴丸智能制造基地项目一期工程将实现年产速效救心丸3亿瓶，康希诺自主研发的四价流脑疫苗“曼海欣”注册申请由国家药监局受理，成为我国首款进入新药注册受理的该种疫苗。

3. 新能源产业不断壮大

近年来，格力电器、银隆新能源与天津合作不断深入，推动了高端优质项目在津落户。新能源领军企业达20家，高新技术企业近百家，撒手锏产品40余项，核心技术不断突破，形成一批亮点成果。新能源汽车产能近20万，市场保有量达到14.8万辆，全年产量增长56.7倍。力神电池具有100亿瓦时锂离子蓄电池的年生产能力，动力电池装机量全国排名第四；瑞能电气自主研发的风力发电控制变流器效率达到97.5%，国内领先。三峡集团海上风电项目完成海上测风塔用海手续和测风塔通航影响分析评审，取得测风塔不动产权证书。爱旭太阳能电池项目建设年产10.5吉瓦（GW）高效太阳能电池的现代化智能制造基地已经投产。

4. 新材料产业崭露头角

形成了以高品质特殊钢、新型轻合金、化工新材料等先进基础材料为支撑，以先进半导体材料、稀土功能、新型能源材料、生物材料等关键战略材料为先导，以纳米材料、超导材料等前沿新材料为引领的特色新材料产业体系。培育和引进22家科技领军新材料企业，拥有撒手锏产品75项、国家级企业技术中心13家，形成了蓟州区稀土永磁、宝坻区动力电池、津南区电子信息等新材料产业基地。滨海新区高端半导体产业园8英寸半导体硅片项目、金桥焊材智能化制造新基地项目等积极推进建设。

（三）传统动能加快改造提升

1. 航空航天产业"起飞"

天津市持续深化与空客公司合作，推动空客天津总装线空客A320和A330系列飞机产能提升，累计交付A320飞机465架，A330飞机17架，空客A350完成和交付中心项目落户，实现与国外产线同步。培育出泰雷兹、PPG英德拉等一批航空配套企业。成立中联（天津）航空技术有限公司，引进俄罗斯直升机维修技术。无人机产业形成研发、生产、试飞"一站式"发展，培育了云圣科技、一飞智控、腾云智航等一批骨干企业，"彩虹"系列无人机成功出口巴基斯坦等国家，增加产值近5000万元。长征五号火箭复飞，实践20号卫星总装测试完成，新一代长征七号火箭运载火箭完成组装测试，顺利出厂。

2. 装备制造产业持续推动转型升级

近年来，天津市大力推进智能制造产业，实现集群式发展。形成了以智能装备、轨道交通、机器人、高档数控机床等为代表的国内先进、产业链齐全的产业集群，大重型数控液压机、大型数控弧齿锥齿轮铣齿机和研齿机、成套子午轮胎专用设备市场占有率全国前列。GE中国智能制造技术中心快速发展，磁共振柜体供应链优化平台项目顺利进行。在海洋装备方面，我市具有先发优势，沿海、大港、近首都，都为承接首都产业和科技资源转移提供了巨大空间，尤其在海洋油气装备领域中，已形成从勘探开发到炼油、乙烯化工完整的产业链，总承包、服务领域和核心装备制造位居全国前列。水下机器人领域同样成果斐然，深之蓝 seabow 水下助推器获得美国 CES 展会创新大奖，Swii 智能动力浮板获 2019 年度德国红点奖，水下助推器白鲨 Mix 进入稳定量产。

3. 汽车产业稳步发展创新提质

汽车产业是推动新一轮科技革命和产业变革的重要力量，是区域经济发展的重要支柱。天津作为北方重要整车生产基地，集聚了大批整车生产企业和零部件供应企业。在近几年汽车行业逐渐下滑的情况下，天津汽车产业逆势上行，开启新篇章。一汽大众华北基地、丰田新一代生产线、长城汽车产能释放，一批主力车型上市热销，在 2019 年，汽车产量逆势突破 120 万辆，同比增长 47%。丰田卡罗拉 PHEV 项目、国能 93 项目相继投产，丰田新一线扩产、荣盛盟固利二期等项目建设进展顺利。为发挥政策引领作用，编制印发了《天津市车联网（智能网联汽车）产业发展行动计划》，促进我市车联网产业快速健康发展，西青区国家级车联网先导区创建成功。

4. 石油化工产业稳步推进重点项目建设

加快建设南港工业区世界一流化工新材料基地，按照“发展高端、提升中端、淘汰低端”的思路，加快产业聚集和绿色发展。中沙石化 26 万吨/年聚碳酸酯项目已经完成桩基施工，开始土建施工。阿克苏诺贝尔 4 万吨/年过氧化物项目地下部分施工已完成，正在进行主体施工。“两化”搬迁改造项目建设进展顺利，水电蒸汽等外部配套条件已全部落实，工程详细设计 90% 三维模型审查已全部结束，设计进入收尾阶段，设备采购已经结束，桩基施工全面完成，现已进入土建施工收尾阶段。

（四）产业创新驱动能力进一步强化

1. 制造业创新中心加快建设

建设车联网、工业大数据应用、锂离子电池等 3 家市级制造业创新中心，使市级制造业创新中心总数达到 6 家。积极争取升级国家制造业创新中心，推动将现代中药纳入国家制造业创新中心建设领域总体布局，指导现代中药创新中心加快建设，初步具备了升级国家制造业创新中心的条件。支持和鼓励海河基金等产业基金、社会资本参与创新中心建设。

2. 企业技术创新主体地位不断强化

新增金桥焊材、科迈化工、凯发电气、利安隆新材料、国安盟固利、捷威动力共 6 家国家级企业技术中心，累计达到 63 家；新增 48 家市级企业技术中心，累计达到 657 家。金桥焊材、天汽模、航天精工被认定为国家技术创新示范企业，获认定数量位居各省、自治区、直辖市和计划单列市第二位，总数达到 20 家。全市工业企业专利申请量达到 7. 5 万件，占全市专利申请量 75% 以上。

3. 核心关键技术攻关不断取得突破

组织实施了新一代人工智能、新能源新材料、创新药物和医疗器械、重大疾病防治等多个科技重大专项，围绕智能传感、工业机器人、工业互联网平台、生物医药等重点产业，开展 45 项关键核心技术攻关和集成应用示范，其中人工智能专项采取“揭榜制 + 里程碑”创新管理模式。新认定天津市“杀手锏”产品 30 项，科技领军（培育）企业 20 家，引导科技型企业做优做强做大。

4. 一批重点项目加快建设

依托中科智能研究院，积极将创新项目列入成果转化项目储备库，截至 2019 年，先后孵化银河水滴、中科虹星、中科博宏等企业，共吸引社会融资 2. 67 亿元，孵化企业总估值超过 17 亿元。围绕智能制造和医药健康两大领域，成立研究中心 15 个，重点打造中德智能制造公共试验平台和中美精准医疗公共服务平台，在孵企业累计达 29 家，获批国家级高新技术企业 3 家，注册资本近 3 亿元，累计产值 5. 5 亿元。推进科技成果展示交易运营中心建设，线上平台注册用户 3084 个，登记技术转移机构 152 家，技术经理人 700 人，累计认定 24 家技术转移示范机构开展示范活动。

（五）“互联网 + 制造业”持续深化

1. 工业化信息化加快融合

遴选出 94 家市级两化融合管理体系贯标试点企业，累计达到 196 家。紫光、宜科、赛象等一批跨行业、跨领域工业互联网平台加快建设,工业企业上云数量突破5000家。中汽研、沃德、天锻等7家企业获批“工信部工业互联网APP优秀解决案例”,位列全国第二。吉诺科技、大港油田、津荣天宇3家企业入选工信部“企业上云优秀案例”。中新生态城获批国家智慧城市优秀解决方案。天龙钨钼、国安盟固利、卡达克数据3个项目入选工信部制造业与互联网融合发展试点示范名单。

2. 企业智能化升级改造不断加快

发挥智能制造专项资金政策作用,累计支持四批智能制造项目911个,安排资金36.4亿元,拉动工业技改投资增长27%,累计建成60家智能工厂和数字化车间,海尔天津工厂成为全球首个兼容全自动波轮、滚筒洗衣机柔性生产的大规模定制互联工厂;丹佛斯智能工厂大量应用3D打印、数字化配对等前沿技术和装备,形成压缩机领域智能制造系统解决方案;天地伟业数字化车间产能由100万台提升至260万台,自动化率达到80%,人工成本降低60%。天锻、中汽工程、天津电气院3家企业中标工信部智能制造系统解决方案供应商。

3. 信息基础设施不断完善

起草制定了《关于加快推进5G发展的实施意见》,围绕5G网络建设、应用发展、产业聚集三个方面,明确了推动5G发展的工作目标、工作重点及保障措施。全面推动全市通信基础设施建设高质量发展,移动宽带、固定宽带下载速率均跃居全国第三位。建成5G基站超8500个,打造了全国里程最长、基站最多的5G业务精品路线,实现了国内首个通过连片覆盖5G网络进行的“5G+8K+VR”视频直播。

(六)京津冀产业协同发展不断深化

1. 积极承接北京非首都功能

健全承接能动机制,加强与中央单位和北京市对接服务,聚焦行业龙头和成长型企业开展精准招商和承接。天津承接北京非首都功能需求清单中的中发集团、国美资本等项目相继签约,360集团上市主体已正式迁入我市,中核集团核工业大学项目已在滨海新区开工建设,中国电信集团公司京津冀数据中心项目宗地完成挂牌,其余项目均在积极推进,中国二维码认证注册中心项目、中科院微电子所微显示芯片项目等已达成落户意向。

2. 重点产业承接平台加快建设

以滨海新区战略合作功能区为综合承载平台、宝坻中关村科技城等若干专业承载平台为框架的“1 + 16”承接格局加快构建。滨海—中关村科技园不断完善与北京方面共管共建体制机制建设,支持滨海中关村科技园创新发展的若干政策落地实施,累计新增注册企业超过 1400 家,注册资本金超过 130 亿元,滨海中关村协同创新示范基地、智能制造科创中心投入运营,百度创新中心、京东云创空间、深之蓝等一批优势项目纷纷落户;宝坻京津中关村科技城协同发展中心部分投入使用,新松机器人核心部件研发生产基地项目投产,合众汇能、博宇 PBN 等项目建设进展顺利;宁河京津合作示范区在双方市领导共同协调推动下,完成首批 10 个地块出让,道路管网和公共服务配套设施加快建设,进一步理顺管理体制的实施方案正在深化完善。

二、存在的主要问题

虽然天津市工业经济实现了稳步发展,新旧动能转换明显提速,工业高质量发展态势初步形成。同时,也要看到,当前工业面临着稳增长和强环保、调结构与转动能的双重压力,制造业进入新旧动能转换的攻坚阶段,还面临一系列困难和问题。

(一)工业稳增长压力依然较大

受国际经贸摩擦和疫情影响,国内结构性、体制性、周期性问题相互交织,市场、成本等多因素导致制造业企业投资意愿不强,面临缺少大企业增量、融资环境紧缩等制约因素,工业持续增长压力较大。从工业项目储备上看,新投产项目较少,特别是缺少具有拉动作用的高质量大项目,产业持续增长缺乏强有力的项目支撑。

（二）新动能对工业增长的拉动作用不足

新一代人工智能、生物医药、新能源新材料等新兴产业呈现增长趋势，但新动能“底盘”偏小，战略性新兴产业主体1033家，只占4292家规上企业总数的24%，战略性新兴产业增加值占规上工业的比重仅为20.8%，尚未形成规模优势，对工业增长的拉动作用还不足。

（三）传统产业智能化水平有待进一步提升

冶金和石化等传统产业改造提升的任务还很艰巨，很多制造业企业还处于机械化、电气化、自动化并存的阶段，民营企业对工业互联网缺乏投资动力，“智能”和“制造”的集成不够，智能化水平有待提高。

（四）产业创新能力有待进一步提升

技术创新体系支撑产业发展能力不足，战略新兴领域企业技术中心占比不足一半，国家企业技术中心后备力量不足。吸引高端创新资源不够，许多“卡脖子”的关键核心技术还有待突破。

（五）领军企业和龙头企业较少

我市缺少具有带动作用的优质企业，民营企业、中小企业活力不足。缺少像深圳华为和腾讯、杭州阿里巴巴、青岛海尔这样能够引领一个城市或地区创新发展的龙头企业。

三、其他城市发展模式借鉴

在信息技术迅速发展的今天，国内各大城市都开启了以技术创新驱动高质量发展新模式，并积累了丰富的经验。天津市在制造业转型升级过程中还会出现很多问题，因此更应该密切关注其他先进城市的经济发展战略布局及变动方向，并保持持续不断的跟踪、学习机制。

（一）上海：优化产业布局，提升“经济密度”

针对此前一定程度存在的同质化竞争，以及因此导致的产业定位不清问题，上海发布了《上海市产业地图》。一方面，在总体的产业发展取向上，着重瞄准前沿、高端产业发力，并推动传统产业转型，实现产业能级的高端化；另一方面，在产业布局上，亦要找准不同区域的不同特色，因地制宜，用相当程度上的差异化，来实现效益的最大化。《上海市产业地图》聚焦融合性数字产业、战略性新兴产业、现代服务业和现代农业，立足“两个维度”，即空间维度（16 个区、67 个左右重点区域）、产业维度（金融、人工智能等 27 个重点行业），绘制“两类地图”，共形成 101 张产业地图。上海正通过找准定位并尽快凸显定位，在明确“主导产业、优势产业、特色产业、新兴产业”的方向之后，“集中引进一批龙头企业、战略项目，有意识地培育扶持一些潜力大、带动性强的好企业、好项目”，从而增强企业集群和产业集群的竞争优势，优化产业布局，进而提升产出水平。

（二）江苏：着力强链补链，加快培育集群产业

江苏把集群培育作为推动产业转型升级和发展江苏制造新优势的总抓手，加快建设自主可控的先进制造业体系。围绕推进集群建设，实施关键核心技术攻关、企业创新赋能、标准领航、工业互联网培育、产业链能级提升等专项行动，重点聚焦新型电力装备、物联网、工程机械、碳纤维、轨道交通装备、工业机器人、新能源汽车、生物医药、节能环保、纳米材料 10 个产业，以及集成电路、高端软件、新型显示、人工智能、增材制造、航空航天 6 个产业的相关主攻环节，梳理“卡脖子”技术（产品）清单，组织实施重大技术（装备）攻关，突出企业的主体和主导地位，推动创新链围绕产业链合理布局，提升制造业自主可控力。推进集群产业链延伸拓展。印发全省重点培育先进制造业集群强链补链指导目录，引导和推动全产业链整体水平跃升。支持引导行业协会等集群中介组织建设省重点产业链资源线上线下对接平台，分集群组织开展产业链协作对接及集群新品发布活动，推动集群大中小企业融通发展。

四、对策建议

牢牢把握高质量发展根本要求,坚持培育战略性新兴产业与改造提升传统产业并重,倾心倾力引育发展新动能,着力推进增量转型与存量升级,推进制造业质量变革、效率变革、动力变革。

(一)加快培育战略性新兴产业

持续推进新一代人工智能、生物医药、新能源、新材料等产业行动计划,推进重点建设项目落地实施。新一代信息技术实施中芯国际二期扩能、中科曙光基地二期、三星电机陶瓷电容三期、电装电子第二工厂、立联信通信器件产业化等项目。生物医药推进诺和诺德智能生产线、康希诺生物二期、华熙生物透明质酸钠产业化等项目建设,支持药物研究院等企业加快上市步伐,支持现代中药创新中心建设。新能源重点发展高效太阳能电池、高压氢气存储材料与设备等产业,大力打造氢能源产业链条,引进培育氢气压缩机、高压储氢罐、氢气加注机等核心装备生产企业。新能源汽车实施一汽丰田新能源工厂、国能汽车二期、盟固利锂离子动力电池等项目。开展氢燃料电池汽车示范应用,争创氢能及燃料电池汽车推广示范城市。新材料加速实施中沙聚碳酸酯等项目,加快首批次应用,打造一批测试评价、生产应用示范等行业平台。

(二)持续推进智能制造

完善智能制造专项资金政策,进一步聚焦企业智能化改造、新兴产业发展、应用场景拓展。用好专项资金,支持加大设备更新和技改投入,对传统产业进行全方位全角度全链条改造。推进离散型和流程型智能制造以及网络协同制造,鼓励企业关键领域综合集成、互联网制造新模式建设。在人工智能、5G、车联网、区块链、VR/AR(虚拟现实/增强现实)等重点领域打造典型应用场景,推动新技术、新模式转变为新动能、新增长点。

(三)加大招商引资力度

推动精准招商,以构建"3 +4"产业体系为目标,聚焦战略性新兴产业,建立招商目标企业库,按照产业图谱,瞄准产业链的关键环节,紧盯重点区域、重点企业、重点项目,开展专业招商、敲门招商、应用场景招商。坚持以商招商,充分发挥行业龙头企业的招商引资作用,带动引领产业链上下游配套企业和服务对象来津落户,实现招商"裂变"。突破传统招商理念,用"人才 + 项目""龙头 + 项目""基金 + 项目"等综合手段开展招商引资。大力推动平台招商,变"筑巢引凤"为"引凤筑巢",制定出台鼓励平台企业招商引资的扶持政策,引入平台企业,加速企业聚集,打造产业生态。

(四)着力提升制造业创新能力

集聚各类创新要素,构建高水平创新载体,释放发展新动能。持续推动58同城、久日新材、天津药研院等企业技术中心建设。创新产学研合作新模式,组建一批产业技术创新联盟和公共研发服务平台,利用制造业创新中心、产业创新中心等创新载体的融合创新效应,引导和支持骨干企业联合高校、科研院所共同推进创新链产业链对接和整合,进一步打通科技和经济之间的转移转化通道。

(五)培育优质制造业企业

加快构建以领航企业、龙头企业为引领,以单项冠军企业为支撑,"专精特新"企业跟进跃升的梯次发展格局。培育遴选制造业领航企业。实施中小企业梯度培育专项行动,支持"个转企""小升规""规升巨""规改股""股上市",进一步推动中小企业发展壮大。

(六)创造科技创新的制度环境

发挥政府规划和政策导向作用,通过政策和经费支持,引导、鼓励和推进产学研用的协同创新,协调科技创新各环节的关系。建立健全法律法规体系,从立法、司法、执法和法律预防 4 个层面完善知识产权保护制度。加大知识产权强市、强区力度，深入推进企业知识产权战略，鼓励企业、科研院所、行业协会和标准化组织积极参与国际标准制定，推动创新技术向标准转化。创新人才引进办法，通过“两栖式”“候鸟式”“团队式”等人才流动政策，吸引国内外科研创新人才向天津集聚。

提升能级水平，构建现代服务经济新体系

天津市经济发展研究院　韩璐

2013 年 5 月，习近平总书记在天津考察期间指出，天津要加快发展服务业，形成与现代化大都市地位相适应的服务经济体系。2019 年 1 月，在京津冀协同发展重大国家战略实施五周年的重要节点，习近平总书记再次亲临天津考察指导工作，指出要把天津打造成为创新高地，以智能科技产业为突破口，推动经济结构优化升级，加快建设全国先进制造研发基地，加快推进港口改革发展，提升服务辐射京津冀和“三北”地区的能力。“十四五”时期是我国由全面建成小康社会向基本实现社会主义现代化迈进的关键时期，也是天津推动高质量发展、落实“一基地三区”定位的关键时期。天津要深刻领会、准确把握、坚决落实习近平总书记对天津工作的重要指示要求，全面加快服务经济发展，切实服务好实体经济发展，促进天津产业结构优化升级，加快建设“五个现代化天津”。

一、“十三五”时期主要城市服务业发展经验

（一）北京：全面深化服务业扩大开放

北京市服务业体量大、影响广、开放程度高，服务业占全市地区生产总值比重居全国首位。“十三五”时期，北京市服务业不断优化内部结构，聚焦高端产业和高附加值环节，加快构建高精尖经济结构。截至 2020 年第三季度，北京市服务业实现增加值 21769.8 亿元，占 GDP 比重为 84.5%。在新技术助力、投资带动、需求性刺激等利好因素的带动下，金融业、信息服务业、科技服务业等优

势行业继续发挥主要带动作用,文化、体育与娱乐业呈现良好的增长势头。在服务业布局方面,北京服务业在中心城区集聚度上有所下降,“三城一区”成为高端服务业集聚的潜在区域,怀柔科学城成为聚集世界级原始创新承载区,未来科学城着力发展成为新兴生产性服务业的潜在集聚区,北京经济技术开发区制造业与服务业融合发展态势明显。

北京是全国最早、也是全国唯一的服务业扩大开放综合试点城市。2015年5月5日,国务院批复《北京市服务业扩大开放综合试点总体方案》,同意在北京市开展为期3年的服务业扩大开放综合试点;2017年6月25日,国务院又批复《深化改革推进北京市服务业扩大开放综合试点工作方案》,决定进一步深化北京市服务业扩大开放综合试点;2019年1月31日,国务院再次批复《全面推进北京市服务业扩大开放综合试点工作方案》,同意在北京市继续开展和全面推进服务业扩大开放综合试点。北京市在服务业扩大开放方面实现了“试点三连”,2019年,北京市服务业累计利用外资762亿美元,服务业利用外资占比从试点前的87.7%提升至2019年的95%,提升了7.3个百分点,服务贸易实现进出口额近1.1万亿元,占全国服务贸易比重约20%,继续保持全国前列。北京市深化服务业扩大开放综合试点与自贸试验区建设、内地与港澳服务贸易基本自由化一起,共同构成了“1+3+N”多层次、宽领域、高水平的服务业对外开放格局。

(二)上海:加快推进“五个中心”建设

近年来上海服务业增加值在GDP(国内生产总值)中占比逐步上升,2020年第三季度,上海市服务业增加值为20237.33亿元,在GDP(国内生产总值)中占比达到74.1%,完成“十三五”预期目标,以服务经济为主的产业结构基本形成。从内部结构来看,金融业、商贸业占上海市服务业增加值比重稳定在50%左右。上海国际金融中心建设取得积极进展,目前已集聚了各类重要金融市场,包括股票、债券、货币、外汇、票据、期货、黄金、保险等,多个品种交易量位居全球前列,随着金砖国家新开发银行、全球中央对手方协会、人民币跨境支付系统、中国保险投资基金、中国互联网金融协会等一批重要金融机构(组织)相继落户,上海金融业辐射力和影响力明显提升。此外,上海港率先开展跨境电子商务试点,大宗商品"上海价格"加快形成。

"十三五"时期上海继续深化服务业对外开放。率先开展服务业部分领域营改增试点,全面推进中国(上海)自由贸易试验区制度创新,实施金融、航运、商贸、文化、社会、专业服务六大服务业领域开放措施。2020 年 11 月出台《上海市全面深化服务贸易创新发展试点实施方案》,进一步放宽了服务业外资市场准入限制。服务业布局不断优化完善,中心城区服务业发展能级和水平进一步提升,上海国际旅游度假区、世博园区、虹桥商务区等标志性区域的大型功能性项目建设加快推进,现代服务业集聚区、文化创意产业园区、生产性服务业功能区等服务业集聚区蓬勃发展,产业集聚效应日益凸显。

(三)广州:大力促进服务业创新发展

围绕建设国家中心城市总目标,广州不断加快服务业创新发展,服务业新技术、新模式、新业态不断涌现,电子商务、健康服务、融资租赁、检验检测、互联网金融等新兴服务业态发展态势良好。2018 年广州获批国家服务型制造示范城市,形成了批发零售、金融、房地产、商务服务、交通运输、信息服务等 6 个千亿级产业,深入实施 IAB 发展战略,信息服务业保持领先增长态势;金融创新发展取得突破,获批广州绿色金融改革创新试验区;会展业国际化水平迈上新台阶,广交会已成功举办了 124 届,展览数量及面积居全国第三;电商迅速发展,盒马鲜生、永辉超级物种、天猫汽车、苏宁小店等新零售业态加速进入。文化产业繁荣发展,网易、YY(欢聚时代)、酷狗音乐等新兴文化企业快速成长。

广州稳步扩大服务业对外开放水平,服务业集聚发展态势明显。中心城区形成了天河中央商务区、琶洲会展总部经济区等现代服务业功能区,外围郊区依托大型交通枢纽和国家级开发区,形成海港、空港、广州开发区三大生产性服务业基地和若干特色服务功能组团。同时,广州还拥有 TIT 纺织创意园、南沙保税港区等省级服务业集聚区,首个国家级生产性服务业集聚区——广州生产性服务业示范园区落户增城,涵盖了高端生产性服务业的全业态。广州坚决落实国家外商投资产业指导目录、自由贸易试验区外商投资准入特别管理措施

(负面清单),大力推进国际交往中心建设,成功申办2018年世界航线发展大会、2019年世界港口大会、2020年世界大都市协会世界大会。高水平推进南沙自贸试验区建设,积极推动外贸转型升级,大力发展跨境电商、市场采购等外贸新业态。

(四)深圳:积极培育服务业发展新动能

深圳积极推进国家服务业综合改革试点,规划建设具有国际影响力的金融聚集区,支持人民银行金融科技研究院等运营发展;推进供应链管理、综合贸易物流等发展,打造国际化物流枢纽城市;支持会计、法律、咨询等专业服务业高水平国际化发展。2020年第三季度,深圳市服务业增加值为12456.19亿元,占GDP比重为63%。服务业结构呈现不断优化趋势,金融、物流、文化三大产业对国民经济的支撑作用十分明显:金融竞争力位居全国前列,仅次于香港、上海和北京,跨境金融、要素市场、财富管理等创新金融领域快速发展;物流产业规模、运营效率和发展质量均处于全国领先水平,国际化物流枢纽城市地位突出,物流基地和供应链总部加快建设,越海全球成为国内物流供应链行业首家"独角兽"企业;工业设计、数字经济、网络文艺发展迅速,"文化+"产业发展新模式、新业态成为文化产业新增长点。

服务业集聚发展效应突出。深圳湾国际总部集聚区和后海金融高端商务区、平湖金融与现代服务业基地建设稳步推进,福田、罗湖区服务业增加值占GDP的比重均达到95%以上,前海蛇口自贸片区已基本形成产业结构优化、高端要素集聚、经济活跃度高的现代服务业体系。2019年8月,中共中央、国务院印发实施《关于支持深圳建设中国特色社会主义先行示范区的意见》,今后一段时期深圳将抓住粤港澳大湾区建设的重要机遇,增强核心引擎功能,进一步加快发展壮大科技创新、信息服务、现代金融、海洋经济、文化体育等现代服务业,朝着建设中国特色社会主义先行示范区的方向前行,努力创建社会主义现代化强国的城市范例。

二、天津市服务业发展形势分析

(一)面临机遇

1. 经济全球化加速服务业迭代升级

当前,移动互联网、物联网、人工智能、虚拟现实、区块链等新兴技术日益广泛应用,推动服务业加快向全球化、网络化、数字化、虚拟化、智慧化加速转型,催生出更多新业态、新模式,成为全球服务业发展新增长点,服务业成为国际产业投资热点。制造业跨国布局带动生产性服务业全球化发展。跨国公司在全球范围内整合各类资源要素,资本、技术和人员的跨境流动更加便利,带动全球服务投资贸易快速增长,服务贸易占全球贸易比重正逐步上升,新兴经济体服务业发展面临重大机遇。

2. 服务业向高端化、体系化、专业化、融合化发展

当前,我国经济长期向好的基本面没有改变,发展前景依旧广阔。随着我国居民收入水平不断提高和消费结构不断升级,催生出以"首店经济""流量经济""银发经济""他/她经济"、DIY 设计、体验店等为代表的定制化、个性化、多元化的服务需求,推动服务业向高标准、高品质、高体验方向发展。随着社会老龄化程度不断加深,市场化、专业化、精细化的社会养老服务需求逐步扩大,推动智慧医疗、旅游康养等领域规模化提升。同时,我国制造业转型升级步伐持续加快,呈现出技术体系化、生产绿色化、模式创新化的新趋势,进一步推动信息技术服务、科技服务等生产性服务业向高端化、专业化、体系化、融合化发展。

3. 全面对外开放壮大服务业新动能

2019 年 3 月通过的《中华人民共和国外商投资法》,标志着我国对外开放进入了新的发展阶段,为我国对外开放的扩大和巩固提供了明确的方向。在服务业领域,《深化服务贸易创新发展试点总体方案》《深化服务贸易创新发展试点开放便利举措》等政策措施加大金融服务、电信服务、旅行服务、专业服务开

放度,《完善促进消费体制机制实施方案(2018—2020 年)》等政策措施促进养老、医疗、旅游、家政等细分行业开放发展。2019 年 8 月国家批准新设立的河北自贸区将与天津滨海自贸区共同构成京津冀自贸区协同发展的空间新格局。新一轮扩大开放和自贸区建设发展新格局将为天津服务业发展提供新的空间和动力,有利于在金融、航运等服务经济领域释放改革开放活力和创新动力,也为加大优势服务业企业“走出去”提供了良好的外部环境与契机。

(二)面临挑战

1. 国际经济发展格局调整和新冠肺炎疫情双重影响带来较多不确定性

随着国内外发展环境更加错综复杂,贸易保护主义、单边主义等“逆全球化”思潮抬头,势必导致天津享受全球化红利的空间进一步缩小。受疫情冲击影响,全市主要产业市场需求出现明显下降,汽车等可选消费市场动力明显不足。社会消费意愿和习惯发生变化,消费恢复时间拉长,疫情期间市民养成的数字化和低接触行为习惯预计将继续保持下去,“报复性消费”预期效果不强。外贸进入发展瓶颈期,国际供应链不畅,需求端受到冲击,展会、洽谈会等传统经贸活动延迟或取消,企业承接新订单难度加大,海外买方拒收货物或拖欠货款屡有发生,履约风险增大。

2. 国内外城市服务经济竞争日益激烈

现代服务业具有智力要素密集度大、科技含量高、产出附加值高、资源消耗少、环境压力小等特点,成为各地争相扶持发展的经济增长点和战略制高点。随着我国服务业增加值占比超过 50% 及其对经济增长贡献率的提高,大城市产业竞争正在由制造业向服务业竞争转变。一方面,北京的政治和经济资源对天津总部经济等高端服务产业和要素形成了强大吸附力,雄安新区未来的高新产业对天津发展高端服务业带来一定程度上的挑战;另一方面,粤港澳大湾区、长江经济带、中原经济区、成渝经济区、海峡西岸经济区、山东半岛蓝色经济区等重点区域的发展不断加速,对天津高端服务业资源产生一定高程度的虹吸效应及稀释作用,对天津吸引服务业高端人才、集聚高端资源、提升产业能级形成了较强挑战。

3. 服务业管理机制体制亟待完善

服务业涉及行业类别较多,多数服务企业难以界定行业归属,政府对服务业管理的领导体制仍属于"条块分管"模式,缺乏横向协调机制和统一监管机构。区域技术变革与商业模式迭代缓慢带来相对滞后风险,重点表现在"互联网 +"新时代背景下,服务业新业态、新模式不断出现,而现行的体制和管理模式对服务业组织结构调整和创新创业存在一定制约。此外,新兴服务行业在规则制定、行业自律、监督管理等方面存在诸多不足,导致服务市场无序竞争严重。

三、天津市服务业发展现状与比较分析

(一)天津市服务业发展现状分析

1. 总量规模逐步壮大,成为经济发展主引擎

2019 年天津市服务业增加值实现 8949.87 亿元,占地区生产总值的比重达到 63.5%,其中生产性服务业增加值占全市生产总值比重达到 40% 以上。新冠肺炎疫情冲击下,服务业仍稳步复苏,2020 年前三季度服务业增加值同比增长 0.1%。服务业平稳发展对全市经济平稳运行发挥了关键作用,2019 年新增服务业市场主体 23.8 万户,占全市新增市场主体的 89%,服务业成为全市新增市场主体的主力军和新动能的主要来源。

2. 内部结构不断优化,重点产业全面发展

2019 年,金融业增加值达到 1908 亿元,占全市生产总值比重的 13.5%,截至 2020 年第三季度,金融业增加值增长 5.3%,比上半年加快 0.6 个百分点。以信息、科技、商务服务为代表的新兴服务业蓬勃发展,2019 年全年电信业务总量增长 62.4%,互联网和相关服务业、软件和信息技术服务业、商务服务业营业收入分别增长 23.5%、9.6% 和 32.1%。规模以上服务业中,战略性新兴服务业、高技术服务业营业收入分别增长 12.5% 和 19.1%。传统产业加快转型,限额以上网上零售额 508.6 亿元,较"十二五"末翻了一番,占全市限额以

上社会消费品零售总额比重超过20%。

3. 载体平台建设加快,空间布局显著优化

重点服务业领域平台载体功能逐步显现。金融服务领域已形成友谊路、解放北路、于家堡金融区、南京路、小白楼等金融集聚区,初步建成"新八大里"等新金融承载区。设计领域集聚了以河西陈塘自主创新示范区、C92科技文化创意产业园、意库创意产业园等优质载体,其中,河西陈塘自主创新示范区已成为国家火炬天津陈塘工程设计特色产业基地。信息服务领域形成了天津高新区软件园、天津市IC设计中心、滨海新区信息安全产业园、红桥光荣道科技产业园区等特色载体。科技服务领域,启航湾创新产业区规划建设步伐加快。商务服务领域,和平人力资源产业园区重点打造国家级人力资源服务产业集聚高地。商贸服务领域,先后建成和平区五大道等6个市级和11个区级夜间经济示范街区,带动试点区域商贸经济快速发展。航运服务领域,以万通大厦——天津国际航运金融中心为载体,集聚船舶融资、船运保险、资金结算等航运服务资源。

"两区一带、多点支撑"服务业发展空间布局基本形成。中心城区以特色楼宇培育为着力点,滨海新区已初步建成全国生产性服务业集聚区,海河现代服务业产业发展带初步形成。同时,形成了东丽区科技服务业组团、西青区商贸物流组团、蓟州区文化与休闲服务业组团、宝坻区物流与科技服务业组团、武清区电子商务组团、静海区物流和健康休闲组团等多个服务业组团。

4. 创新发展成效显著,营商环境持续改善

服务业创新成果丰硕。服务业新增长点不断涌现,商务服务业、软件和信息技术服务业成为拉动服务业的重要引擎,滨海高新区成为国家第二批双创示范基地;5G整体改造及部分区域先行先试;互联网、大数据、人工智能与实体经济相互渗透。"互联网+先进制造业"实现新突破,培育一批智能制造关键装备、新模式项目、标杆企业,大数据、云计算产业全面推进,进一步拓展了天津工业云、滨海工业云2.0版等一批公共云功能,推动一批行业云平台迭代更新。

服务业发展空间不断拓展。2018年以来天津把服务业发展作为经济转型升级的主战场和突破口,连续出台《关于加快推进夜间经济发展的实施意见》

《关于促进市内六区高端服务业集聚发展的指导意见》《关于完善本市促进消费体制机制进一步激发居民消费潜力的实施方案》《服务业质量提升行动计划》等政策,积极推动工业 APP、大数据、互联网等新兴领域发展。通过制定《天津市软件和信息技术服务业三年行动方案(2018—2020)》、召开全国首届工业 APP 创新应用大赛,打造国家级试点示范项目,成功引进同道精英、紫光云、贝壳网等一批优质企业相继落户,服务业发展环境持续改善。

(二)与先进城市相比,天津市服务业发展存在的问题

1. 总体规模相对偏小

2019 年是全市经济发展形势较为严峻的一年,地区生产总值增速同比增长 4.8%。从服务业增加值规模来看,2019 年北京、上海、广州、深圳服务业增加值分别为 29542.53 亿元、27752.28 亿元、16923.23 亿元、16406.06 亿元。相较之下,天津服务业增加值(8949.87 亿元)仅为北京市服务业增加值的三分之一,也远落后于上海、广州和深圳(见图 1)。从服务业发展速度来看,天津、北京、上海、广州、深圳的服务业增加值增速变化波动较大,总体介于 7% ~10% 之间。天津近五年年均增速达到 7.2%,分别低于北京、上海、广州和深圳,低于全国平均水平 0.5 个百分点(见表 1)。

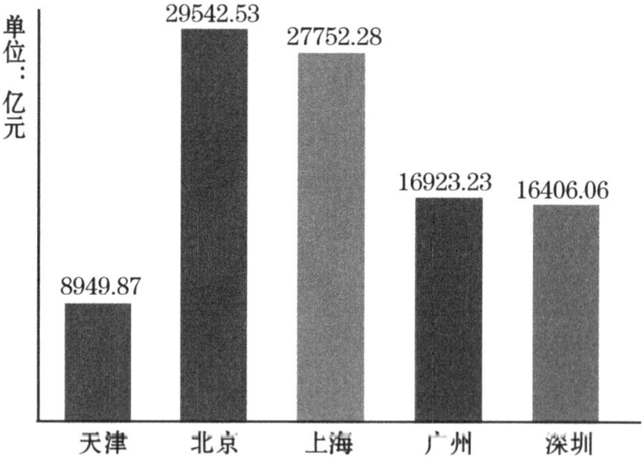

图 1　2019 年五市服务业经济规模比较

表 1　2015—2019 年五市服务业增加值增速对比表　　单位:%

市别	2015 年	2016 年	2017 年	2018 年	2019 年	2015—2019 年均增速
天津	8.3	10.0	6.0	5.9	5.9	7.2
北京	8.0	7.1	7.3	10.9	6.4	7.9
上海	8.7	6.9	18.9	11.3	8.2	10.8
广州	9.4	9.6	8.2	7.5	7.5	8.4
深圳	10.1	9.8	8.8	8.3	8.1	9.0
全国	8.3	7.8	8.0	7.6	6.9	7.7

数据来源:2015—2019 年全国和各市国民经济和社会发展统计公报。

2. 产业结构有待优化

2013 年以来,天津服务业增加值增速逐渐开始领跑全市经济,成为经济增长新动能,2015 年服务业增加值首次超越第二产业,比重突破 50%,截至 2020 年前三季度,服务业占比达到 65.5%,服务业主导地位确立。从横向比较来看,天津服务业增加值占 GDP(国内生产总值)比重(2019 年为 63.5%)略高于深圳(60.9%),但远低于北京(83.5%)、上海(72.7%)、广州(71.6%),天津服务业进一步提升还存在很大潜力。

根据各省市 2019 年统计年鉴数据,天津、北京、上海、广州、深圳在服务业内部结构上存在明显差异。天津服务业中批发和零售业所占比重较大,2018 年为 21.41%,天津高于北京等其他四个城市;其次为金融业,天津高于广州 5.16 个百分点;在信息传输、软件和信息技术服务业方面,天津比重仅为 5.49%,在五个城市中最低,远低于北京(16%)、深圳(13.94%)。天津服务业主要集中在批发零售业和金融业,传统服务业比重高,新兴服务业尚未形成集聚和规模的发展形态。高端生产性服务业发展较为薄弱,信息传输、软件和信息技术、节能环保、供应链管理等专业服务业发展规模和水平相对不足,对城市功能和服务能级提升的支撑作用尚不突出,生产性服务业整体竞争力不强,产业层次较低。

3. 企业竞争能力薄弱

2020 年 9 月，全国工商联合会发布“2020 中国民营企业服务业 100 强榜单”，榜单中的服务业企业主要分布在 11 个细分行业，其中有 36 家企业属于房地产行业，有 17 家企业属于零售业，其余企业是综合（10 家）、批发业（13 家）、商务服务业（8 家）、邮政业（5 家）。总体上看，传统贸易零售和交通运输等企业占比持续走低，互联网、金融和供应链等现代服务业企业快速崛起。其中，北京 10 家、广东 24 家、上海 7 家，而天津仅入围云账户技术（天津）有限公司和天津亿联控股集团有限公司。

天津服务业整体竞争力不足，体现为市场化及专业化程度不高、产业集中度较低、自主创新能力不足、有影响力的品牌和有带动效应的龙头企业较少。不同于北京、上海、广州、深圳等城市均拥有规模较大的总部型服务业企业，天津服务业企业数量少、体量小、排名比较靠后、分布较散，服务业资源并没有得到有效整合。除此之外，天津服务业企业大多集中在金融、交通等产业，互联网信息服务等新兴服务业企业缺乏，服务业增长新动能不足。

4. 政策体系仍需完善

目前，全市范围内生产性服务业和生活性服务业空间分布较不均衡。生活性服务业主要集中在市内六区，与环城区域、滨海新区出现一定断层；生产性服务业以滨海新区为主要发展区域，要素分布在各功能区组团，聚集能力不强，对区域的辐射带动作用也有待提高。从中心城区来看，同质竞争现象明显，市内六区服务业多集中于商贸、金融产业，缺乏一定的差异化定位；从滨海新区来看，与中心城区的互动不足，教育、医疗等服务资源尚未充分流动；从各区来看，各服务业组团以商贸、旅游为主，存在差异化定位不清、发展主线不明、衔接性差的问题，区域特色未能完全发挥，尚未形成全市服务业协同发展合力。

四、促进天津市服务业发展的对策建议

(一)加速推动制造业与服务业深度融合

聚焦做强高端服务业,大力实施新动能引育五年行动计划,重点挖掘培育研发设计、检验检测、知识产权、科技中介等领域具有行业影响力的高技术服务业企业,以及新一代信息技术、数字经济等领域以互联网和相关服务业为代表的现代新兴服务业企业,全面提升高质量综合服务功能。“以用立业”,留住先进制造业关键环节,提升核心研发能力和配套服务能力,促进先进制造业和现代服务业深度融合。鼓励服务型企业跨越传统产业边界,创新服务模式,增强对先进制造业研发、生产、商务、运营、管理等全过程服务供给能力,加快发展科技服务业、信息服务业及各类专业服务业,进一步发挥生产性服务业对制造业转型升级的支撑作用,提升产业基础能力和产业链水平。构建市区两级联动的服务业与制造业深度融合公共服务平台,推动制造型和服务型企业之间供需顺畅对接,构建一体化产业联盟及区域产业生态圈。

(二)建立健全服务业创新体系

引进培养高层次人才,创新服务业人才引进方式,开展组团走出去引才、线上线下引才、中介机构引才。加强与北京、天津高校院所合作,探索“高层次人才+创新团队+创新项目”联合培养模式,着力培养一批高技术人才团队。加大服务业资金支持。设立服务业发展专项资金,打造“政府引导+社会投资+市场运作”金融支撑体系。引导银行机构、风险投资机构、担保公司等金融机构为服务业企业提供风险投资、贷款担保、资金融通等一系列专业化、多元化的融资服务。打造一批服务业综合大平台。聚焦智慧医疗、信息安全、金融科技等领域,构建集信息咨询、创业成长、市场开拓、合作交流、政策培训等功能于一体的服务业企业综合服务中心。建立开放实验室认定、挂牌、评价、奖励制度,鼓励高校开放相关服务并给予相应的奖励。

(三)加速服务业创新主体集聚

以培育新型市场主体为核心,着力引进服务业头部企业、培育高成长企业、推动服务业大企业平台化转型、支持制造企业服务化转型,引进一批瞪羚企业、领军企业、独角兽企业落地天津发展,加快构建服务业新型主体队伍。重点围绕现代商务、现代物流等服务业领域,引进上市公司等国内外知名头部企业。支持综合实力强的本土企业跨地区、跨行业、跨所有制兼并重组,发展成为关联带动力强、发展层次高的行业头部企业。激发大企业内部创业活力,支持服务业大企业内部创业,成立服务内部创业的专业委员会,筛选与培育创意项目,利用股权、红利等方式激发员工创业活力。鼓励建立大企业、中小企业相互协作的战略联盟,支持头部企业技术创新、管理创新和制度创新,推动专业化、社会化、品牌化服务发展。

(四)加强服务业对外开放与区域合作

推动京津冀服务业协同发展。积极承接北京非首都服务功能疏解,推动京津通关服务和口岸物流一体化、金融服务和监管一体化、区域要素资源配置一体化,建设以滨海新区为综合承载平台、宝坻京津中关村科技城等为专业承载平台的"1+16"承接体系,壮大金融创新、现代商贸、航运物流、信息服务、健康养老等现代服务业。推动服务业国际化发展。梳理全球创新资源和产业资源,制定国际合作指导目录。支持服务业企业走出去,鼓励服务业企业全面融入国际创新网络,通过开展跨国技术并购、设立海外第二总部等方式提升企业对全球高端资源的整合链接能力。积极参与"一带一路"建设,依托中欧班列,通过构建"多国多园""两国双园"等方式,链接国际化服务业资源,持续推进多方位、多层次互利合作。

(五)完善服务业体制机制

建立服务业市场准入负面清单,对未纳入负面清单管理的行业、领域、业务等,各类市场主体皆可依法平等进入,针对新技术、新产业、新业态、新模式,实行动态审慎监管。放宽公共服务的市场准入门槛，支持社会资本进入教育、医疗、卫生、养老等公共服务领域，推出一批高质量服务业项目吸引民间资本参与，实行内外资、内外地企业同等待遇，拓宽服务业创新发展的市场空间。出台服务业专项政策，面向信息服务、科技服务、金融科技等重点领域的产业发展需求，围绕人才、资金、空间、场景等方面，研究制定针对性强、更具操作性的促进现代服务业发展的激励政策，以及相应的政策实施细则。建立服务统计监测机制。持续完善服务业统计调查方法和指标体系，率先探索形成以新经济为代表的新兴服务领域的统计监测体系，利用大数据、云计算、区块链等前沿技术，搭建天津市服务业大数据监测平台，依托统计数据构建多元治理体系，探索服务业分类、精准、动态监管。

参考文献：

[1]夏杰长：《迈向"十四五的中国服务业：趋势预判、关键突破与政策思路"》，《北京工商大学学报(社会科学版)》2020 年第 4 期。

[2]江小涓、罗立彬：《网络时代的服务全球化——新引擎、加速度和大国竞争力》，《中国社会科学》2019 年第 2 期。

[3]天津市统计局：2016—2019 年《天津统计年鉴》，http://stats. tj. gov. cn/TJTJJ434/TJCP574/TJTJNJ697/。

[4]"2020 中国民营企业服务业 100 强榜单"，https://www. sohu. com/a/417646498_99920760。

[5]郑宇、黄凤羽、朱鹏：《大都市中心城区服务业高质量发展研究——以天津中心城区为例》，《天津经济》2020 年第 1 期、第 2 期。

提升金融服务质量,构建创新型金融体系

天津市经济发展研究院　尹晓丹

一、天津市金融业发展概况

(一)金融业总体运行平稳

总量保持合理增长,结构持续优化,融资成本回落,融资效率进一步提升,金融风险得到有效管控,金融生态持续优化,为天津经济社会持续健康高质量发展营造了适宜的货币金融环境。

1. 金融业增加值占比呈上升趋势

“十三五”时期,除2019年,金融业增加值增速均高于同期GDP增速,金融业增加值占比保持稳中有升的趋势(见图1)。

2013年,天津市金融业增加值占地区生产总值的比重为8.20%,成为天津市的支柱产业①,2016年占比超过10%。2019年金融业增加值占比为13.5%,比2015年提高了4个百分点。2020年,天津市地区生产总值为14083.73亿元,同比增长1.5%,金融业增加值为2005.16亿元,同比增长5.1%,金融业增加值占地区生产总值比重为14.2%,较2019年提升0.7个百分点。

① 根据国际经验,金融业增加值占本地区生产总值的8%以上,表明金融业发展到了较高水平,才可以称其为地区支柱产业。

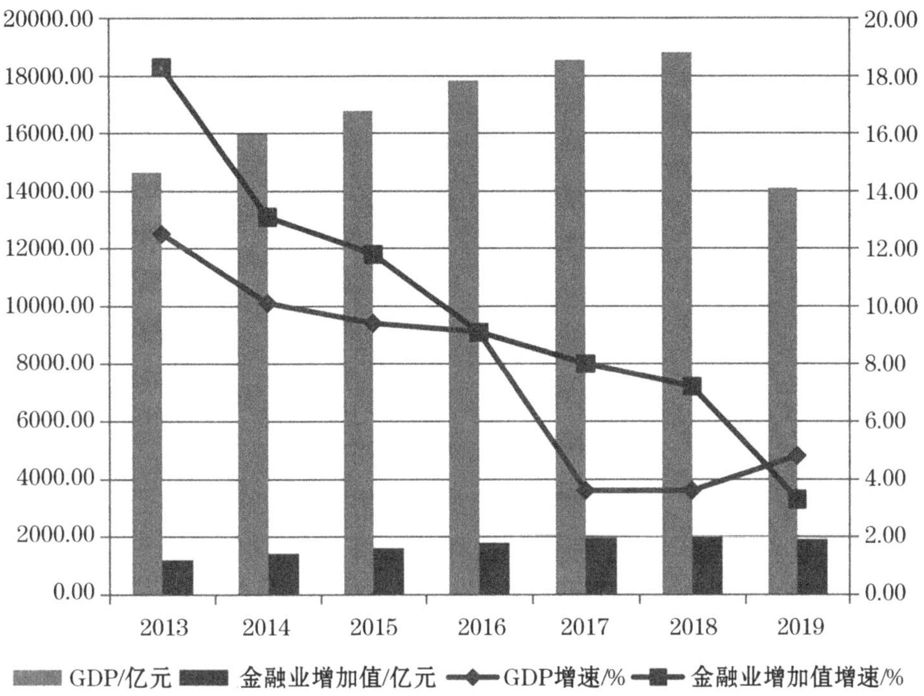

图 1　2013—2019 年天津 GDP 及金融业增加值情况

注:2013—2018 年数据来源于 2014—2019 年的《天津统计年鉴》,2019 年 GDP 及金融业增加值增速来源于 2020 年《天津市政府工作报告》。

2. 多层次资本市场逐渐完善

企业直接融资占比不断上升,截至 2019 年末,表外融资减少 1754.2 亿元,直接融资占社会融资规模的 34.3%,同比上升 10.7 个百分点。截至 2019 年末,上市挂牌企业共 232 家,其中境内上市公司 54 家(沪市 29 家、深市 25 家),境外直接上市公司 6 家,境外红筹上市 11 家,新三板挂牌企业 161 家。赛诺医疗、久日新材先后成功在科创板上市,实现我市科创板上市工作的新突破。2019 年,天津金融创新运营示范区启动天津滨海柜台交易市场(OTC)科创专板,推出全国首单知识产权证券化产品和北方地区首单保障房资产支持专项计划。基金行业快速发展,截至 2019 年 11 月,天津辖区内在中国证券投资基金业协会等级的私募基金管理人达 473 家,位居全国第八位,管理基金实缴出资额 7400 亿，位居全国第五位。天津设立了国内首支互联网货币基金——天弘基金管理有限公司，管理资产规模在公募基金中居全国首位。

3. 银行业规模进一步壮大

2019 年末，天津市银行业金融机构资产总额为 5.1 万亿元，本外币贷款余额为 36141.3 亿元，较 2015 年末分别增加 6000 亿元、10146.6 亿元。银行业法人金融机构达 49 家，较 2015 年末增加 10 家（主要得益于小型农村金融机构的快速发展）。融资成本不断下降，2019 年末，天津市金融机构人民币企业一般贷款加权平均利率为 5.13%，较 2015 年下降了 0.6 个百分点。

4. 证券业资产规模稳步扩大

法人证券公司资产规模持续增加，2019 年末，法人证券公司资产总额为 513.4 亿元，同比增长 6.5%。基金公司资产增加，2019 年末，法人基金公司资产总额为 127.6 亿元，2018 年起，基金规模下降，单一产品集中度下降，2019 年末，共管理基金 62 只，基金净值为 12826.5 亿元。期货公司资产规模快速发展，2019 年末，天津市 6 家法人期货公司资产合计 137.2 亿元，比 2016 年末增加 70 亿元。

5. 保险业发展更趋多元

保险行业一直是天津重点发展的行业，在“十二五”规划和“十三五”规划中均有重点提出。2019 年保费收入 618 亿元，比 2015 年增加 219.7 亿元，其中，人身险保费收入增加 187.9 亿元。人身险公司资产总额达 1417.4 亿元，同比增长 10.9%，实现保费收入 617.9 亿元，同比增长 10.3%。2019 年末，天津市保险机构资产总额为 1548.6 亿元，比 2015 年减少 8.3 亿元。2019 年总部设在辖内的保险公司为 6 家，与 2015 年持平，保险公司分支机构达 69 家，比 2015 年增加 8 家。

（二）主动融入和服务重大战略

天津市金融机构紧密围绕“一基地三区”功能定位，认真贯彻落实“一带一路”倡议、京津冀协同发展和自贸区建设等国家重点战略规划，并取得重大进展。

1. 积极推动落实"一带一路"倡议

根据《2019 年度天津市银行业社会责任报告》显示，天津银行业目前支持两个境外银团贷款项目，合同金额达 38 亿元，贷款余额 25 亿元。2019 年天津市与 67 个"一带一路"沿线国家以人民币进行跨境收支，使用规模为 364.6 亿元。充分发挥融资租赁业优势，支持"一带一路"沿线国家项目建设。天津自贸区的飞机租赁公司利用"离岸租赁"创新结构，先后与马来西亚亚洲航空、印度尼西亚鹰航、尼泊尔喜马拉雅航空、巴基斯坦宁静航空等"一带一路"沿线国家航空公司开展飞机租赁业务，支持相关国家航空运输业的发展。中国中车、中国铁建、中国中铁等多家央企，均已在天津自贸试验区设立融资租赁总部，通过融资租赁出口国产飞机、船舶、电力设备、轨道机车、工程装备、节能环保装备等，支持"一带一路"沿线国家和中资海外项目建设。

2. 全面支持京津冀协同发展

截至 2019 年末，天津市银行业金融机构支持京津冀协同发展融资余额 6107.08 亿元，约为 2015 年的 2.3 倍，融资企业 1534 户，融资项目 2676 个。截至 2020 年三季度末，天津市银行保险机构为京津冀协同发展提供融资约 6900 亿元，同比增长 18%，提供保险保障近 5.7 万亿元，同比增长 42%，其中为交通领域建设提供融资达 1842 亿元，为生态环保领域提供融资达 446 亿元。累计有 81 家央企设立了 400 余家创新型的金融主体。2019 年承接了非首都核心功能疏解项目超过了 600 个，天津自贸区新增市场主体中，京津冀企业的数量占到了 50% 以上。设立总规模 100 亿元的京津冀产业结构调整引导基金，成立京津冀众创联盟，实现离岸租赁、国际保理、物流金融、医疗健康、数字经济以及二手车出口等创新业务。

（三）金融创新运营能力显著增强

依托金融"全牌照"，金融改革创新有序推进，金融活力增强。新型金融兴起壮大，人民币跨境使用、外汇业务等方面锐意创新，融资租赁保持全国领先地位。

1. 融资租赁已形成显著的聚集效应

截至 2019 年末,全市总部法人租赁公司为 2040 家,飞机、国际航运船舶、海工平台租赁业务占全国总量的 80% 以上,成为仅次于爱尔兰的世界第二大飞机租赁聚集地。融资租赁企业数量和注册资金的全国占比均有大幅增加,2020 年上半年,企业数量、注册资金全国占比分别为 17%、26.8%,比 2015 年分别增加 1.5 个百分点、9.1 个百分点。内资租赁企业呈快速增长,截至 2020 年 6 月 30 日,天津市内资融资租赁企业达 123 家①,公司注册资本总额为 891 亿元,其中近八成内资租赁企业成立于 2016 后至 2020 年。截至 2020 年 6 月 30 日,在以注册资金为序的全国融资租赁企业 50 强中,天津包揽了第一、第二位,分别是天津渤海租赁有限公司、工银金融租赁有限公司。2019 年,由于监管体制变化,内资试点审批机构调整,除天津以外,自贸区审批内资企业开展融资租赁业务试点基本停止。金融租赁机构数量全国领先,截至 2020 年三季度末,注册地在天津的金融租赁公司共计 12 家,总资产为 7848 亿元,在全国各省市中排名第一位,占全国规模近四分之一。

2. 国家租赁创新示范区建设加快推进

开展了租赁物跨境跨关区海关异地委托监管、租赁项目公司共享母公司外债额度、经营性租赁收取外币租金、飞机离岸融资租赁业务可办理对外债权登记、租赁企业境外发行外币债券、全口径跨境融资宏观审慎管理、自主审批内资租赁试点企业等一系列政策创新试点,飞机擢难融资租赁业务可办理对外债权登记、保税租赁海关管理规定等新一批创新政策率先落地,创造了全国第一单 SPV 租赁、保税租赁、出口租赁、离岸租赁、联合租赁、无形资产租赁等重要创新业务,是全国首个实施经营性租赁收取外币租金、售后回租下外币支付货款、外资融资租赁公司外债便利化试点等创新政策的地区,对全国租赁业发展起到重要示范带动作用。

3. 债券市场改革创新取得新突破

成功发行全国首单债权融资计划、全国首单绿色短期融资券、天津市首单

---

① 来源:《2020 年上半年融资租赁业发展情况报告》。

京津冀协同发展债务融资工具。成功发行全国首单非上市商业银行永续债券、华北地区首单信用风险缓释凭证支持的短期债券和天津市收单绿色定向债务融资工具。发行国内首支保障房资产支持票据、首单小城镇私募债券、首单绿色债券、首单场内市场化债权融资计划、首批小微企业成长债券等。推出“知识产权质押 + 回购”、保税仓单质押融资等 52 项金融创新产品。

4. 金融跨境业务快速发展

2019 年,自由贸易账户(“FT 账户”)体系在天津正式落地,为加快推进天津自贸区金融改革创新,扩大人民币跨境使用,打造天津自贸区金融业对外开放示范窗口奠定了坚实基础。截至 2019 年末,已有 2 家银行正式接入 FT 账户分账核算业务系统,天津成为领先广州、深圳首先上线 2 家银行的城市。截至 2020 年 3 月末,天津已有 437 家企业开立了 457 个 FT 主账户和 900 个 FT 子账户,账户余额为 67.48 亿元;FT 项下累计结算量达 454.75 亿元。

二、“十三五”时期金融业发展存在的问题

“十三五”以来,天津市金融业发展取得积极成效,但对表金融创新运营示范区的定位,对标先进地区,天津还有一定的差距。

(一)金融总部集聚效应有待强化

天津市金融机构聚集程度不高,金融法人机构少且规模偏小,缺少有实力和影响力的全国性金融总部,总部效应不足,品牌效应不强,金融聚集效应和金融辐射效应受到制约。截至 2019 年末,天津市银行业金融机构资产总额为 5.1 万亿元,仅为上海同期的 30.9%、北京同期的 19.4%。截至 2019 年末,总部设在天津的证券公司、期货公司、基金公司、保险公司的数量分别为 1、1、6、54、6 家,与重庆相比,数量基本相当,天津仍保持略微优势。但是与北京、上海、深圳相比,天津在发展能级上存在较大差距(见下表)。

2019 年部分城市证券、保险业基本情况

地区	总部设在辖内的证券公司数(家)	总部设在辖内的基金公司数(家)	总部设在辖内的期货公司数(家)	年末国内上市公司数(家)	总部设在辖内的保险公司数(家)
北京	18	19	19	334	45
天津	1	1	6	54	6
重庆	1	1	4	54	5
上海	27	57	34	308	57
深圳	22	31	14	299	27

数据来源:2020 年《北京市金融运行报告》《天津市金融运行报告》《上海市金融运行报告》《深圳市金融运行报告》。

(二)金融机构竞争力不足

天津市金融机构总体规模偏小,资本金缺乏,运营实力不强,对天津市产业转型调整引导和服务能力不足。天津传统金融机构“众而不强”、竞争实力和综合服务能力偏弱,无法实现经营的规模经济,金融机构的排名地位也显然无法与直辖市的地位相匹配。在天津市 50 余家上市公司中,无一家真正的金融类国内主板上市企业。缺少行业领袖级金融企业,规模偏小,这意味着很难聚集相关的要素资源,更难形成纵深的金融和服务业产业集群。总部位于天津的股份制银行——渤海银行,是天津国资控股的银行代表,但其资产规模在 2019 年为 111131. 17 亿元,在全国 18 家国股行中排名靠后;城商银行中,天津银行以 6694. 01 亿元居第 12 位,与北京银行、上海银行的总资产相差较多。

(三)金融资源配置有待优化

金融体系服务效率仍然不高,以银行业为代表的天津金融业有效推动了二、三产业的发展,但难以将金融资源有效配置到新兴产业、有发展前景的初创企业,金融业推动新旧动能转换力度、支撑新动能发展的力度有待强化。原因在于,不完备的市场、信贷约束和所有权优势等因素造成了金融资源行业偏袒严重,银行作为风险厌恶型金融机构,更加偏重于具有优质抵押物和强担保的企业。同时小微企业、“三农”等领域金融资源覆盖不足。2019年末，全市可比口径普惠小微贷款余额1210.1亿元，占全市本代币贷款的3.3%，涉农贷款余额为1945.2亿元，同比增长6.2%，结束连续三年负增长的状态。

（四）金融业发展特色有待突出

一方面，天津金融集聚存在结构性失调的特点，银行业过度集中，其他金融业发展不足，金融业态单一。尽管天津非银行业金融机构数量超过银行业机构①，但在资金规模、服务延伸能力、专业化程度等方面均不能同银行形成比较优势，不利于形成有效分工与协同合作的发展局面；同时众多银行同质化竞争严重，大型商业银行多维度挤压中小型商业银行的生存发展空间，导致银行业发展特色不明显。另一方面，各金融区没有形成自身的特有定位，功能性不突出，存在一定的竞争，存在各区之间争抢金融机构的情况，应警惕“内卷化”。

（五）金融风险防控仍需加强

一方面，银行业金融机构风险仍需关注。银行业金融机构不良贷款持续双升，2019年末天津市银行业不良贷款余额为882.3亿元，不良贷款率为2.29%，关注类贷款余额为2420.2亿元，关注类贷款率为6.3%。银行存贷比持续提升，自2017年11月贷款规模首次超过存款以来，我市区域贷存比始终保持高位运行，2019年末已达到114%。另一方面，重点钢铁企业金融债务、非法集资等重点领域风险问题比较突出。债券违约加剧了区域金融风险，对天津再融资环境造成恶劣影响。同时，警惕金融发展脱实向虚，“十三五”期间社会融资规模下降，

---

① 从2017年开始，天津市非银行类金融机构数量超过银行类金融机构。

2019 年末,天津市社会融资规模为 2866.4① 亿元,在全国排位靠后,较 2015 年少 1607.4 亿元,人民币贷款增量 2317 亿元,对银行贷款的依赖度较高。2020 年前三季度天津市社会融资规模增量 4206 亿元,在全国排位靠后。(见图 2)

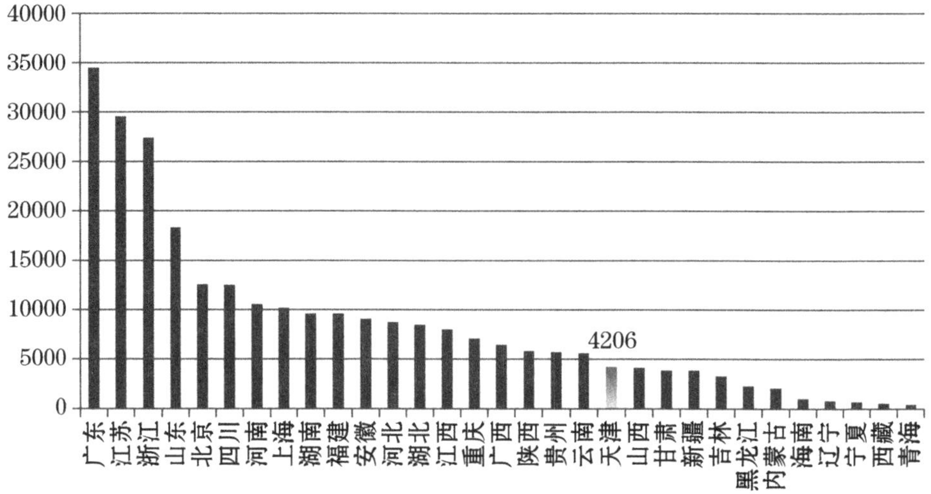

图 2　2020 年前三季度地区社会融资规模增量统计

注:数据来源于中国人民银行,单位为亿元。

---

① 注:2019 年 12 月起,人民银行进一步完善社会融资规模统计,将“国债”和“地方政府一般债券”纳入社会融资规模统计,与原有“地方政府专项债券”合并为“政府债券”指标,指标数值为托管机构的托管面值;2019 年 9 月起,人民银行完善“社会融资规模”中的“企业债券”统计,将“交易所企业资产支持证券”纳入“企业债券”指标;2018 年 9 月起,人民银行将“地方政府专项债券”纳入社会融资规模统计;2018 年 7 月起,人民银行完善社会融资规模统计方法,将“存款类金融机构资产支持证券”和“贷款核销”纳入社会融资规模统计,在“其他融资”项下单独列示。

三、“十四五”时期的国内国际环境

当今世界正面临百年未有之大变局,“十四五”期间,将是世界经济新旧动能转换的关键五年,也是国际格局和力量对比加速演变的五年,更是全球治理体系深刻重塑的五年。

从国际来看,全球经济增长乏力,2020 年初新冠肺炎疫情使全球经济发展雪上加霜。国际金融体系特别是银行领域的潜在风险较大,包括美联储在内的多家央行开启了量化宽松模式,但未能有效抑制市场波动,全球金融市场潜在风险不容忽视,容易引发系统性金融动荡。这种格局导致国际金融投机势力趋于活跃。提高国际金融话语权、优化金融供给结构、提高金融运行质量、防范金融风险等是“十四五”期间我国金融发展的主旋律。

从国内来看,随着经济转向高质量发展、人口老龄化和全球经济格局巨变,我国经济中存在的结构性问题凸显,经济增长下行压力增大,金融形势复杂,“灰犀牛”与“黑天鹅”并存,强监管降杠杆仍是全国金融业的主要趋势,谨慎稳健是各地金融发展的主旋律。

从金融开放来看,我国主动有序扩大金融业对外开放,稳步推进人民币国际化和人民币资本项目可兑换,逐步推进证券、基金行业对内对外双向开放,有序推进期货市场对外开放,逐步放宽外资金融机构准入条件,推进境内金融机构参与国际金融市场交易。

面对国内外形势和金融开放新要求,天津金融业要在优化区域资源配置方面发挥基础性、引导性作用,加快推进金融业特色发展,带动区域社会经济高质量发展。

四、对策建议

(一)稳步推进金融改革创新

强化金融与产业联动。立足新发展格局,贯彻新发展理念,围绕“一基地三区”定位，紧跟重大战略实施，聚焦产业升级，把资源配置到经济社会发展的重点领域和关键环节。科学引导金融机构回归服务实体经济本源，不断加大支持先进制造业等实体经济领域的信贷支持力度。大力发展科技金融、物流金融、租赁金融和绿色金融，促进金融产业创新，巩固优势产业。积极发挥金融先行先试的政策优势和深化改革创新的服务优势，在产业金融发展、金融市场建设、金融国际化等方面开展有益探索。强化科技与金融结合，积极争取投贷联动试点，培育科技金融中介服务体系。大力发展天使投资、风险投资、创业投资、私募基金和并购基金等。鼓励金融机构充分运用大数据、区块链等技术，在业务拓展、风险控制等方面培育新增长点，为企业提供全产业链金融服务。探索数字货币发展与应用。

强化金融创新运营示范区建设。抓住制度红利，继续落实金融支持自贸试验区建设政策，加快建设金融创新运营示范区。稳步扩大金融开放，推动人民币国际化、利率市场化和离岸金融市场发展。指导商业银行深耕 FT 账户应用功能，用好用足 FT 账户在跨境投融资方面的便利性。积极推进国家租赁创新示范区建设，打造租赁业发展升级版，推动租赁业环境、机构、业务、政策、监管五方面升级提档，创造租赁业政策制度和体制机制新优势，努力跻身国际一流租赁业聚集区。

（二）壮大金融服务体系

壮大金融机构实力。加强机构与市场之间的金融合作，吸引更多金融机构总部扎根天津。整合现有金融企业体系，塑造国内具有行业引领力的金融机构。进一步开放金融市场，鼓励企业适度竞争，完善更具竞争张力的金融机构体系，补充现有金融机构的不足，激励金融机构的经营行为，提升区域金融体系的整体绩效。引入特定大型金融企业和资本，引导同类企业和相关上下游企业向天津汇聚。

推进金融要素市场化。发展多层次资本市场，助推企业上市挂牌，助力企业优化融资结构，有效提高上市公司质量；把握科创板成功设立的有利契机，坚持增量与提质并重、内生和外引并举，加速提升全市上市公司数量，推动上市公司产业升级。依托全牌照经营优势，紧盯租赁等特色产业，持续加大信贷支持，为国有企业混改、交通港口设施建设等提供资金保障；进一步深化银政合作，围绕服务实体经济，做实普惠金融服务，在基础设施项目、固定资产投资、民计民生改善等领域扩大投入，更好服务京津冀协同发展重大国家战略；拓展基金等多元化融资渠道，充分发挥产业基金作用。

（三）提高金融监管效能

加强金融宏观审慎管理制度建设，加强系统性金融风险防范。健全地方金融监管体制，强化小额贷款公司、融资担保公司、区域性股权市场、典当行、融资租赁公司、商业保理公司、地方资产管理公司等七类金融机构监管，健全完善金融稳定协调合作机制，加强京津冀地方金融监管协作。建立健全金融风险常态化防控机制，稳妥推进风险隐患大排查和防范化解已知风险工作。建立完善地方金融监管和风险监测预警体系，构建风险管理长效机制，建立健全金融风险检测台账管理制度。有效运用和发展金融风险管理工具，健全监测预警、压力测试、评估处置和市场稳定机制。妥善处理存量债务风险。加强防范和处置以非法集资为主要内容的涉众金融风险，净化金融生态。持续做好金融知识宣传活动，创新宣传方式方法，增强防范意识，推动主题宣传活动常态化。

（四）优化金融结构

加大企业直接融资比例和证券化率，优化金融机构与金融服务功能，有效激发金融机构的运营活力，提升金融体系运营绩效。通过加大股权投资的比重，实现风险的合理分担和投融资的可持续发展。拓宽直接融资渠道，推动规模企业开展规范化公司制改制，支持企业上市挂牌，推动市场化、法治化债转股，支持企业发行债券，探索互联网私募股权融资平台建设路径，提升证券化率水平等。

盘活存量资产。当前天津的现行产业结构和实体经济有效吸附资金的能力弱化，表现为天津市成为资金外流城市，应当多渠道拓展融资通道，将资金引入天津实体经济，并通过创造具有资金吸附力的、能够将资金输入实体产业的优质资产,将资金留在天津。加快产业投资基金发展,充分发挥政府财政资金的引导作用,吸引各类社会资本参与到天津的产业发展中来,同时可借助市场化机制,依托资本市场平台,实现股权资源的再配置。

(五)改善金融发展环境

提升社会资本水平,提升天津投资预期。良好的社会资本可促进金融企业之间的信任,增强企业合作的意愿,减少金融企业间的交易成本,加快集群内知识的扩散和应用,可将外部规模经济的效用发挥到最大。加强社会信用体系制度建设,形成优化金融生态环境的示范效应。建立区域内多种信用评级体系,为金融产品创新提供更加完善的配套措施,完善跨区域的社会信用状况定期通报、交流机制,开展跨区域联合惩戒,保障京津冀金融合作生态环境的优化和金融运行的安全。健全金融基础设施,进一步推动移动支付在便民服务领域广泛应用和互联互通,进一步加大农村地区新兴支付方式的推广力度,拓展助农取款业务的广度、深度。优化金融从业人才结构,提升现有金融从业人员素质,加大力度引进海内外高端金融人才,强化高校金融学科专业建设,培育高水平、国际化专业人才。同时积极引进一批懂金融业务、懂资本运作、懂经营管理的人才来天津就业创业。

参考文献:

[1]靳方华主编:《天津经济发展报告(2020)》,天津社会科学院出版社 2020 年版。

[2]李伏安:《金融服务实体经济问题研究》,《华北金融》2017 年第 9 期。

[3]租赁联合研发中心:《2020 年上半年融资租赁业发展情况报告》,《华北金融》2020 年第 10 期。

[4]李文增、李拉:《天津自贸试验区成立五年的主要成绩与未来发展战略构想》,《区域经济》2020 年第 6 期。

[5]杨子帆、张婷婷:《金融集聚对天津经济增长的影响分析》,《中国经贸导刊》2020 年第 6 期。

天津市金融人才队伍建设战略研究

南开大学金融学院　范小云　王博①

一、天津市金融人才引进政策背景

（一）天津经济发展概况

2018年以来，天津市各区、各部门以习近平新时代中国特色社会主义思想为指导，深入贯彻党的十九大和十九届二中、三中、四中、五中全会精神，统筹做好稳就业、稳金融、稳外贸、稳外资、稳投资、稳预期工作，全市经济逐季向好，整体保持平稳运行，高质量发展的态势正在形成。

天津市作为京津冀区域的核心城市，随着京津冀一体化进程的不断推动，天津定位为全国先进制造研发基地、北方国际航运核心区、金融创新运营示范区、改革开放先行区，有着巨大的发展潜力和明确的前景规划。作为金融创新改革示范区，天津坚持大金融发展理念，围绕供给侧结构性改革，大力推进京津冀协同发展和自贸试验区框架下的金融开放创新，致力于推动金融与产业融合发展，让金融“活水”更好地浇灌实体经济。

（二）党和国家高度重视人才发展

中共中央、国务院于2010年4月1日向党内印发了《国家中长期科技人才

① 参加调研的其他课题组成员主要包括：刘澜飚、李泽广、段月姣、李晓、李阳、白羽、谭糼雯、陈思蔚、陶金欣、谭贤明、王卓、刘宛恬、顾书源、杨冰、江汇源、邓聪莹、谢岩峰、刘宇翔、张瑶菊、谢铭祺、彭咏碟、李坤阳、王励卓、宋玉峰、邸超伦，在此一并表示感谢。

发展规划(2010—2020 年)》,着眼于我国科学发展、长远发展大局,深刻阐述了加快建设人才强国的重要性和紧迫性,提出了一系列人才工作的重要思想,对加快建设人才强国进行了全面部署,充分说明我们党对人才工作重要性的认识达到了新的高度,对人才工作在党和国家工作全局中的战略性地位有了新的定位,标志着我国人才工作开启了新的发展篇章。

2012 年 12 月,习近平在广东考察时强调,“完善相关政策,进一步创造人尽其才的政策环境”。党的十八大以来,习近平多次强调,党的领导是做好党和国家各项工作的根本保证。2016 年 3 月 21 日,中共中央印发《关于深化人才发展体制机制改革的意见》,强调人才发展体制机制改革是全面深化改革的重要组成部分,是党的建设制度改革的重要内容。协调推进“四个全面”战略布局,贯彻落实创新、协调、绿色、开放、共享的发展理念,实现“两个一百年”奋斗目标,必须深化人才发展体制机制改革,加快建设人才强国,最大限度激发人才创新创造创业活力,把各方面优秀人才集聚到党和国家事业中来。

2016 年 5 月,习近平在对《关于深化人才发展体制机制改革的意见》的重要批示中再次强调:“办好中国的事情,关键在党,关键在人,关键在人才。”明确指出了党领导人才事业和人才工作的必然性,进一步彰显了中国特色人才制度的优势。正如习近平总书记所言“择天下英才而用之,关键是要坚持党管人才原则”,而党管人才就是要从体制和制度上解决人才优先发展问题,运用党拥有的强大资源整合力、统筹协调力、组织动员力和决策执行力,管宏观、管政策、管协调、管服务,确保人才工作健康发展。

(三)天津市坚决推动人才建设

天津市一直坚持不懈地推动创新发展,鼓励、支持创新性人才、高水平人才、领军人才来津发展,贯彻中央精神,建设创新型城市。

2016 年 7 月,天津市出台《中共天津市委、天津市人民政府关于贯彻落实〈国家创新驱动发展战略纲要〉的实施意见》,其中明确提出,培养集聚人才,筑牢科技创新根基的发展战略,提出引进培育领军拔尖人才,建设人才高地的发展规划,致力建设成为全球一流的创新型城市。《实施意见》中尤其提出创新科技金融，建立多层次全链条金融服务体系的相关政策内容，完善金融机制，简化办事流程，大力推动天津金融产业的发展。

2017 年 1 月，天津市出台《关于深化人才发展体制机制改革的实施意见》，意见指出，人才机制改革的核心是紧紧扭住改革开放创新这个根和魂，要不断完善人才激励机制，建立人才优先发展保障机制，确立人才国际竞争比较优势，将天津建设成为全国领先、国际知名的创新之城、创业之地。

2017 年 4 月，京津冀人才一体化发展部际协调小组第二次会议在天津召开，审议通过了《京津冀人才一体化发展规划（2017—2030 年）》，这是我国首个跨区域的人才规划，也是首个服务国家重大战略的人才专项规划。按照服务协同发展、加强对接互补、实现联动融合、推进链接共享、坚持重点突破的基本原则，打造“世界高端人才聚集区”。规划中将天津定位为产业创新人才聚集中心，形成京津冀高端制造人才发展极，东部滨海发展区为载体，建设产业人才发展示范区。

2018 年 12 月，天津市印发《关于支持金融机构和金融人才在津发展的政策措施》，天津市金融局、财政局和人社局同步印发了《关于支持金融机构和金融人才在津发展政策措施的实施细则》，是天津市首个专门针对金融行业整体发展的支持性政策措施。围绕金融创新运营示范区的定位，聚焦于提升金融业在天津市产业发展中的地位，吸引集聚优质金融资源，增强金融主体活力和创新金融产品动力，形成支持金融业创新发展的整体合力，引导金融更好地服务实体经济的发展。

（四）自贸区、金融示范区建设贯彻人才引进战略

在中央的规划指导下，在天津市的大力扶持与推动下，天津自由贸易区和金融创新运营示范区的金融创新建设也逐步开展并走向繁荣。

2015 年 12 月 9 日，中国人民银行正式出台《关于金融支持中国（天津）自由贸易试验区建设的指导意见》（以下简称“金改 30 条”）。“金改 30 条”落地实施实现了天津自贸区在金融领域的一系列开放创新，贸易投资便利化水平不断提高，法治化、国际化、便利化的营商环境不断完善，改革红利、开放红利、制

度红利不断显现,天津自贸区充分发挥出“助力器”作用。至 2017 年末,已推动八成政策落地实施。自贸区挂牌至 2017 年末,区内主体累计新开立本外币账户 4.7 万个;办理跨境收支 1276.2 亿美元,占全市总额的 24.4%;结售汇 504.3 亿美元;跨境人民币结算 2729.9 亿元人民币,占全市总额的 41.5%。自贸区金融创新绿地森林效应不断扩大,有力地支持了天津外向型经济发展。

除自贸区之外,天津市扎实推进金融创新运营示范区建设,助推金融业发展迈上新台阶。一是金融创新运营示范区建设稳步推进。制定《关于加快金融创新运营示范区建设有关政策》,支持金融机构落户、金融改革创新、金融人才发展和金融环境优化。二是金融业发展活力和开放水平进一步提升。金融机构体系更加健全,自贸试验区金融改革创新进一步深化,融资租赁持续保持全国领先,租赁公司境内外总资产约占全国的四分之一。三是金融服务实体经济能力不断增强。科技金融、农业金融、绿色金融和普惠金融稳步发展,投贷联动试点和农村“两权”抵押贷款试点有序推进,对经济社会发展重点领域和薄弱环节金融支持力度不断增强。四是强化金融风险防控。建立“推进金融创新运营示范区建设工作协作机制”,形成加快金融创新、防范金融风险、维护金融安全的合力。

天津市委、市政府高度重视金融工作,围绕金融创新运营示范区的定位,于 2017 年 2 月出台了《关于进一步加快建设金融创新运营示范区的实施意见》,作为天津市金融创新运营示范区建设的重要指导性文件。2017 年 9 月 27 日召开全市金融工作会议,强调要聚焦金融服务实体经济、防控金融风险、深化金融改革三项重点任务,大力推进金融创新运营示范区建设。为贯彻落实全市金融工作会议精神,天津市金融局收集分析京、沪、渝、深等地政策,结合本市实际,起草了《关于支持金融机构和金融人才在津发展的政策措施》,于 2018 年 12 月 18 日获第 36 次市政府常务会议审议通过,2018 年 12 月 28 日起正式实施。该项措施的发布,将更加有利于金融人才的发展,更加聚焦于金融市场的繁荣,打造领先的创新型城市。

二、天津市运营示范区建设的基本情况

(一)地理位置优越——吸引人才

天津地处华北平原北部,东临渤海,北依燕山,西接北京,市中心距北京137公里。位于海河下游,濒临渤海湾,是北京通往东北、华东地区铁路的交通咽喉和远洋航运的港口,有“河海要冲”和“畿辅门户”之称。南北长189千米,东西宽117千米,陆界长1137千米,海岸线长153千米。对内腹地辽阔,辐射华北、东北、西北13个省市自治区,对外面向东北亚,是中国北方最大的沿海开放城市。

第一,天津濒临渤海湾。随着世界各国经济来往的日益密切,临海既便于进出口,又利于降低运输成本,通过发展贸易和港口经济助推城市经济发展。濒临渤海,是天津经济发展得天独厚的有利地理条件。天津港位于海河入海口,处于京津冀城市群和环渤海经济圈的交汇点上,是我国北方第一大港,2013年港口货物吞吐量突破5亿吨,成为中国北方第一个5亿吨港口,创造了巨大的经济价值。另外,天津处在环渤海的中心,有利于聚集要素和资源,为天津工业发展提供巨大的能量支持。

第二,天津是京津冀区域的核心城市。京津冀一体化布局有利于推动天津建成全国先进制造研发基地、北方国际航运核心区、金融创新运营示范区、改革开放先行区。党中央于2015年确定了“功能互补、区域联动、轴向集聚、节点支撑”的京津冀布局思路,明确了以“一核、双城、三轴、四区、多节点”为骨架,“一核”即指北京,“双城”是指北京、天津。北京的定位为科技创新中心,天津的定位是现代制造业中心,河北作为现代物流中心。在京津冀一体化布局下,有利于将京津冀打造成以首都为核心的世界级城市群、区域整体协同发展改革引领区、全国创新驱动经济增长新引擎、生态修复环境改善示范区,京津冀区域内功能互补、错位发展、相辅相成,从而有序疏解北京非首都功能,同时带动天津、河北经济的发展。

第三,天津紧邻首都北京。有利于加强天津与北京的经济协作,以发挥京津的整体优势,共同建设世界级城市群,提升环渤海地区的战略地位。实现天

津与北京错位发展，充分发挥天津的比较优势，实现天津经济的整体升级和结构的不断完善。2017 年 4 月 1 日，中共中央、国务院决定设立国家级新区雄安新区，根据 2017 年公布的天津高铁规划图，天津与雄安新区间将开设津雄铁路，铁路起点为雄安站，途径雄安新区内的雄安东站，终点为天津市新设的新客站，支线直通天津西站。津雄铁路的开通，将进一步为天津经济发展助力。

（二）人口结构合理——留住人才

第一，常住人口总量位居全国城市前列。人口净增长是经济持续发展的重要保障和推动力。作为中国四个直辖市之一，北方重要的经济中心，天津多年来基本维持着人口净流入，支撑经济增长。长期以来，许多中西部省份尤其是人口大省流出一直在持续，主要流向珠三角、长三角、京津冀三大都市圈。天津市人口多年来保持增长，改革开放之后更为明显。1978 年之后，天津的总人口增长率基本上高于全国，以平均值计算，天津市的总人口增长率为 1.98%，高于全国人口增长率（0.95%）1 个百分点。

以 2017 年常住人口计算，全国超过千万人口的城市有 13 个，排名前列依次是重庆、上海、北京、成都、天津、广州、深圳，天津人口总量 1556.87 万，位居全国第五。从各区来看，天津市 16 个区的常住人口在近 10 年有 -0.05% ~ 8.2% 的平均增幅。

第二，城镇化率高达 82.93%，城镇人口占绝对比重。2000 年以来，天津市一方面以土地整合促进城镇化发展，一方面以高质量的经济发展水平带动经济发展，以提高城市人口吸纳作用，进而提升区域人口承载能力。城镇化对经济的驱动发展作用十分明显。数据显示，10 年来天津市城镇人口占绝对比重，城镇化率从 76.31% 提升至 82.93%，提高了 6.62 个百分点，城镇人口总量增加了 440.26 万人。经济发展与城镇化的双轮驱动为全市经济发展注入了活力，也加大了本市对外来人口的吸引力。（见图 1）

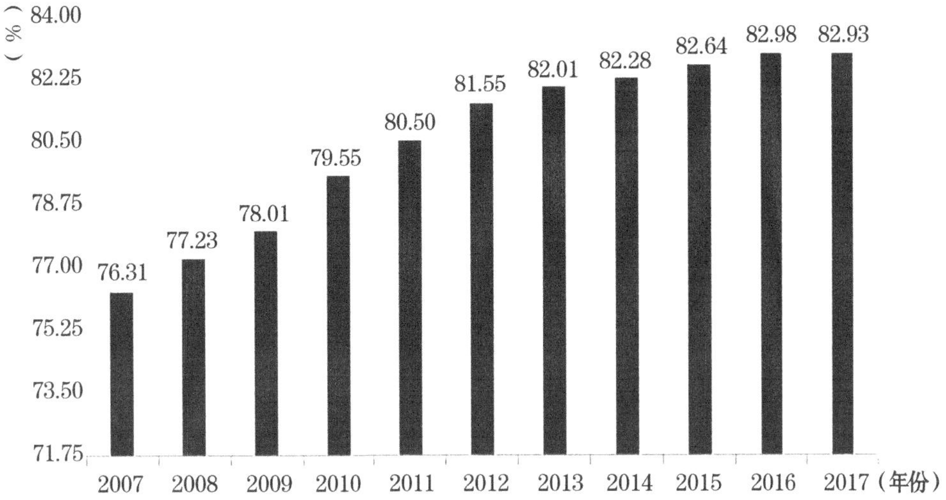

图1　天津市城镇化率的演进

数据来源:天津市统计局。

第三,外来人口抵消部分老龄化挑战。与全国其他地区一样,天津也面临老龄化的挑战,但是由于新增常住人口的增长,天津市人口相对比较年轻。根据抽样调查,2017年11%的天津市人口年龄超过65周岁,略低于全国平均水平(11.4%);2017年天津市老年人口抚养比为14.57%,每100名劳动年龄人口大致需要负担14.57名老年人口,低于全国平均水平15.86%,属于全国老年人口抚养比相对较低的区域,因此养老负担相对较轻,财政等方面的负担也较轻,城市较有活力。

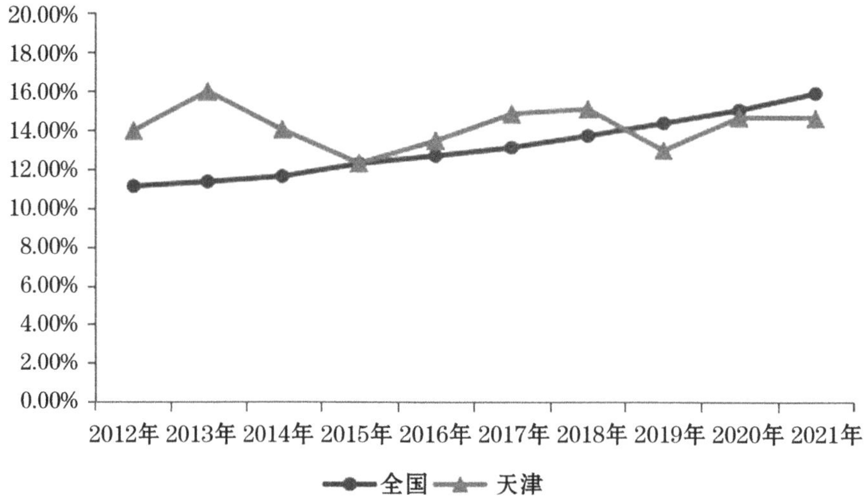

图 2　天津市的老年人口抚养比与中国平均水平对比

数据来源:天津市统计局、国家统计局。

(三)政府政策支持——培养人才

为了吸引优秀人才来津发展,天津市出台和实施了一系列人才政策,包括“海河英才”计划、“租房落户”政策、“积分落户”政策等,为各路优秀人才广开大门,为天津的长期发展夯实了人才基础。

根据“海河英才”计划,天津市对五大类人才实施了引进政策。包括:(1)学历型人才:40 周岁以内统招全日制本科;45 周岁以内统招全日制研究生;(2)资格型人才:有副高级以上职称的人员,可人才引进,非统招专科以上学历也可;(3)技能型人才:统招大专或中专学历,50 周岁以内,可人才引进;(4)创业型人才引进:企业稳定运行 1 年,个人纳税额超过 10 万元;(5)急需型人才引进:对人工智能、新一代信息技术、高端装备制造、新能源新材料、生物医药、数字创意、航空航天、节能环保等战略性新兴产业领域领军企业的急需型人才,由企业家自主确定落户条件,政府照单全收。

“租房落户”政策则规定了符合条件的在津人才可通过租房落户。对于符合天津市引进人才年龄和学历条件,在津就业并连续缴纳社会保险一年以上,在津连续居住半年以上并合法取得居住证，且本人或直系亲属无名下合法产权住房的，可在其长期租赁房屋所在地社区落户。在“租房落户”政策的实施上，2016年1月1日，《天津市居住证管理办法》颁布并正式实施，替代了之前的《天津市居住证暂行管理办法》，同期发布《天津市居住证积分指标及分值表》，对天津积分落户细则做了调整，从而形成了比较完善的人才政策体系。

（四）营商环境良好——创造人才

营商环境是影响区域市场主体行为的一系列综合发展环境的综合，包括政治环境、经济环境、社会文化环境等因素，是市场与政府、社会相互作用的结果。良好的营商环境不仅是一个国家和地区经济软实力的重要体现，也是提高综合竞争力的重要内容。天津利用京津冀一体化发展的良好环境，继续优化营商环境，缩小与世界领先水平的差距，为企业家、创业者以及各领域的人才提供更好的外部环境，从而实现“创造人才”。

根据中央广播电视总台发布的《中国城市营商环境报告2018》，天津市的城市营商环境综合排名跻身全国前十，位列第七，对人才的创造和吸引十分有利。其中，在金融环境、政务服务、创新环境等方面尤为突出。以金融环境为例，金融服务是城市发展的血液，是具有先导性功能的经济助力，在城市招商引资和产业转型中发挥着重要的作用。

（五）就业机会众多——成就人才

就业机会是留住人才和成就人才最重要的方面，经济发达、就业机会众多才能吸引更多人才，进而促进该地区发展，形成良性循环。天津技术发展开发区是国家首批国家级经济开发区之一，其具有得天独厚的区位优势，依托京、津，辐射三北，其所在的环渤海区域是一个人口密集、城市集中、交通便利、工商业发达、市场容量大、购买力高的黄金地带，具备发展工商业的良好条件。经过十几年的开发建设，天津经济技术开发区投资环境日臻完善，经济实力迅猛发展，已成为中国乃至整个亚洲最具吸引力的投资区域。在2018年12月的考核评估中，天津经济技术开发区荣获2018年国家经济技术开发区综合发展水平考核评价排名前三。

目前，天津经济技术开发区已有 3300 多家外商投资企业落户，投资总额超过 150 亿美元。以摩托罗拉、雀巢、SEW、诺和诺德等跨国企业为代表，形成了电子通信、食品、机械、生物医药四大支柱产业，经济飞速发展，综合实力在全国 57 个国家级开发区中排名第一，成为滨海新区的龙头和天津市重要的经济增长点。联合国工业开发组织世界范围评选出的一百个工业发展最快的地区中，天津开发区也榜上有名。

从已从业人员的态度来看，天津也能够为人才提供满意的工作环境，留住人才。通过调查：已从业人员对所从事工作的满意度总体较高，近 90% 的从业者对目前所从事的工作满意或认为“一般”，对当前从事的工作“不满意”的仅占 10.4%；近 70% 从业者认可目前的收入水平，表示对当前收入水平满意或认为一般，仅有 32.7% 的人员对目前收入“不满意”；80% 以上的从业者认为现在的工作岗位能够发挥自己的特长。

三、天津市金融人才政策对示范区建设的传导路径分析

随着天津金融创新运营示范区的建设和发展，对具有专业知识和专业能力的金融人才的需求日益扩大。积极探寻天津市金融人才政策对示范区建设的有效传导路径，为相应金融人才政策的制定提供参考，以最大限度地发挥金融人才政策对示范区建设的促进作用，具有重要的现实意义。

路径一：金融人才政策—拓宽人才源头、增加金融人才储备—促进示范区建设

1. 提供良好的就业环境，招揽吸引金融人才流入

金融行业具有其特殊性，往往呈现集中化的高度发展，即一线城市金融发展越成熟、金融产业越领先、从业环境更优、金融从业人员越集中。因此，金融人才政策首先要建设良好的金融从业环境，打造金融集中发展地区、形成金融聚集区，打造适宜金融人才成长的整体环境和生态系统，与此同时以宽松的政策促进金融人才的流动。

2. 实施优厚的金融人才待遇，提高与其他金融发展城市的竞争力

高收入高回报是金融人才选择金融事业的主要目的之一。同时，对比北上广深等金融城市，其金融从业人员的收入水平要明显高于天津，但天津本身具有许多潜在的优势。提高对金融人才的竞争，要从基本待遇和福利上增加吸引力，从2018年天津市针对就业的落户政策来看，就起到了较好的效果。不仅是户口门槛的降低，针对金融人才提供更好的住房、租房、购房政策，吸引人才流入的同时更能保证金融人才的长期稳定，借鉴北京、上海的具体做法，积极推广金融人才政策工具实施；完善金融人才的户籍、住房、医疗保障制度，落实“一张绿卡管人才”措施，为金融人才提供便利化服务，降低金融人才流动风险。

3. 建立良好的金融人才交流平台

完善成熟的平台不仅有利于本地金融业务的交流发展，更是金融人才信息流通的重要渠道，信息的快速获取对于金融人才选择从业有较大的影响和指导作用。金融人才不仅可以获取相关的专业性信息以及就业机会，还可以建立和维持良好的人际关系。而良好的人际关系也更能激发人才相互交流的兴趣，容易形成学科交叉和融合，促进知识和技术创新。

路径二：金融人才政策—深入推进“一体两翼”金融业态建设战略—促进示范区建设

天津市“培养人才”“创造人才”等金融人才政策，有利于高质量的人力资本积累，为示范区金融发展提供了有效保障，有利于推进以“运营”为体、“创新”和“示范”为两翼的“一体两翼”金融业态建设战略深入实施，从而助力天津全面创新运营示范区建设。具体而言，可以分为以下三条支线传导路径：

1. 培养复合型金融人才，构建金融运营体系

培养复合型金融人才，有利于推进多层次资本市场、金融要素市场的发展，培育新型金融业态，提升天津金融机构和金融市场的实力与集群化程度。复合型金融人才不仅具有丰富的金融知识，还掌握科技、互联网、法律、管理等领域的知识和操作，有利于完善并拓展金融产业链，构建具有鲜明特色的现代化金融运营体系。循环良好的金融体系能够为企业提供信息咨询、融资、结算、理财

等综合金融服务，使投融资更加便利化，促进企业的健康成长，提高企业的经营管理效率，实现产业资本与金融资本的互利共赢，带动示范区经济发展。

2. 培养创新型金融人才，推进金融产业创新

创新型金融人才的引进，有利于天津金融的多维度发展，通过大数据、云计算、物联网等新兴技术与传统金融的加速融合，不断对金融产品、金融模式进行创新与突破，使天津逐渐成为金融工具、市场、机构、业务流程创新的前沿阵地。天津金融产业创新使得金融在推动示范区建设过程中更加灵活、更具有针对性，特别是对于具有“高技术、高风险、高收益”特征的科技型中小企业，金融创新使其融资难、融资贵等问题得到更为及时有效地解决，进而实现示范区资源的优化配置，资源投向新动能、新技术、新产业，升级产业结构，为示范区发展注入强大的驱动力。

3. 培养专业型人才，发挥金融示范效应

伴随着天津金融运营体系的不断完善与规范，金融产业的不断改革与创新，越来越需要更高层次、更专业化的金融人才作为支撑，以开创者的理念规划和发展创新运营示范区，做大做强金融板块，进一步加强示范区的综合竞争力和辐射带动力，发挥金融示范效应。一旦形成金融示范效应，通过其特有的金融发展模式，吸引大量的企业聚集，从而形成产业集聚效应，促进示范区特色建设。例如当前天津在全国融资租赁行业的领先地位使其成为国内最大的融资租赁聚集区，融资租赁品牌有力地支持了天津经济的发展。

路径三：金融人才政策—促进京津冀区域协同创新—促进示范区建设

天津市金融人才政策对示范区建设的第三条传导路径可以概括为人才政策通过促进京津冀区域协同创新进而促进建设全面创新运营区。这一传导路径可以分为三条支线，第一条是通过促进政府协同来促进区域协同创新。其传导机制可以表示为：

1. 促进政府协同，推动区域协同一体化发展

人才政策可以通过以下方式促进政府协同：一是地区出台规划纲要，形成区域间的自上而下的统一认识，进而统筹人才，如《京津冀人才一体化发展规

划(2017—2030年)》,与《京津冀协同发展规划纲要》明确的"一核、双城、三轴、四区、多节点"空间格局相呼应,提出了"一体、三极、六区、多城"的总体布局,大幅促进了北京、天津以及河北的政策协同力度。二是增加各部门之间的联系,增强各部门之间的合作力度,改善目前部门之间相对独立的现状,例如天津市武清区的"通武廊"人才一体化政策,抓住京津冀协同发展重大国家战略机遇,协调北京市通州区、河北省廊坊市签订通武廊人才合作框架协议,建立了联席会议制度。此外,通过不同部门的领导参加一些集体培训活动,增加部门工作人员轮岗的数量,多部门协同工作、参与政策讨论等方式,也大大促进了政府之间的协同发展。政府协同促进了区域协同效应,进而有利于京津冀地区的一体化发展,形成城市与相邻城市之间开始协同与互补的局面,从而产生"1 + 1 >2"的效果,而这一切又会对天津市运营示范区建设有着很大的推动作用。

2. 促进要素协同,推动区域协同一体化发展

要素协同指的是"多要素协同创新",从京津冀区域的角度来看,主要有显性要素和隐性要素两种之分。其中,资金、人才、基础设施等属于显性要素,而市场、文化、制度等方面属于隐性要素。目前的天津市人才政策主要通过两个方面来推动要素协同,一是激发人才创新的斗志,二是增加对人才的吸引力。近年来天津市一方面主要通过构建良好的营商环境和政策环境来激发人才创新的斗志,另一方面,通过例如"海河英才""租房落户"等政策来吸引人才。其中,"海河英才"计划主要通过引进高层次创新人才、扶植高层次产业人才、建设高技能人才团队、聚集急需紧缺专业人才、加强创新平台建设、激发人才创新创业活力、改革人才落户制度、优化发展等八个细化的层次来吸引人才,其中最重要的两种方式便是对人才的补助以及落户制度的改革。通过人才的聚集与创造,进而实现市场、文化等要素的进一步发展,配合一体化地区的相关政策,例如着眼于解决区域人才结构不合理的问题,提出了实施"北京中关村—天津自贸区—河北雄安新区—石保廊全面创新改革试验区域"人才联动计划,实施"人才帮扶"项目,打造京津冀人才发展新引擎等措施。着眼于解决人才国际化程度不高的问题,提出了共建国际高端人才发展平台,实施海外高端人才特聘岗位制度,绘制海外高端人才地图,优化人才国际化区域品质等措施。着眼

于解决公共服务资源配置不均衡的问题，提出推动社会保险互通，教育医疗资源共享，建立人才公共服务跟随机制、区域创新人才公共服务平台等措施，通过提升城市生活品质、完善城市功能、扩大城市框架等方式进一步吸引人才。这些措施将有利于实现各地区之间的要素协同局面，从而推动区域协同一体化发展，最终促进示范区的建设。

3. 加强产学研协同，推动区域协同一体化发展

产学研协同是合作各方以资源共享、优势互补为前提，以共同参与、共享成果、共担风险为准则，为共同完成一项技术所达成的分工协作的契约安排，以企业为技术需求方，以大学或科研机构为技术供给方的创新模式。人才政策作用于产学研协同主要是通过以下四个途径：一是推进产学研战略联盟建立；二是推动人才在不同主体之间进行流动，如天津市政府出台相关政策，鼓励高校、科研机构科技人员企业兼职或自主创业，这一点同样在“海河英才”计划中得以体现；三是以重大项目拉动，示范基地带动，集聚和培养一批高层次技术和管理人才；四是制定法规、标准与指南，规范和引导产学研战略联盟建设。各地区之间产学研协同促进区域的一体化发展，利于“围绕全国先进制造研发基地建设，把天津打造成产业创新人才聚集中心，形成京津冀高端制造人才发展极”目标的实现，从而促进天津市的创新示范区建设。

四、天津市现有人才政策分析

（一）天津市总体人才政策发展情况

1. “海河英才”计划

（1）实施背景

在京津冀协同发展重大战略中，中央对天津的定位是“一基地三区”。为实现这一定位，推进高质量发展，人才是关键。2018 年 5 月 16 日，第二届世界智能大会在天津召开，会上发布了《天津市“海河英才”行动计划》，即人才新政八条。“海河英才”行动计划从引育高层次创新人才、扶持高层次产业人才、建

设高技能人才队伍、集聚急需紧缺专业人才、加强创新创业平台建设、激发人才创新创业活力、改革人才落户制度以及优化人才发展环境八个方面出发，大力集聚顶尖人才、领军人才、高端人才、青年人才等各类优秀人才，加快并完善天津的现代化建设。

（2）主要内容

在引育高层次创新人才方面，对于来津工作，主持科研创新项目的顶尖人才，会根据其在津工作的时间给予科研经费资助以及奖励资助等相关支持。对于新入选国家“千人计划”（长期）、“万人计划”等重点人才专项的领军人才提供最高200万元的奖励资助。对入选杰出青年科学基金项目的高端人才给予100万元经费资助，并对连续入选的个人及团队给予经费资助。并对与天津市用人单位签订3年以上工作合同的博士生、出站博士后等高端人才给予经费资助。通过此类经费资助，吸引各领域人才集中，实施人才强市战略。

具体而言，在扶持高层次产业人才方面，主要是对创新型企业家以及企业提供支持，给予奖励资助、创业启动资金支持以及贴息支持。在建设高技能人才队伍方面，主要是引进、培养、激励高技能人才。首先对于与天津市用人单位签订3年以上工作合同，在世界技能大赛获奖、国家级技能竞赛以及省级技能竞赛获奖者提供不同程度的奖励资助。其次从本战略性新兴产业等领域中的关键技术技能岗位，选派100名高级技师赴境内外研修，并提供每人最高10万元的经费资助。最后对于天津市获世界技能大赛和全国、市技能竞赛奖项的高技能人才提供最高50万元的奖励资助。在集聚急需紧缺专业人才方面，首先是培养医学人才，实施卫生计生行业高层次人才选拔培养工程。其次是选拔高教人才，对“杰出津门学者”入选者提供工作津贴，对于特聘教授在提供津贴的同时按照自然科学和工程技术学科以及人文社会科学提供配套经费。同时引进注册会计师、金融分析师、执业律师等资格型人才，对于入选宣传文化领域“五个一批”工程的入选者提供资助。在加强创新创业平台建设方面，支持创新平台、孵化平台、技能培训平台以及服务平台建设，对新认定的国家级、市级高技能人才培训基地以及获认定的市级留学人员，创业园和海外人才离岸创新创业基地提供经费资助，激励平台引进企业入驻。在激发人才创新创业活力方面，支持科技人员在职创办企业、离岗创新创业，并在离岗创业期间，原单位当为其保留人事关系，继续参加社会保险。高校和科研院对完成、转化科技成果做出重要贡献的人员给予不低于 50% 的奖励，支持成果应用转化。同时创新人才评价机制，支持专家学者参与国际交流。在改革人才落户制度方面，放宽了人才落户条件，同时可以由来津人才自主选择落户地点，既可以是在本人或配偶名下的产权房，也可以是在所在单位集体户落户。并简化了落户经办程序，对于学历型、资格型、技能型、创业型人才，可登录“天津公安”民生服务平台在线提出落户申请。在优化人才发展环境方面，改善居住环境，对于新引进的高层次人才，在天津市购买首套自住用房不限购。再者是医疗、教育环境，对于引进人才的父母、子女在教育以及医疗方面提供便利。同时鼓励中介机构、社会组织和个人举荐人才，强化各领域的职责落实，严格责任追究。

（3）政策影响

“海河英才”计划有利于天津地区形成战略性新兴产业优势，以产业链布局人才链，通过吸引人工智能、生物医药、新能源新材料等战略性新型产业人才，深入发展战略性新兴产业，适应了先进制造业研发基地对高技能人才的需求。“海河英才”计划不仅仅只是针对人才引进，还投入了大量的经费用于人才平台的建设，对一些研发平台、产业园以及创业园都提供了经费资助，从而为人才提供良好的施展能力的舞台，进而吸引更多的人才为天津的发展做出贡献。“海河英才”计划在吸引单一人才的同时，也为人才的家庭包括其父母、子女在医疗、教育方面提供了便利，更加人性化，增加其归属感，使其无后顾之忧。天津具有独特的城市吸引力以及得天独厚的地理优势，“海河英才”计划降低了落户门槛，会吸引大批人才落户天津，人口作为城市发展的重要因素，会大大促进天津地区的发展。

2. 租房落户政策

（1）实施背景

天津市政府在 2018 年 1 月 9 日召开新闻发布会，宣布将实行引进人才“租房落户”政策，即对本人或直系亲属名下无合法住房的，可在其长期租赁房屋所在社区落集体户口，并于 2018 年 4 月 1 日起开始执行。

（2）主要内容

新政策规定，对于符合天津市引进人才年龄和学历条件，在津就业并连续缴纳社会保险一年以上，在津连续居住半年以上并合法取得居住证，且本人或直系亲属名下无合法产权住房的，可在其长期租赁房屋所在地社区落户。

（3）政策影响

第一，“租房可落户”的推行，大大提升了城市劳动者的居住幸福指数，有益于房价回归理性。第二，发展住房租赁市场，有利于房地产调控政策的实行。鼓励租赁消费，稳定租赁关系，赋予租房者更多的权利，不仅仅是科学住房观念的一个重要环节，更可以避免房地产市场大起大落，减少非理性购房需求。第三，“租房落户”政策相当于在之前的企业集体户和人才市场集体户的基础上增加了一种新型的集体户口，解决了存在的本人或直系亲属名下没有住房、就职单位无条件设立集体户口、在人才市场落户又会导致人户分离的困难问题。

3. 积分落户政策

（1）实施背景

积分落户制指外来务工人员积分入户核准分值达到一定值后即可申请落户，有利于增强外来务工人员的归属感。2014 年 7 月 30 日，国务院正式印发《关于进一步推进户籍制度改革的意见》，为加快推进户籍制度改革明确了路径和要求。《意见》明确提出要合理确定大城市落户条件，城区人口在 300 万到 500 万的城市，可结合本地实际，建立积分落户制度；要严格控制特大城市的人口规模，改进城区人口 500 万以上城市的现行落户政策，建立完善积分落户制度。积分落户制的目的在于通过设置科学合理的阶梯式落户通道，吸收符合城市发展需要的外来人口，从而缓和城市人口老龄化危机。

（2）主要内容

天津市的积分落户制度开始于 2014 年，落户条件如下：天津市持有居住证的外来人口中，在津符合合法稳定职业和稳定居所、签订一年以上劳动合同或者在津投资开办企业并依法缴纳社会保险费的，可以通过积分申请，办理天津常住户口。积分落户的积分是通过四大类、15 项指标来确定的，其中四大类分为基本分、导向分、附加分和负积分。从指标的分布来看，积分落户主要面向年轻有为、有稳定就业和居所及极高文化程度或职业技术水平的人，同时对于违法失信行为有较为严厉的扣分，如若情节严重如违反国家和天津计划生育政策、积分期间因犯罪获刑或提供虚假信息的，一律实行一票否决制。

（3）政策影响

相比原来严格的落户制度，积分制改革打破了以往落户的指标管理思路，改为符合条件的准入制度，使得落户城市的可能性大大提高。同时，积分落户意味着有一种新的务实的户籍制度改革思路，可以让更多符合条件的人拥有天津户口，这对于推进天津的发展是极为重要的。这不仅有利于吸收高学历、高技能等高端人才，同时还有助于政府加强城市流动人口的有序管理，还特别注入了年轻人口，优化了人口年龄结构。对于整个国家来说，积分制构建了一套新的量化标准，作为流动人口享受城市基本公共服务和入户的依据。每一个想落户的流动人口都可以通过具体指标的分值为自己计算分值，标准统一、客观，充分体现了公平性。然而，积分制可能会把工业化产生的产业升级风险推给没有户籍的流动人口，加剧地区之间的经济不平衡。同时，由于指标的年龄性限制，对于天津来说会优化人口的年龄结构，但这无形中加剧了流出地区的人口老龄化，导致人口年龄结构失衡和人口红利的消失等。

（二）天津市各辖区人才政策发展情况

1. 滨海新区——“双创落户”政策

（1）实施背景

滨海新区位于天津东部沿海地区，处于环渤海经济圈的中心地带，是我国北方地区对外开放的门户，也是高水平的现代制造业和研发转发基地，被誉为“中国经济的第三增长极”。由于国家发展战略地位突出，对于人才的需求会更大，为支持滨海新区经济社会发展，促进滨海新区“双创示范基地”建设，滨海新区特提出“双创落户”政策，为现代化建设引进高水平人才。

（2）主要内容

2017 年，滨海新区引进创新创业领军人才申报工作正式启动，符合条件的人才可以联系所在功能区或街镇进行申报。对评审出的创业型领军人才，将一次性给予经费资助150万元，对评审出的创新型领军人才，一次性给予经费资助50万元。这次新区引进创新创业领军人才的申报项目共包括4个，分别是科技创新领军人才项目、创业领军人才项目、企业经营管理领军人才项目和服务业领军人才项目。除了资金支持外，新区确定引进的创新创业领军人才还可以享受多项待遇，比如优先推荐申报国家和天津市"千人计划"等人才项目，优先推荐申报国家和市级相关科技计划，优先支持由创新创业领军人才实施的研究开发和科研成果转化项目，优先向国内外金融机构、风险投资公司推荐项目，并可以优先解决领军人才及家属落户、子女入学等问题。

细则中详细规定，在双创示范基地内注册、纳税、经营，一年内纳税额超过一定额度（1000万元）的企业，可以按照符合人才引进政策与不符合人才引进政策1∶1的比例，一次性为职工办理落户，职工本人或家属在津有合法稳定住所的，准予配偶及18周岁以下子女随迁落户。还有按照工商部门注册资金在5000万元人民币以上的朝阳企业，经认定后，可以按照符合人才引进政策与不符合人才引进政策1∶1的比例，一次性为职工办理落户，职工本人或家属在津有合法稳定住所的，准予配偶及18周岁以下子女随迁落户。其中双创企业包括金融及类金融、贸易及电子商务、科技及互联网、文化教育及创意传媒以及支持区域发展的其他服务和基础行业的企业，这些受到支持的企业对于经济发展有良好的促进作用，可以带动经济迅速发展。这些政策使企业在选择办公地点时，更加倾向于滨海新区，为这些企业中的人才提供良好的落户政策以及支持政策。同时享受双创示范基地"就业即落户"政策的职工在津无自有住房的，在中心商务区管委会所属的人才公寓租住或购买商务公寓的，可以办理落户手续，符合随迁政策的家属，也可以办理随迁落户手续。

（3）政策影响

该项政策成效显著，滨海新区共办理外省市迁入落户31079人，较2016年增长7994人，增长率为34.63%。其中，滨海新区公安局直接核准办理落户5856人，与2016年相比，增长958人。其中含突出贡献者762人，优秀外来建设者138人，涉及企业156家完成积分落户4956人。

2. 东丽区——“筑巢引凤”政策

(1)实施背景

东丽区地处津滨发展主轴,东接滨海新区核心区,西连中心城区,是天津中心城区和滨海新区的重要功能区。京津冀协同发展上升为重大国家战略,为东丽区的发展提供了重大历史机遇。为集聚高层次人才、吸引更多急需紧缺人才,2016年,东丽区启动“筑巢引凤”,设立高层次人才发展专项资金,以引进和培养一批具有丰富从业经历、通晓国际规则、掌握核心技术、带动产业发展的领军人才及团队。东丽区引进和鼓励高层次人才工作,坚持“结合实际,服务发展,以我为主,为我所用,突出重点,注重实效”的原则。以企业和项目等用人单位为主体,积极引进急需紧缺高层次人才和鼓励现有高层次人才,在东丽区实施科技成果转化、自主创新创业、现代企业管理、高级技能应用,着力构筑人才集聚高地。

(2)主要内容

鼓励高新技术产业以及金融服务业的发展,鼓励企业在东丽区建设,全力构建科研机构基地,为人才创造一个良好的工作环境与研究环境;建设科研机构,鼓励并主动引进中科院系统各研究所及下属机构、中央部委直属科研机构、央企总部设立的研究机构及国内知名大学等科研院,为人才创新创业提供有利条件。

提供各种便利优待条件,积极引进和培养高层次科技创新创业人才。“筑巢引凤”计划的重点是引进和鼓励五类高层次人才,分别是高层次领军人才、高层次自主创新创业人才、高级管理人才、高级专业技术人才、高技能人才;东丽区每年设立3500万元高层次人才发展专项资金。对于高层次领军人物到东丽区实施科技成果转化的,给予用人单位100万~500万元的项目启动经费,并为人才提供住房、资金资助和税收优惠政策;优先安置人才配偶的工作问题和其子女的入学问题,并解决天津户籍问题;支持人才载体平台建设,给予在东丽区申报设立博士后科研工作站的企业和项目50万元的建站资助。对于进入东丽区博士后科研工作站的博士后每人每年5万元的科研经费,出站后留在东丽区满5年的给予15万元安家费。

（3）政策影响

计划启动以来，东丽区已累计引进建立科研机构150家，其中清华大学天津高端装备研究院等京冀区域院所42家，先后落地科技创新和成果转化等63个研发、转化及产业化平台和项目，产出科技成果349个。引进人才364名，包括3名院士，33名博士、博士后，268名硕士，在创业团队中分别包括5个凤凰计划国家级、3个凤凰计划市级、8个凤凰计划区级领军人才团队和2个创新创业团队；人才总量从“十一五”末的6.07万人，快速增长至目前的17万人，年均增长率达12%。领军型人才从无到有，柔性引进两院院士21人、国务院特殊津贴专家27人、国家“千人计划”人才14人、国家“万人计划”人才6人，高层次创新型科技人才由“十一五”末120人快速增至1700余人。

3. 武清区——“通武廊”人才引进一体化政策

（1）实施背景

2019年是京津冀协同发展五周年，作为京津冀一体化的参与者与受益者，武清在京津冀协同发展的背景下，武清区率先打造“通武廊”，并将其作为小京津冀“科技试验田”。在京津冀协同一体化的大势下，北京通州、天津武清、河北廊坊借助三地地缘相近、人相亲的天然优势和在区位交通、创新资源、产业集群三方面的显著特色，从创新平台共建、创新资源共享等方面建立“通武廊”区域协同合作长效机制。

（2）主要内容

共建现代产业体系，立足三地产业基础和资源条件，推动三地产业错位、互补、共赢发展，以接壤通州、廊坊的大王古庄、高村、城关等11个镇与京滨工业园、高村科技创新园等地区为重点，强化招商对接合作，全区新引进北京项目1308个；打造协同创新共同体，在原有区域30家共享共用平台的基础上，拟再新增20家市级以上创新平台，更好服务三地企业的创新需求；完善“通武廊”的“人才绿卡”服务，联合举办“通武廊”人才联合招聘会、清华大学专场招聘会等活动，深入落实海河英才行动计划，累计引进各类人才1.3万人；推进区域交通互联互通，“通武廊”大沙河综合交通枢纽投入运营，与廊坊市在原有17辆客运车辆的基础上增加至29部，实现天津—廊坊双向对开，区域交通一体化重点项目高王路北延工程完工;改善区域生态环境质量,实施“通武廊”三地大气污染联防联治,联合开展大气污染源清查活动,统一超标排放车辆处罚标准,协调推动廊坊市新建铁路北污水处理厂与扩建凯发新泉污水处理厂,推动龙北新河水环境质量改善。

(3)政策影响

这些政策促进了高端成果的转化孵化。截至 2020 年,武清区已与北京航空航天大学、北京理工大学、中国铁道科学研究院、北京市科学技术研究院等 80 家高校院所签署合作协议,累计推进 135 个高端科技成果转化及产业化项目落地;提高了武清区打造“京津冀核心区域富有创新能力和创业活力的人才聚集区、承接非首都核心功能疏解的人才发展环境最优区、通武廊人才一体化发展的试验示范区”的进程,进而为推动京津冀协同发展提供强有力的人才保障;立足公路工程建设和公共交通建设两方面,为京津冀协同发展提供路域交通保障。

五、天津市金融人才政策实施过程中存在的问题

(一)过度依赖政府支持

一个地区的经济发展应是由市场力量推动的,但政策的实施会使金融发展过度依赖于政府的支持。人才引进以及人才开发上存在政府主导的现象。一方面,政府主导经济发展的方向,主导行业发展以及行业布局,导致人才随行业流动的特点。另一方面,政府成为人才引进的主要推动力。尤其是为吸引一些高层次的金融人才,政府必须给予优厚的待遇政策,如给予奖励和补助,支持落户等。为实现金融行业的持续性发展,政府必须持续性的给予优惠政策,留住高层次金融人才,而这在某种程度上,与经济自由发展是矛盾的,不利于金融人才开发的自由化、市场化。

(二)企业开发金融人才自主性较弱

在人才开发的过程中,政府由于自身经济发展指标的约束,因此非常主动

地实施引入金融人才的相关政策。这一方面体现出政府对于金融发展的积极性。另一方面,政府对于引进人才的积极性越高,就越会抑制社会中其他发展主体的主动性,从而使金融企业对人才引进产生较大误区,形成政府已经非常关注金融人才发展,会对金融人才进行分配的思想。企业依赖于政府的政策,在自身引进人才过程中少花成本。

(三)开发金融人才缺乏社会的参与

在金融人才引进的过程中,主要是政府和企业的参与,而由社会力量带动的人才开发活动较少。主要聚焦了金融机构的落户和金融人才的引进,而忽略了对金融人才的培养,在利用社会力量方面,涉及较少。政府与社会组织,抑或是政府与高校,政府与科研机构合作活动相对较少。政府应当在人才开发过程中,承担信息传递者的作用,促进金融人才的发展。如"政校合作""政企合作"等,利用高校、科研机构的教育资源,将金融行业的人才需求与高校和机构达成共识,培养金融人才,构建金融人才体系,并进一步向企业输送。

(四)金融人才的引进结构仍然存在矛盾

目前天津处于金融快速发展时期,但是近年来引进和培养的金融人才多为面向传统金融行业的基础性研究、实业人才,引进结构过于单一,尤其是金融国际化管理人才和专业领军人才的数量还比较短缺,这一方面源于本地金融行业发展仍处在不断进步阶段,缺乏诸如世界五百强企业等金融地标性建筑为标志的金融人才发展平台。另外,为了进一步壮大金融人才队伍,不断完善市场化的引才聚才机制,目前天津的金融人才引进计划尚缺乏瞄准国际知名金融机构、金融国际组织、国外一流大学和金融企业,吸引集聚一批海外高层次紧缺人才的基本视角。虽然相关政策一直在支持加大本土人才培育力度,充分发挥市内高校资源优势及企事业互补人才优势等,但这也进一步扩大了金融人才引进中的不均衡现象,使得金融人才存在无法深刻匹配具有深厚专业知识、具备宽阔国际视野、具备积极的创新意识等结构特点,这些都极大地限制了未来若干年天津市金融行业发展和人才的持续引进与培养。

(五)复合型、高端金融人才的引进及培养较弱

现有金融人才引进政策更为广泛的调动金融人才来津落地的积极性,但是却缺乏针对复合型高端金融人才的引进及培养。高等院校是金融人才培养的重要基地,对于金融人才的培养具有举足轻重的作用,高等院校金融专业人才培养的质量影响着整个金融业发展的动力和未来,但天津企事业单位与高校金融专业合作培养人才机制尚不完善。

(六)忽视了人才政策的传导与配合

金融人才政策作为天津市谋发展、布大局的一项基本人才引进政策,其存在不是孤立的,在实施过程中,由于缺乏与其他政策的配合而造成政策实施效率低下甚至对金融发展起阻碍效果,是忽视金融人才政策的传导机制与配合的结果。从金融人才的教育培养政策、人才引进政策到人才安置和职业生涯规划等一系列政策和措施,应当形成连续、闭环的配合,而目前金融人才政策的实施过程中,缺乏信息反馈机制,存在政策"局部作用"而与全市其他相关政策不够协调的问题。例如,金融人才引进需要与天津市的基本人才引进政策"海河英才计划"等的目标相一致,或者在未能一致的阶段保持不相悖,这样才能在实施政策引进金融人才的同时,获得其他相关政策同步实施所带来的正反馈作用,进一步提升金融人才政策实施的正面效果。

六、天津市金融人才政策建议

1. 推动企业为主导的金融人才政策实施进程,促进企业自主开发金融人才

让真正的"需求方"企业来主导金融人才引进政策的实施与改良,实现企业人才需求和市场人才供给的有效匹配。为了企业既不过度依赖于政府,又能合理的分配人才引进所需要的资源,就需要在金融人才政策实施过程中,认清企业的主体需求地位,并始终以培养输送人才的基本目标来进行政策改良,同

时，扶持和鼓励企业调动更多的资源来进行相关人才引进工作的开展，必要的情况下可以组织大型的主题人才交流双选会，邀请企业作为行为主体参加，利用政府的公共资源搭建平台，但把选择权留在企业手中，这样既能促进金融人才拥有一个“流入”的渠道，也为企业自主开发金融人才创造了机会。

2. 加快现代化金融人才结构调整，促进金融人才多方位引进与发展

构建现代金融服务体系，从服务实体经济角度出发，将金融人才引进结构调整为定位于服务生产融资和对外开放贸易融资，以金融改革和创新促进实体经济产业升级与结构优化等重点上来，广泛引进创新性金融人才，提升金融体系的创新力，借此把促进实体经济发展、提高实体经济核心竞争力，作为构建天津现代金融体系特别是发展虚拟经济的根本出发点与落脚点。具体来说，以金融人才引进政策等作为抓手，构建现代化的金融服务体系，需要根据天津自身金融发展的阶段性特点，加快现代化金融人才结构调整，鼓励拥有国际金融、经济等教育背景、具有主观产品创新意识、具有学科交叉背景等的高素质金融人才流入体系内，同时为其打造发挥自我能力的舞台，对合理的、有创造意义的想法给予政策支持等，促进金融人才多方位引进与发展。

3. 发挥天津区位优势，推动实施京津冀协同发展战略

2013 年 8 月，习近平总书记在北戴河就提出了要推动京津冀协同发展。此后总书记多次强调，解决好北京发展问题，必须纳入京津冀和环渤海经济区的战略加以考量。而金融是现代经济的核心和经济运行的血脉，在国民经济和社会发展中的作用越来越重要。最近中央金融工作会议提出了要遵循金融发展规律，紧紧围绕服务实体经济、防控金融风险、深化金融改革三项任务，促进经济和金融良性循环、健康发展。而在过去一段时间，我们对金融的关注点主要集中在资金保障和服务实体经济的功能上，对把金融产业作为战略性产业培育发展的重视程度还有待加强。在这个时候，实施引进金融人才的政策措施既发挥出了天津的区位优势，又推动了京津冀协同发展的战略需要。

4. 增大金融人才培养力度，完善相关政策的实施传导机制

为更强有力地支持金融人才政策的实施，需要各项相关的人才政策、其他

政策配合，同时在金融人才政策内部形成良好的传导机制，即要完善天津金融人才引进的生态环境，打通从培养到引进，再到任用、晋升等的一系列标准化通道。同时，要对于金融行业本身予以更好的规范化管理运行，实行金融创新和金融风险防范双管齐下的方针。既鼓励创新，也要把控风险，既要引进敢想敢干的金融人才，又要注意培养其止损的风险意识。

参考文献：

[1]陈涉利、李铭禄:《人才政策区域比较与政策结构偏好研究》,《中国科技论坛》2009年第9期。

[2]陈井安、方茜:《区域协同创新视角下的人才政策:模式分析与路径选择》,《理论与改革》2015年第2期。

[3]方玉、陈舒艳:《基于四大自贸区经济增长的金融发展与人力资本积累的实证分析》,《四川职业技术学院学报》2018年第2期。

[4]郭凯:《新型城镇化背景下农村金融集聚与经济增长的关系——基于区位熵和省际面板数据的实证研究》,《大连海事大学学报》2018年第5期。

[5]何建萍:《论我国信息市场发展中的问题及出路》,《中国石油大学学报》1997年第4期。

[6]黄佳:《政府主导下北部湾区域金融人才开发问题及改进研究》,广西大学硕士学位论文,2015年。

[7]鞠伟、周小虎:《新时代中国科技人才政策的变迁与展望》,《中国人事科学》2018年第11期。

[8]兰芳:《天津金融人才储备优化研究——基于金融创新运营示范区建设》,《天津经济》2016年第11期。

[9]兰芳、安邦:《京津冀一体化背景下促进天津金融人才发展研究》,《华北金融》2015年第10期。

[10]梁千:《雄安新区创新人才政策研究——"人才红利"模式开启城市发展新动力》,《现代营销》2019年第1期。

[11]秦健:《发达国家科技创新人才开发的经验借鉴》,《劳动保障世界》2018年第35期。

[12]田孟:《天津劳动力就业结构与产业结构的协调性研究》,《天津经济》2018年第

10 期。

［13］王爱俭：《加快天津现代金融服务体系建设的思路与方略》，《现代财经－天津财经大学学报》2009 年第 9 期。

［14］王岚、陈萍、梁明、武志军：《天津武清开发区："筑巢引凤"谋发展》，《中国品牌》2012 年第 10 期。

［15］温琪竹、刘金陈、李艳玲：《"中国城市营商环境报告 2018"：谁是企业入驻首选城市?》，《经营管理者》2019 年第 1 期。

［16］杨东方：《新形势下对天津工业区位优势的研究》，《北方经济》2010 年第 7 期。

［17］张波：《上海高端人才空间集聚的 SWOT 分析及其路径选择——基于北京、深圳与上海的人才政策比较分析》，《科学发展》2019 年第 2 期。

［18］张永安、宋晨晨、王燕妮、齐园：《基于关联数字矩阵的科技创新政策传导路径研究》，《科技进步与对策》2018 年第 6 期。

［19］张子良：《上海人才高地的成长与崛起——改革开放 40 年上海人才工作的演进与升华》，《中国人事科学》2018 年第 11 期。

［20］郑代良、钟书华：《中国高层次人才政策现状、问题与对策》，《科研管理》2012 年第 9 期。

［21］周小琪：《浅析我国金融人才培养存在的问题及其对策》，《科教文汇》2018 年第 9 期。

［22］朱晓霄：《高校应用型金融人才培养的文化传导机制研究》，《学理论》2013 年第 36 期。

协调篇

全力推进京津冀协同发展战略

天津市经济发展研究院　魏泳博

推动京津冀协同发展，是习近平总书记亲自谋划、亲自部署、亲自推动的重大国家战略，为促进天津高质量发展提供了重大机遇。特别是2019年1月16日至18日，习近平总书记到京津冀考察调研，主持召开京津冀协同发展座谈会并发表重要讲话，擘画了新阶段京津冀协同发展的宏伟蓝图，指明了新时代天津高质量发展的前进方向，为我们做好天津工作注入了强大的政治动力和精神动力。2020年是习近平总书记亲自谋划推动的京津冀协同发展重大国家战略实施六周年，是新阶段京津冀协同发展向纵深推进的重要一年。六年来，天津市坚持以"一盘棋"思想深入推进重大国家战略的实施，京津冀协同发展各项工作取得显著成效。

一、天津推进京津冀协同发展取得阶段性成果

"十三五"期间，天津结合自身功能定位，按照《京津冀协同发展规划纲要》的要求，积极推进京津冀协同发展战略的深入实施，一些重点领域取得明显成效，有力支撑了京津冀协同发展。

(一)"一基地三区"建设取得实效

1. 全国先进制造研发基地取得新进展

当前，我市战略性新兴产业增加值占规模以上工业增加值比重达到25.3%，高技术产业(制造业)增加值占规模以上工业增加值比重达到15.5%。新动能"底盘"不断壮大，航空航天、装备制造、石油化工、汽车工业等传统优势

产业优化提升，新一代信息技术、生物医药、新能源、新材料等战略性新兴产业发展壮大。“天河三号 E 级高性能计算机系统研制”项目、国家合成生物技术创新中心等国家级创新平台落地，引进中科院软件所、中科院北京国家技术转移中心等高水平研发机构，紫光云总部等一批智能科技项目落地，国家军民融合协同创新平台加快建设，空客 A350 完成和交付中心项目正式落户。以“天河三号”、曙光计算机、飞腾 CPU、银河麒麟操作系统为代表的自主安全可靠产业成为国家级战略性新兴产业集群，天津经济技术开发区获批国家生物医药战略性新兴产业集群。制造业创新中心加快建设，国家级企业技术中心达到 64 家，国家科技型中小企业规模显著提升，评价入库国家科技型中小企业超过 6000 家，居全国第七位。

2. 北方国际航运核心区加快建设

天津港集装箱吞吐量达到 1730 万标准箱，同比增长 8.1%。天津港国际集装箱班轮航线达到 127 条、每月航班 550 余班，与全球 180 多个国家和地区的 500 多个港口实现贸易往来，相继开通天津港至乌兰巴托、莫斯科、明斯克等城市的中亚、中欧班列。天津港集团分别与河北省港口集团、唐山港口集团组建的渤海津冀港口投资发展公司、津唐国际集装箱码头公司投入运营，天津港环渤海内支线已覆盖秦皇岛、京唐、曹妃甸、黄骅等港口。习近平总书记视察天津港时提出的“打造世界一流的智慧港口、绿色港口”目标加快实现，天津港加快建设世界一流港口，基于 5G 技术的港口智能管控中心和全球首个用智能技术改造的人工码头初步建成，全球首批无人驾驶电动集卡投入规模化应用。对标国际一流水平，深入开展天津港口岸降费提效优化环境专项行动，实施“一站式阳光价格”“一次缴费、全港通行”、取消天津港的“二次集港”等一系列措施，集装箱进出口合规成本大幅降低，通关时间大幅缩短，合规成本和通关时间，天津已成为全国最优地区之一。天津机场开通进境水果、进口药品等五类口岸功能，航空物流园区大通关基地加快建设。

3. 金融创新运营示范区不断完善

国家租赁创新示范区建设积极推进，加快打造租赁业发展升级版，在金融租赁、融资租赁方面推广一些可复制、可推广先行先试方面的经验，飞机、国际航运船舶、海工平台等跨境租赁业务总量占全国比例均超过80%。天津自贸试验区金融改革30条措施全部落地，金融服务创新实体经济产品推出近600项，海河产业基金累计设立48支母基金、总规模2954亿元。累计与15家金融机构总部签约，在轨道交通建设、国企混改等领域投资金额9932亿元。设立融资担保发展基金，推出“知识产权质押+回购”等金融服务模式，打造“线上银税互动平台”等金融创新载体，更好地服务重点项目和中小企业的融资需求。赛诺医疗、久日新材2家企业在科创板上市，截至2019年底，上市挂牌企业达到232家。

4. 改革开放先行区建设持续深入

深入推进天津自贸试验区制度创新，推出投资、贸易、金融、口岸通关、行政管理等300多项先行先试改革措施，其中国际贸易单一窗口、国际船舶登记制度创新等多项经验和案例在全国复制推广。“天津八条”、支持民营经济发展的19条等政策为企业家创业营造发展良好环境，大幅降低营商成本、提高违法违规成本，办事方便、法治良好、成本竞争力强、生态宜居的营商环境正在形成。刀刃向内、深化“放管服”改革，承诺制、标准化、智能化、便利化“一制三化”审批制度改革深入实施，企业开办时间压缩至1个工作日，社会投资项目从获得土地到取得施工许可证的平均时间压缩至75个工作日，智能政务网上可办率达到96%。

（二）重点领域协同发展

1. 产业升级转移持续加强

2014—2019年，北京企业在津投资到位额达7752亿元，占全市引进内资的38%，中铁建、中海油、中船重工等一批中央企业在滨海新区设立航运、物流、贸易、租赁等功能型总部，中国交建京津冀区域总部、中国核工业大学、清华大学高端装备研究院等一批项目落地。坚持市场化导向，以滨海新区为综合承载平台、宝坻京津中关村科技城等为专业承载平台的“1+16”承接体系持续打造；与北京市合作共建滨海中关村科技园，揭牌以来新增注册企业超过1600家；宝坻京津中关村科技城产业载体中心部分投入使用，15个项目落地建设；

京津合作示范区完成首批 10 个地块出让,道路管网和公共服务配套设施加快建设。天津医药集团在沧州设立生物医药产业园,北京金隅集团参与天津建材集团混改、河北省德龙集团参与渤钢混改,有力推动行业结构调整、转型升级。围绕打造京津冀绿色、精品、高档菜篮子供给区,建成首批"津菜进京"基地 40 家。为克服疫情影响,创新招商模式和途径,组织推动"云招商""云签约",借助北京招商服务中心优势,强化承接能动机制,精准开展市场化的功能、产业和项目对接。

2. 交通互联互通加快推进

"轨道上的京津冀"加快建设,津保高铁建成通车,京唐、京滨城际加快建设,津兴铁路启动建设,4 条高铁通道联通京津双城的交通格局正在形成。加快建立雄安新区至天津港货运快速通关机制,天津港雄安服务中心揭牌设立,与保定、胜芳、白沟无水港构建协同联动的港口前置服务模式。一批"断头路""瓶颈路"打通扩容,京台、京秦高速天津段建成通车,唐廊高速天津段一期与唐山段同步开通,津石高速公路全面开工建设,对来津北京牌照小型、微型客车限行实行同城化管理。京津冀交通"一卡通"覆盖全部公交和地铁运营线路,京津城际实行月票制,累计发卡超过 3 万张,刷卡超过 250 万人次。天津机场至北京、唐山、廊坊客运班线相继开通,2019 年天津滨海国际机场完成旅客吞吐量 2381 万人次。

3. 生态环保联防联治不断深化

建立京津冀大气污染防治协作机制,强化环境执法和应急处置联动。2019 年全市 $PM_{2.5}$浓度为 51 微克/立方米,较 2013 年累计下降 46.9%。津冀引滦入津上下游横向生态补偿机制进一步完善,区域大气、水、土壤协同治理实现了规划、标准、监测和重污染天气应急响应"四个统一"。以国家级标准对大黄堡、北大港、七里海、团泊等 875 平方公里湿地进行保护修复,退耕还湿、土地流转、河湖水系连通等进展顺利,苇海修复、生物链恢复和鸟类保护成效显著。有序推进 736 平方公里的绿色生态屏障建设,绿色生态屏障区规划及水系、路网三个规划批复实施,大力推进生态移民、生态修复等十大工程,加快海河生态芯滨海绿道、古海岸生态绿廊、滨海官港生态森林、津南绿芯等重点区域建设,初步形成林水相依、可亲近体验的生态场景。实施“渤海综合治理攻坚战强化作战计划”，全市 12 条入海河流全部消除劣 V 类水体，近岸海域水质优良比例达到 81%，比 2014 年提高 51 个百分点。制定“蓝色海湾”整治修复规划，着力提升 153 平方公里海岸线生态功能，生态廊道建设和岸滩修复工程深入推进，在陆源污染治理、海域污染治理、生态保护修复和环境风险防范等方面取得积极进展。

（三）重点区域合作深入推进

1. 与北京对接合作不断深入

2014 年以来我市累计引进北京企业投资项目 4589 个，投资到位额达 8126 亿元，占全市引进内资的 38%。与国家部委、中央企业、大院大所、北京市、河北省紧密合作，成功举办天津市与中央企业落实京津冀协同发展战略恳谈会、京津国企混改项目对接会等活动，与北京大学、清华大学、中国人民大学签署战略合作协议。天津制定了积极承接北京非首都功能疏解的指导意见，充分调动各区、各部门的积极性，主动对接北京、服务北京，有选择、有错位地开展承接。制定实施支持滨海中关村科技园创新发展的若干措施，在推动产业协同、利益共享等方面先行先试。以企业需求为导向，研究制定重点平台服务京津冀协同发展的政策措施，在落户、教育、医疗、投融资、税收分享、住房等方面提出有针对性的支持举措。

2. 全面加强与雄安新区合作

与河北省签署积极推进河北雄安新区建设发展战略合作协议，确定了 8 个方面的合作事项，规划、产业、生态、公共服务等方面的交流协作全面深化。规划完善天津联通雄安新区的交通网络，津雄城际铁路已纳入国家规划。建立常态化干部人才交流机制，遴选优秀党政干部到雄安挂职。遴选高层次规划设计团队参与雄安新区相关规划研究编制，天津城建设计院、市政工程设计院在雄安设立分院。天津职业大学等近 10 家职业院校、40 家医疗卫生机构等优质资源积极为雄安新区提供技能培训、技术帮扶，天津一中在雄安设立校区。

3. 深化改革试验和试点示范

“通武廊”“小京津冀”试验改革 88 项合作协议和 21 项重点工程加快实施，“通武廊”轨道交通进入谋划推动阶段，公共服务一体化加快推进，三地医疗机构 36 项临床检验结果实现互认，人才一体化示范区建设有序推进。中新天津生态城国家绿色发展示范区建立绿色发展指标体系，完成支撑项目超 350 项，绿化覆盖率达 50%。亚太经合组织（APEC）绿色供应链合作网络天津示范中心全面启动，建成 APEC 绿色供应链优秀案例体验中心。建立京津冀科技创新券合作机制，遴选三地 753 家实验室作为首批互认科技服务资源，支持企业跨区域开展创新活动。联合举办“京津冀（天津）创业投资高峰论坛”“天津科技河北行”等协同创新系列活动。

4. 推进滨海新区高质量发展

最大限度地向滨海新区放权赋能，26 个市级部门一次性向新区下放 622 项市级权力事项，并由滨海新区各功能区按需“点餐”，将市级审批事项直接委托给各开发区，实现“滨海事、滨海办”。全面实施各开发区法定机构改革，推行企业化市场化管理，砸掉“铁饭碗”、祛除“机关化”，实行全员“合同制”，激发体制机制活力。出台《加快推进新时代滨海新区高质量发展的意见》，制定实施“一揽子”支持政策清单。

（四）社会事业合作不断加强

1. 教育医疗合作深入开展

京津冀 30 多所大学组建一批创新联盟，天津 14 所职业院校与河北省 78 所职业院校进行“结对子”合作，引进北师大附中等教育资源开展合作办学。天津市肿瘤医院等 9 家医疗机构在河北省开办分院，京津冀医学临床检验结果互认项目增至 36 项，医学影像检查资料共享达到 20 项。出台放宽京冀执业医师护士来津注册工作的意见，积极推进京津冀异地就医门诊直接结算试点，深化京津冀医用耗材联合采购合作。

2. 人才服务机制不断优化

深入落实京津冀人才一体化发展规划，推动专业技术人员职称资格、外籍人才流动资质等互认。在京津冀地区推出整建制引进企业职工异地社保“同城化”认定机制，累计为引进的京冀企业超2300名职工和家属办理落户。与京冀两省市共同举办京津冀外籍人才招聘大会，面向全球宣传推介京津冀引智引才政策和重点人才工作，共同制定发布全国首个人力资源服务区域协同的地方标准。

3. 文化旅游共建协同推进

三省市对53个国家联动实施外国人144小时过境免签政策，已有1189名外籍人员经天津口岸享受免签入境便利。成立京津冀公共文化服务示范走廊发展联盟、京津冀图书馆联盟等多个联盟，举办京津冀非物质文化遗产联展等活动。三地共同制定《京津冀旅游直通车服务规范》，联合推介一批京津冀精品旅游线路。精心设计海洋、湿地、河流与其他资源相融合的“3 + X”旅游产品，为京津冀游客提供亲海生态廊道和岸线景观，让天津既有“海滨之名”，又有“亲海之实”。

4. 对口帮扶工作升级加力

与河北省签署对口帮扶承德市一揽子合作协议，天津5个区与河北承德市5个县建立“一对一”结对帮扶机制。围绕增强“造血”功能，在产业、生态、基础设施、人力资源等领域实施一批帮扶项目，累计选派20名党政干部、143名专业技术人才挂职交流。天津援建的承德应用技术职业学院校区基本建成并实现独立招生，开展多期师资培训。天津食品集团在围场县投资2.2亿元的百万只优质肉羊全产业链项目二期、三期启动建设。

二、京津冀协同发展面临新形势

“十四五”是我国在全面建成小康社会后开启现代化建设新征程的第一个五年，京津冀地区作为我国经济社会发展水平最高的区域之一，其协同发展更是要在全国现代化建设中发挥示范引领作用。同时，“十四五”也是京津冀协同发展按照高质量发展的要求向纵深推进的关键期和推进京津冀协同发展新旧动能转换的机遇期。

（一）疫情常态化对京津冀产业链供应链安全形成挑战

新冠肺炎疫情快速发展并向全球蔓延，已从“黑天鹅”演变为“灰犀牛”，对全球产业链、供应链安全形成巨大挑战。此次疫情影响范围广、持续时间长，波及作为“世界工厂”的中国及日韩等东亚产业链中心，并向全球扩散。全球产业链的核心经济体均遭到严重冲击，涉及上游原材料供应、中游中间品生产以及下游的终端需求，几乎牵涉产业链的所有环节，产生了“产业链传染”效应。疫情全球扩散直接冲击了东亚、欧洲、北美全球三大生产网络，疫情严重地区供应链上的某些环节可能面临破裂甚至消失，部分跨国供应链中断与重构，部分产业衰退与转移，加速了全球产业分工格局的调整与重构。全球产业链布局将进一步呈现出区域化、分散化的趋势，以北美、欧洲、亚洲三大区域制造业中心和消费市场为主体的区域布局会进一步强化，供应链可能呈现出短链条、本地化、近岸采购的趋势。主要国家政府出于规避风险的需要，可能通过立法的形式对公共安全具有重大影响的产业链布局作出调整，跨国公司和制造企业也会基于安全优先的原则使供应链布局尽量分散化。面对疫情常态化趋势，京津冀必须做大做强做优实体经济，推动制造业高质量发展，通过产业有效分工促进合理布局，通过合理布局引导产业分工协作，做好防控产业外迁的工作，以持久促进经济的健康平稳发展。

（二）双循环新发展格局对京津冀发展方向提出了要求

习近平总书记多次强调要“加快形成以国内大循环为主体、国内国际双循环相互促进的新发展格局”，为我国应对国内外经济形势变化，促进经济长远更高质量发展进一步明确了方向。在此背景下，如何在深刻理解和把握双循环内涵的基础上构建与完善与其相匹配的区域经济发展新局面就成为开创双循环新格局的重要要求。京津冀地区开放基础好，北京是我国国际交往中心和政治、文化中心，天津是我国北方第一个自由贸易试验区，经过 4 年的改革探索在京津冀协同发展中发挥着越来越重要的作用。天津更是我国北方重要港口和北方最大的沿海开放城市，口岸腹地广阔，是京津冀海上门户，是华北、西北地区与世界贸易的重要通道。京津冀作为全国经济的重要组成部分,在"十四五"规划的关键节点,如何加快融入双循环新格局,构建双循环下的京津冀经济发展新局面显得至关重要。

(三)区域协调发展战略对京津冀发展空间提供新机遇

随着我国经济发展的空间结构发生深刻变化,中心城市和城市群正在成为承载发展要素的主要空间形式,城市群内城市相互合作可助推区域化,形成一体化竞争优势。粤港澳大湾区、长三角地区、长江经济带也在不断深化区域合作,打破行政藩篱,实现优势互补,增强中心城市的辐射带动作用。京津冀地区地缘相接、人缘相亲,地域一体、文化一脉,历史渊源深厚、交往半径相宜,完全能够相互融合、协同发展,要把握区域合作共赢大势,立足各自比较优势,互通有无、有效互补,促进产业创新协同、基础设施互联互通、公共服务便利共享、生态环境共保共治,形成中心城市引领、都市圈带动,大中小城市和小城镇合理分工布局的城镇体系,释放更多发展潜能,打破地域和领域界限,促进要素自由流动,实现规模经济和范围经济,创造"1 + 1 + 1 > 3"的区域协同效应,这为天津成为世界级城市群的"开放门户"提供了新的战略机遇。

(四)经济高质量发展对京津冀发展路径指明道路

中国特色社会主义进入了新时代,我国经济发展也进入了新时代,基本特征就是我国经济已由高速增长阶段转向高质量发展阶段。推动高质量发展,是保持经济持续健康发展的必然要求,是适应我国社会主要矛盾变化和全面建成小康社会、全面建设社会主义现代化国家的必然要求,是遵循经济规律发展的必然要求,也是当前和今后一个时期确定发展思路、制定经济政策、实施宏观调控的根本要求,对此,我们必须深刻理解、全面把握、认真贯彻,坚定不移推动高质量发展。京津冀实现高质量发展面临一些深层次的结构性矛盾制约,必须立足于加快结构调整,破除一切不合时宜的思想观念和体制机制弊端,营造激励创新的公平竞争环境,加快新旧动能转换,切实做到创新成为第一动力、协调成为内生特点、绿色成为普遍形态、开放成为必由之路、共享成为根本目的,实现更高质量、更有效率、更加公平、更可持续的发展。

三、“十四五”处理好京津冀协同发展的三方面关系

(一)协调好协同发展与各地自身发展的关系

在目前协同发展已取得积极成效的基础上,下一步要滚石上山、爬坡过坎、攻坚克难,强化各个方面协同发展的自觉性、主动性和创造性,特别是要协调处理好三地协同与各自发展的关系,调动各地的积极性。应充分照顾到各地区在协同中对本地发展的关切,重视用协同的办法支持帮助各地解决自身发展中的问题,依靠各地发展促进协同、实现协同。要在协同中解决发展不平衡、不充分的问题,逐步缩小发展差距,努力形成一体化格局。

(二)协调好行政手段与市场作用的关系

推进区域全产业链布局、加快京津冀协同发展,要发挥市场在资源配置中的决定性作用。让市场规律发挥作用,以利益导向,引导各类市场主体作出符合协同发展大方向的选择。更精准、更大力度用好行政手段,发挥好政府对市场的引导、培育和监管作用。加大对存量企业疏解的政策激励和增量企业的政策约束,充分调动非首都功能外迁的积极性和主动性。

(三)协调好主要方面与次要方面的关系

在载体承接上,着力高标准建好“两翼”的同时,也要重视发挥京津冀现有城市体系的承接承载作用。在协调方向上,着力疏解存量的同时,也有符合定位的增量逆向流动、动态往来。在发展业态上,着力发展符合定位的主导产业的同时,也要有为之配套的生产、生活服务业。在产业类型上,着力发展现代高科技产业的同时,也要进一步优化提升传统支柱产业。

四、“十四五”天津推进京津冀协同发展的路径

（一）提升产业链供应链现代化水平

一是做好产业顶层设计。高标准编制完成全工业布局规划，推动形成具有天津特色的现代工业产业体系。高水平编制完成全市工业“十四五”规划，指导未来五年天津工业高质量发展。二是推进先进制造研发基地建设。围绕协同打造我国自主创新重要源头和原始创新主要策源地，积极参与国家重大科技战略布局，推动关键核心技术创新突破。聚焦我市重点发展的“1+3+4”产业体系，构建更高水平的研发体系、孵化体系、产业体系，精准开展“串链、补链、强链”行动，增强区域产业自给度。三是推进新型基建和新产业新业态发展。抓住应对新冠肺炎疫情带来的机遇，高水平谋划重大公共卫生、应急基础设施、能源安全等保障项目，推动5G、物联网、人工智能、工业互联网等新型基建和新产业新业态发展，提高天津经济社会循环中自我占比、自我体系化程度。

（二）积极承接非首都功能疏解

一是抓好产业协同发展。坚持落实国家疏解清单和强化市场化招商“两条腿”走路，有选择、有错位地承接符合天津“一基地三区”定位的功能、产业和项目。统筹全市承接格局，启动建设一批小而精、小而专的“微中心”，动态调整市级重点产业承接平台，集中全市力量和资源，建设一批高水平承接平台。二是做好创新协同发展。推动产学研用协同创新，鼓励上下游企业加强技术合作攻关，支持发展一批企业主导、产学研用紧密结合的产业技术创新联盟，探索优势互补、共建共享的技术创新和产业化合作新机制，建立共性技术平台，解决跨行业、跨领域关键共性技术问题。三是发挥重点示范带动作用。充分发挥“通武廊”（北京市通州区—天津市武清—河北省廊坊市）区域“小京津冀”的独特作用，支持北京市通州区、天津市宝坻区、河北省唐山市共同打造“京东黄金走廊”。

（三）加快世界一流港口建设

一是加快建设智慧港口、绿色港口。大力提升国际枢纽港功能，促进集装箱业务跨越式发展。加强港口集疏运体系建设，大力发展海铁联运。深化天津港口岸降费提效优化环境专项行动，实现港口综合费用具有明显的国际竞争力，港口效率达到国际领先水平。二是强化航运要素集聚。持续推进航运服务集聚区建设，大力吸引国内外知名航运企业落户。探索建设北方国际航运服务交易市场，促进航运金融、海事司法、航运人才等要素加速集聚，打造国际化、市场化的航运要素平台。三是继续打造“轨道上的京津冀”。加快建设京滨、京唐、津兴高铁，积极推动环渤海城际、津承城际、津沧城际、津雄城际等前期工作，以及天津中心城区经武清、廊坊至通州等 3 条市域（郊）铁路前期工作。

（四）探索深化体制机制改革

一是推动要素市场一体化改革，深化京津冀全面创新改革试验，推进人才、资金、产权等要素自由流动和优化配置。二是争取国家层面的支持，在京津冀开展分公司经济指标属地入统试点工作，解决分公司在属地只计资源消耗不计产出难以调动属地积极性的问题。三是探索建立京津冀跨区域企业资质标准互认制度，破除企业在区域内延伸布局的制度壁垒。四是借鉴“深汕特别合作区”模式，构建由按照要素投入比例或协议约定共享税收和 GDP 等的区域利益共享机制。五是推动社保缴费、个人所得税等标准互认，推动符合特定标准的北京外迁企业人员可以选择保留住房、教育、医疗、社保等领域的“北京身份”，将自己的身份待遇无障碍地迁入津冀实际工作和生活地。

加快滨海新区高质量发展

天津市经济发展研究院　李婷

2020年是滨海新区全面建成小康社会、打赢脱贫攻坚战的决胜之年，是“十三五”规划的收官之年，也是滨海新区加快建设宜居宜业美丽滨海新城、实现高质量发展的攻坚之年。在此重要时刻，回顾滨海新区“十三五”时期建设发展取得的重要成就，分析滨海新区下一阶段面临的困难和挑战，借鉴其他国家级新区的先进经验，展望滨海新区未来努力和发展的方向，对于滨海新区坚定发展信心、理清发展脉络、找准发展方向具有重要意义，对于把滨海新区建设成为改革开放的排头兵、“尖刀团”和制度创新“试验田”具有积极作用，有助于进一步发挥滨海新区在京津冀协同发展战略和“一带一路”中的带动作用、努力成为区域协同发展的重要引擎，有助于进一步推动产业结构转型升级、加快构建新时代高质量发展的示范标杆。

一、滨海新区“十三五”时期发展成就

“十三五”时期，滨海新区坚持以习近平新时代中国特色社会主义思想为指导，深入贯彻落实习近平总书记对天津工作的重要指示批示精神，认真贯彻天津市委、市政府的决策部署，主动服务京津冀协同发展重大国家战略和“一带一路”建设，围绕建设生态、智慧、港产城融合的宜居宜业美丽滨海新城目标，锐意进取，主动作为，在经济转型、创新发展、区域协同、改革开放、城市建设、社会事业等领域取得突出成就，基本完成了“十三五”规划确定的主要目标任务，为新一轮高质量发展打下了坚实基础和稳固根基。

（一）产业结构持续优化，天津经济发展龙头带动作用持续增强

“十三五”时期，滨海新区积极建设先进制造和现代服务产业体系，以产业转型升级助推经济高质量发展。2019 年，滨海新区 GDP 增长 5.8%，快于全市 1 个百分点。其中，规模以上工业增加值增长 4.7%，快于全市 1.3 个百分点；第三产业增加值增长 7.1%，快于全市 1.2 个百分点。滨海新区的产业结构持续优化，在经济发展带动方面持续发力，主要体现在以下几方面。一是围绕建设全国先进制造研发基地，积极培育高质量发展的电子信息、航空航天、生物医药、人工智能、汽车和装备制造产业，努力抢占新一轮产业竞争制高点，大力发展高端制造、智能制造，进一步打响“滨海制造”品牌，推动形成具有更强创新力、更高附加值的产业链。战略性新兴产业加速发展，2019 年占工业总产值比重达到 29.9%，其中汽车产业、生物医药产业、航空航天产业产值分别增长 17.7%、12.6%和 11.7%。石油化工、软件和信息服务、电子信息、汽车制造被评为四星级国家新型工业化产业示范基地。以飞腾 CPU、麒麟操作系统为代表的智能制造蓬勃发展，力神电池、美克家私等一批智能工厂和数字化车间建成使用，集成电路圆片、服务机器人产量成倍增长。二是围绕建设金融创新运营示范区，不断增强金融服务实体经济的能力，推动融资租赁、夜间经济、电子商务等新业态新模式加速发展。金融业持续稳健发展，持牌法人金融机构累计达 27 家，沪深上市企业累计达 41 家。融资租赁保持全国领先地位，初步建成国家租赁创新示范区，飞机、船舶、海工平台等跨境租赁业务总量在全国占比达到 80%以上。夜间经济发展初见成效，经济开发区泰达 MSD、万达广场、福地广场夜经济示范街区成为拉动消费的新亮点。360 上市公司总部、紫光云总部落户，以忆云共享、今日头条为代表的互联网、大数据等新兴产业迅速发展，运满满、货拉拉等平台经济集聚发展。

（二）创新能力不断增强，科技创新成为发展强劲动力

“十三五”时期，滨海新区着力推进国家级创新载体平台建设，努力推动研发中心落地，开展科技企业培育攻坚行动，实现了创新要素的集聚和关键技术

创新能力的增强。在天津市工商业联合会发布的《2020天津市民营企业科技创新百强榜单》中，滨海新区上榜企业最多，达到41家，其中前十强中位于滨海新区的就有6家（见表1）。滨海新区的创新能力不断增强，科技创新成为发展的强劲动力。一是加快重大创新平台建设。清华大学电子信息研究院、中科院战略创新研究院等一批高水平科研机构落户，新一代超级计算机、国家合成生物技术创新中心等创新平台获批建设。截至2019年底，滨海新区有国家级众创空间26家，国家级科技孵化器15家，市级以上研发平台518家，上市科技企业28家。二是构建“雏鹰—瞪羚—领军”梯度培育机制，积极发展壮大科技企业群体。国家高新技术企业达到2571家，雏鹰企业达539家，瞪羚企业为113家，国家科技型中小企业为2049家。三是不断增强关键技术创新能力。“杀手锏”产品累计221项，全球首款软件定义互连芯片“经纬芯”正式发布，全球首台全自主配电网带电作业机器人投入使用。四是实行人才引进计划。发挥天津市“海河英才”行动计划和滨海新区“鲲鹏计划”政策叠加优势，加强海内外高层次人才、创新创业团队和顶尖人才的引进，“海河英才”计划落户超过3万人。

表1 2020年天津市民营企业科技创新前十强排行榜

排名	企业名称	地区
1	天士力医药集团股份有限公司	北辰区
2	天地伟业技术有限公司	滨海新区
3	恒银金融科技股份有限公司	滨海新区
4	华为海洋网络有限公司	滨海新区
5	天津金发新材料有限公司	滨海新区
6	天津雅迪实业有限公司	北辰区
7	唯捷创芯（天津）电子技术股份有限公司	滨海新区
8	天津光电通信技术有限公司	河西区
9	天津红日药业股份有限公司	武清区
10	云账户技术（天津）有限公司	滨海新区

(三)国家战略深入推进,成为区域协同发展重要引擎

“十三五”时期,滨海新区主动服务国家重大战略,辐射和带动作用进一步增强,2018 年,滨海新区以占京津冀地区 1% 的土地面积,创造了京津冀地区 8.7% 的生产总值和 6.8% 的一般公共预算收入,成为推动京津冀协同发展的重要动力源。一是深入落实京津冀协同发展战略,积极承接北京非首都功能,主动服务雄安新区建设。瞄准优质资源,强化精准对接,累计引进项目 2400 多个,协议投资额超过 7000 亿元,中远海运总部、紫光立联信芯片、招商公路等重点项目先后落地。优化承接载体平台功能,注重创新创业生态系统建设,滨海中关村科技园累计注册企业 1443 家,注册资本达 136 亿元,制定落户园区的北京企业(机构)京籍职工随迁子女在津就读管理办法。北方航空物流基地、南港工业区中沙新材料园、华电集团南港热电工程、中石化中试研发基地等大项目落地生根,未来科技城京津合作示范区加快建设。开通天津港至雄安新区的绿色通道,建成京津冀港口智慧物流协同平台。二是积极参与“一带一路”建设。支持天津港加快世界一流智慧港口、绿色港口建设,深入实施口岸降费提效优化环境专项行动,进出口整体通关时间分别压缩 74% 和 87%,天津港集装箱班轮航线达到 120 条,同全球 180 多个国家和地区的 500 多个港口实现贸易往来。国际班列保持常态化运营。苏伊士经贸合作区和印尼聚龙农业产业合作区加快建设。加快建设海外工程出口基地,开展国内首台出口非洲盾构机业务。

(四)改革开放不断深化,打造高水平对外开放桥头堡

“十三五”时期,滨海新区充分利用以自贸区为载体的先行先试政策优势,积极探索制度创新,为其他地区改革提供有益经验,努力打造更高水平的对外开放桥头堡。在商务部公布的 2019 年国家级经济技术开发区考核评价结果(见表 2)中,滨海新区经开区各项指标均位于前列,其中综合发展水平居全国第二位;在中山大学自贸区综合研究院 2019—2020 年度中国自由贸易试验区省级综合排名(见表 3)中,天津位于第三位。一是着力推进重点领域和关键环

节改革。深化营商环境和“一制三化”改革，大力推进“五减四办”，全部许可事项实现“网上办”“就近办”，全国首个全流程自动化制证中心投用。在全国率先推行“一企一证”综合改革，发放全国首批行政许可证。二是积极探索自贸区制度创新。自贸试验区128项深改任务完成123项，27项创新试点经验和实践案例在全国复制推广，自由贸易账户体系落地实施。率先开展飞机离岸租赁对外债权登记、共享外债额度便利化试点以及船舶委外加工保税维修业务，建成全国首个飞机租赁区。完成全国首单二手商用车出口，全国首个海关区块链验证系统上线运行。三是努力推进开发区各项改革。高标准承接市级下放权限622项并同步下放到各开发区。开展开发区法定机构改革，推行全员竞聘，建立科学有效的考核体系，开发区在经济发展中的“野战军”作用逐步增强。

表2　商务部2019年国家级经济技术开发区考核评价结果

	综合发展水平	吸收利用外资	进出口总额	优秀案例
1	苏州	广州	苏州	苏州
2	广州	武汉	昆山	江宁
3	天津	西安	天津	青岛
4	北京	哈尔滨	广州	广州
5	昆山	嘉兴	广州南沙	天津
6	青岛	青岛	苏州浒墅关	东丽
7	江宁	天津	大连	烟台
8	烟台	苏州	宁波	宁乡
9	南京	成都	北京	杭州湾上虞
10	武汉	徐州	吴江	上海漕河泾

表 3　中山大学自贸区综合研究院 2019—2020 年度中国自由贸易试验区排名

排名	制度创新排名	制度创新指数	省级综合排名	省级综合指数
1	上海	87.14	上海	87.14
2	前海	86.90	广东	83.31
3	广州南沙	85.13	天津	82.13
4	天津	82.13	重庆	79.44
5	厦门	81.28	四川	78.83
6	成都	79.92	福建	78.18
7	武汉	79.85	浙江	77.95
8	福州	79.65	湖北	77.68
9	横琴	79.54	河南	75.99
10	重庆	79.44	陕西	76.85

（五）宜居宜业水平提升，现代化海滨城市加快建设

“十三五”时期，滨海新区以建设繁荣、宜居、智慧的现代化海滨城市为目标，持续改善生态环境、提升城市功能和智能化水平，为群众提供宜居宜业的生产生活环境。一是积极践行“绿水青山就是金山银山”的发展理念。坚决打好蓝天保卫战，突出抓好“五控”治理，大气质量持续改善，PM2.5 年均浓度降至 50 微克/立方米。持续加强水污染治理，近岸海域水质优良比例达 81%，地表水国控断面优良水体比例超过 61%，劣 V 类地表水比例降至 5%，水源地水质达标率达到 100%，城镇污水集中处理率达到 95% 以上。深入实施生态修复，推进园林绿化建设，2019 年建成区绿化覆盖率达 39%，人均公园绿地面积 12.8 平方米。加强北大港湿地功能修复，双城间绿色生态屏障建设造林 7015 亩。二是加强基础设施建设。以海港、空港为枢纽，高速公路、高速城际铁路以及快速路、快速轨道为骨架的立体综合交通体系初步搭建。京津城际延伸线建成并实现公交化运营，实施畅通工程，北海路地道、港城大道北环铁路桥、世纪大道东延、中央大道南延、寨上大桥等道路桥梁竣工，绕城高速跨海河大桥合龙，津石高速、滨铁 1 号线、2 号线加快建设。市政基础设施不断优化，建成 5G

网络基站 1020 个,已投入使用 698 个。改造燃气管网 50 公里,供热管网 15 公里,“一户一环”改造 6500 户,实施背街里巷综合整修。三是建设智慧城市。智慧滨海运营中心投入使用,“1 +4 + N”新型智慧城市建设体系初步建成。推行全域网格化管理,建立 8890 便民服务平台,开通滨海掌上行手机应用,构建了“三位一体”的便民服务系统。中新生态城推出智慧交通、智慧环保等一系列智慧场景应用,成为全国首批智慧城市典型地区。

(六)社会事业蓬勃发展,提升群众获得感、幸福感、安全感

“十三五”时期,滨海新区深入贯彻落实以人民为中心的发展思想,各项社会事业加快发展,群众的获得感、幸福感和安全感不断提升。一是高度重视教育事业发展。实施学前教育攻坚行动,入园难问题进一步缓解,在全市率先完成幼儿园三级监控平台建设。建成中小学 21 所、幼儿园 48 所,教育教学质量不断提高,中高考成绩处于全市领先水平。茱莉亚音乐学院、北师大生态城附属中学、天津师大附属滨海学校等优质教育资源落户。二是加快补齐医疗短板。第五中心医院、医科大学总医院滨海医院、新区肿瘤医院投入使用。建成滨海新区急救中心,实现院前急救统一指挥调度急救电话 10 秒接听率达 100%,救护车到达现场平均时间降至 10 分钟。三是养老设施不断完善。第二老年养护院等 3 家养老机构投入使用,全区养老服务床位达 7000 张,建成 17 个一级“老人家食堂”,二级“老人家食堂”实现社区服务全覆盖。研发“安心养老政务平台”,在全国率先完成困难老人居家养老服务(护理)和高龄补贴的远程申报、审核试点。四是文化服务不断优化。建成国家海洋博物馆、滨海文化中心、中心生态城图书馆等一批重大文化设施,中华思想研究院挂牌成立,提升改造一批基础文化设施,实现 21 个街(镇)综合文化服务中心、415 个居(村)综合文化服务中心全覆盖,国家公共文化服务体系示范区通过国家中期验收。

二、滨海新区发展面临的问题和挑战

（一）竞争压力大，核心竞争力不突出

2005 年，滨海新区被写入“十一五”规划并纳入国家发展战略，成为继浦东新区之后第二个国家重点支持开发开放的国家级新区，此后滨海新区综合配套改革试验区、双创新区、北方第一个自由贸易试验区、京津冀协同发展、“一带一路”倡议等各种创新发展政策在滨海新区汇集，各项先行先试的权力给滨海新区以偌大的改革空间和率先开放的机遇，滨海新区借此机会获得较好起步，有了一定的发展基础。随后，重庆两江新区、舟山群岛新区、兰州新区等国家级新区相继设立，尤其是 2017 年“千年大计”雄安新区设立，与滨海新区同属于京津冀协同发展战略中的重要区域，对滨海新区的发展来说既是机遇也是挑战。从地理位置上看，目前滨海新区北部有大连金浦区，南部有青岛西岸新区，西部有雄安新区；从港口来看，环渤海港口有大连港、青岛港、曹妃甸、黄骅港等，与同类区域和港口相比，滨海新区的优势并不突出，核心竞争力不够强。如何避免同质竞争，找到自己的定位和优势，与其他新区和港口相互助益、协同发展成为滨海新区面临的一个难题。

（二）新旧动能转换不够快，新动能支撑作用不够强

滨海新区新旧动能正在加快更迭，新动能发展势头强劲，成为经济增长的一大动力和经济发展的一抹亮色，但新动能规模仍不够大，支撑作用有待增强。以战略性新兴产业为例，滨海新区战略性新兴产业占规模以上工业总产值的比重为 29.9%，而浦东新区这一数值为 41.5%，比滨海新区高 11.6 个百分点。服务业新业态新模式加快发展，但同样面临规模较小、带动作用不强的问题，2019 年滨海新区服务业增加值占 GDP 比重低于 50%，与全市服务业占 GDP 比重 63.5% 的数值相比，比重仍旧偏小，而这一数值在发达国家通常超过 70%。因此，如何加快新旧动能转型升级，让新动能规模不断发展壮大，成为拉动经济

增长的强有力动力，是滨海新区亟待解决的问题。

（三）政策优势未充分发挥，改革开放力度不够强

滨海新区开发开放作为国家发展战略，承担着为全国改革开放大局探索新路径、积累新经验的重大使命。凭借先行先试的政策优势，滨海新区进行了一系列积极的探索，但探索的领域不够广、不够深，没有充分发挥地理位置优势和多重政策叠加优势，在打造对外开放桥头堡方面改革力度、创新力度、开放力度仍然不够。究其原因，还是脑袋上的"津门"没有真正打开，勇立潮头、敢为人先的魄力不足。因此，滨海新区还需在思想观念转变上下功夫，思考如何充分利用多重政策叠加的优势，加大改革开放的力度，探索多领域、多层次的改革和开放，为其他地区改革开放提供有益经验。

（四）智能化水平不够高，现代化滨海新城先进性不足

滨海新区的城市建设目标是建设成为生态、智慧、港产城融合的宜居宜业美丽滨海新城，目前已取得一定成效，生态环境持续变好，港产城融合进一步增强，但滨海新区的信息化、智能化水平仍不够高，仍然集中在智慧城市管理这一领域，与企业、群众生产生活息息相关的一些场景的智慧化建设尚未起步，尤其与雄安新区的智慧化建设和杭州的信息化建设相比，滨海新区的信息化、智慧化、现代化程度还不够高，应用领域还不够广，规划设计理念不够先进、超前，仍有很大的提升空间。

三、其他国家级新区先进经验借鉴

（一）舟山群岛新区立足自身优势，发展新型合作关系[①]

浙江舟山群岛新区位于长三角地区，这是我国发展基础最好、体制环境最

① 朱晨、孔令君：《舟山市市长周江勇：竞合的基础是建立自身优势》，http://shzw.eastday.com/shzw/G/20150104/u1ai142105.html，2015年1月4日。

优、整体竞争力最强的地区之一，与其同在这一地区的还有我国第一个国家级新区——上海浦东新区。舟山群岛新区从规划之初就明确了自己的定位以及与长三角区域和上海这一区域龙头的关系。一是立足自身优势，提升核心竞争力。1390 多个海岛是舟山最有个性、最有魅力的独特资源，舟山群岛新区立足海岛优势，紧抓我国第一个以海洋经济为主题的新区定位，大力发展海洋经济，打造以临港工业、港口物流、海洋旅游、海洋医药、海洋渔业等为支柱的开放型经济体系。二是积极加强对接，发展新型合作关系。舟山群岛新区秉承“深度合作，广泛对接，互补发展”的理念，不惧“虹吸效应”，积极探索舟山与上海资源禀赋、区域条件和功能定位方面的不同，凸显舟山的区位和海洋资源优势，与上海实现错位发展、共同发展，同时主动接受上海的辐射和带动，修建舟山跨海大桥促进交通一体化，利用大桥贯通后长三角地区的人才、资金、信息对舟山的逆向流动效应实现自身发展，与上海共同推进长三角区域繁荣发展。

（二）浦东新区积极推动六大“硬核”产业集聚发展

上海浦东新区积极推动新旧动能转换，在产业转型升级上下功夫，不仅成功克服了新旧动能转换带来的阵痛，还在大的经济周期里努力呈现出逆风飞扬的态势，成为上海市经济快速发展的重要增长极。一是聚焦产业链条长、产业能级高、产业生态丰富的战略性新兴产业，例如集成电路、航空航天、新能源汽车、智能制造、人工智能、大数据、云计算、5G、物联网等，最终发展成独具竞争力的六大“硬核”产业，分别是“创新药”“中国芯”“蓝天梦”“未来车”“智能造”“数据港”，目前六大“硬核”产业已呈现集聚发展态势。2018 年，“中国芯”集成电路产业规模达到 1066 亿元、占上海全市产业规模的 73%，“创新药”产业规模 672 亿元、占全市产业规模的 46%，“智能造”高端装备产业实现产值 903 亿元，“蓝天梦”航空航天产业持续保持两位数增长，“未来车”汽车制造业产值 2242 亿元、占全市产业规模的 1/3，“数据港”软件和信息服务业增加值

938 亿元、占全市产业规模的 48.7%。① 二是聚焦研发服务、信息服务、专业服务、航运服务、新兴金融、高端贸易、新兴消费、文化创意、旅游会展、生命健康等重点领域,支持在线经济、到家经济、非接触式经济等新业态新模式,大力发展高端服务业产业体系,2019 年浦东新区 GDP 以 12734.2 亿元位列上海市 16 区榜首,遥遥领先,其中第三产业为该区贡献出 9844 亿元,占浦东新区 GDP 比重的 77.3%,成为上海经济增长的重要拉动力量。②

(三)南沙新区加快改革创新,打造对外开放门户枢纽

广州南沙新区充分发挥南沙地处大湾区地理几何中心的区位优势和多重国家战略叠加的战略优势,更高层次、更宽领域地全面深化改革,加快提升高水平对外开放门户枢纽功能,在全球经济受到疫情冲击、国际贸易量下降的背景下,2020 年前三季度南沙区进出口总值达到 1750.4 亿元,同比增长 21.1%,增速领跑全市。一是大力发展供应链产业、航运服务业。南沙加速提升口岸营商环境,南沙口岸进、出口整体通关时间较 2017 年分别压缩 83%、94%,仅为全国平均水平的 42%、35%。2020 年 1—8 月,南沙港完成集装箱吞吐量 1107 万标准箱,同比增长 1.77%。截至 2020 年 9 月,南沙港拥有 114 条外贸航线、32 条内贸航线和 69 条"穿梭巴士"驳船支线。二是积极发展跨境电商。伴随全球优品分拨中心、全球溯源体系、全球报关服务系统等创新项目应用推广不断拓展,南沙国际数字贸易服务平台已然成形,跨境贸易便利化水平大幅度提升。2020 年前三季度,跨境电商进出口同比增长 56.7%,同时市场采购出口增长 2.1 倍,外贸进出口总值占全市比重约 1/4。③ 三是大力发展特色金融,推动融资租赁产业集聚和创新发展。一方面,加大政策支持力度,对融资租赁企业给

---

① 唐玮婕、陈晨:《中国芯、蓝天梦、创新药、未来车、智能造、数据港……上海自贸区也瞄准了创新》,http://wenhui.whb.cn/zhuzhanapp/shgzlfzdyx/20190411/255397.html? tm=163337493,2019 年 4 月 11 日。

② 马作鹏:《上海"十三五"经济:浦东新区一枝独秀,15 区 GDP 超千亿》,https://www.thepaper.cn/newsDetail_forward_9830668,2020 年 11 月 3 日。

③ 宾红霞、余丽颖:《解读南沙疫情下高质量发展密码》,https://baijiahao.baidu.com/s? id=1682307641918290468&wfr=spider&for=pc,2020 年 11 月 3 日。

予经营贡献奖、办公用房补贴、人才奖以及项目奖励等一系列扶持。另一方面，通过建立跨部门协调机制、构建立体式政策支撑、创新企业服务模式、搭建交流对接平台等，不断优化南沙融资租赁营商环境。目前南沙已落户融资租赁企业2200家，约占全国融资租赁企业总数的1/5，引进租赁飞机142架、船舶68艘，成为华南地区最大的飞机船舶租赁集聚区。①

（四）雄安新区以科技为起点，打造新型智慧城市②

河北雄安新区坚持以世界眼光、国际标准、中国特色进行高点定位，打造高科技城市，立志成为智能城市建设的样本，为世界提供雄安示范。一是建设“一实一虚”两座城市。坚持数字城市与现实城市同步规划、同步建设，在钢筋水泥的实体城市基础上，形成“比特”构建的数字虚拟城市，实现城市各类要素的数字化、可视化呈现与调配。二是全力打造数字城市。未来雄安新区的建筑、道路、桥梁、停车场、信号灯乃至灯杆、井盖、垃圾桶都是智能的，有自己的“身份证”，构建时时处处能够感知、万物互联、信息相通的智能城市体系，出现问题也能及时得到快速响应处理。城市统一的物联网平台将真正实现，整个新区的基础设施智慧化水平将大于90%。三是建设以人为本、全时空服务的智能社区。所有政务服务将实现足不出户网上办理，医疗、教育、文化、旅游等服务主动推送、便捷获取。每个在雄安居住或工作的人都将拥有一个高度安全、强隐私保护、不可篡改的数据账户，实现记录一生、管理一生、服务一生。目前，雄安新区智慧城市已有眉目，多项高科技产品开始试用，比如无人超市、无人配送机器人、无人清扫车、无人驾驶小客车等，这些智能设施使我们感受到了智慧化城市的科技感，使我们的生活更加智能与便捷。

---

① 宾红霞：《打造融资租赁“南沙样本”！南沙已落户融资租赁企业2200家》，http://static.nfapp.southcn.com/content/202010/26/c4206238.html? colID = 7765，2020年10月26日。

② 徐运平、张志锋、杨柳、赵展慧：《智能城市开新篇——河北雄安新区规划纲要解读之三》，http://www.rmxiongan.com/n2/2018/0424/c383557 - 31498234.html，2018年4月24日。

四、加快滨海新区高质量发展的对策建议

(一)发挥自身优势,构建区域协同发展重要增长极

滨海新区应立足自身优势,主动服务京津冀协同发展战略,着力构建优势互补、协同互动、合作共赢的区域发展新格局,使自己成为区域协同发展的重要增长极。一是充分发挥港口优势,通过深化海港、空港联动加快形成“空铁陆海”多式联运的立体化交通网络,通过与国际航运经纪规则接轨、发展航运总部经济、支持航运服务业发展,加快建设国内领先的国际航运服务集聚区,使天津港在“一带一路”建设中的核心战略资源作用能更好地发挥,使天津港成为天津建设北方国际航运枢纽的重要助力。二是在区域协同发展中实现自身发展。一方面,积极承接北京非首都功能,利用承接的北京企业总部、科研机构、高等院校、金融机构等优质资源推动自身改革创新,打造高端、优质的科技园、产业园、示范区和基地;另一方面,深化京津冀区域协同发展,推动产业、交通、公共服务、生态环保等领域的深度融合,通过京津冀人才、资金、信息、项目对滨海新区的逆向流动效应实现自身发展,发挥在服务国家重大战略中的支点作用。

(二)积极培育新动能,建立“双轮驱动”的现代产业体系

滨海新区应充分利用已有的产业基础,顺应数字化、智能化、信息化发展趋势,积极培育新动能,注重传统产业转型升级和新兴产业培育壮大相结合、先进制造业和现代服务业“双轮驱动”。一是大力推动传统产业转型升级,通过技术创新和智能化改造,优化提升航空航天、石油化工、汽车等传统优势产业,使其更加符合智能化、数字化、绿色化的发展趋势,向高端化、强竞争力、高附加值迈进。二是着力培育战略性新兴产业,给予资金、人才等政策保障,推动新一代信息技术、生物医药、新能源、新材料等产业加快发展,使其成为经济社会发展和产业转型升级的重要动力和新支柱。三是加快发展现代服务业,通过推动股

权投资基金、离岸金融、科技金融等新兴金融发展，加快建立金融运营创新示范区；通过立足本区制造业需求，大力发展工业研发设计、现代物流、商务服务、跨境电商、总部经济等生产性服务业；通过聚焦群众生活需求，大力发展现代商贸、文化旅游、医疗教育、餐饮住宿等生活性服务业，构建高端现代服务业体系。

（三）利用政策优势，打造改革开放的排头兵和“尖刀团”

滨海新区应充分发挥自贸区先行先试作用，进行一些首创性、突破性的改革创新，使其真正成为改革开放的排头兵和“尖刀团”。一是探索放开行业准入限制，对接国际标准，进一步放开外资投资经营增值电信业务、医疗机构、文化、教育事业等的限制，严格实行外商投资准入负面清单，使外资在非特殊领域拥有与内资平等的地位与权利。二是推动贸易便利化改革，开展进境货物“两步申报、两段准入”监管试点和服务贸易创新发展试点，实施跨境服务贸易负面清单管理，发展离岸贸易，探索离岸税制，推动实现货物贸易和服务贸易的跨境自由流动。三是探索金融领域开放创新。推进区内合格机构投资者投资境外证券市场试点，加快落实全口径跨境融资宏观审慎管理试点政策，支持区内股权投资基金人民币境外投资，支持境外企业通过自贸试验区参与特定品种期货交易，允许域内银行境外发行债券和进行人民币境外投资等，通过一系列金融创新改革，提高跨境投融资的便利化程度。

（四）加强智慧应用，建设新型智慧化海滨城市

滨海新区应充分利用大数据、云计算、人工智能、物联网等先进技术，创新智慧城市建设新模式，树立智慧城市建设新标杆，助力京津冀城市群建设。一是加快新基建建设。新基建是智慧城市建设的基础，要加快 5G 基站建设，推进 5G 技术在智慧港口、智慧交通、智慧能源、智慧医疗、智能制造等方面的应用，建设智能高效的充电基础设施体系，打造工业互联网综合服务平台，提升智慧科教基础设施建设。二是加快智慧城市建设。一方面，完善“1 + 4 + N”的智慧城市总体架构，推动跨部门、跨层级、跨业务的数据共享和深度应用，探索建立集信息感知、数据研判、决策治理于一体的智能城市管理新模式。另一方面，

打造统一的智慧社区运营平台，整合小区门禁、智慧停车、智慧物业等服务，加快建设智慧社区。三是探索“数字城市”建设，打造与实体城市同步的数字城市，实现城市各类要素的数字化、可视化呈现与调配。

全面提升中心城区服务功能

天津市经济发展研究院　郑宇

天津市中心城区是京津冀城市群中具有国家中心性和世界影响力的多功能枢纽节点。在高质量发展阶段,充分利用和深度开发中心城区优势与潜力,吸引汇聚国内外高端产业和高质要素,深化供给侧结构性改革、培育增长新动能、提升服务能级、促进天津高质量发展,服务国家战略目标,是中心城区"十四五"乃至更长时期的战略性任务。

一、中心城区的地域范围与基本状况

(一)中心城区的地域范围

滨海新区开发开放战略实施以来,随着天津功能定位的提升、拓展,中心城区的功能地域范围逐步扩张,呈现出核心功能区—核心功能区拓展区—中心城区的空间格局与层次结构。核心功能区由市内六区构成,面积为 181 平方公里,占全市面积的比重为 1.5%;核心功能区拓展区是市内六区和环城四区在功能联系上突破行政区边界所形成的一体化功能地域,范围大致为外环线以内的部分,面积为 433 平方公里,占全市面积的比重为 3.6%,核心功能区拓展区实际上是扩大了的核心功能区;包括环城四区的整个中心城区,面积为 2065 平方公里,与深圳市全域面积大体相当。

传统的中心城区主要是指核心功能区,即市内六区。随着轨道交通建设向环城四区的延伸、人口和投资的不断流入、产城融合和服务业与制造业的融合发展,市内六区与环城四区互促共进的联动关系日益增强,内在地形成了具有整体性的功能一体化地域。着眼于天津中长期发展趋势和发展目标,中心城区不断上升的功能地位和拓展趋势,在更大的中心城区范围承载新的人口、经济增量,是天津深化供给侧结构性改革、培育新动能、提升中心城区服务能级、推进高质量发展的重要路径。本文所指中心城区是市内六区 + 环城四区。

(二)中心城区基本状况

2018 年,中心城区以 17.3% 的面积承载了全市 53.3% 的人口、42.4% 的 GDP、50.9% 的服务业增加值,服务业增加值占中心城区 GDP 的比重超过 75% 。中心城区叠加天津市域中心地域、京滨发展主轴带、未来的津雄(安)发展轴带和“一带一路”重要枢纽城市四重区位优势,具有内引外联的门户优势和广阔的腹地支撑,人口和经济活动高度密集,教育、科技、医疗卫生、创新资源等优质公共资源集中,规模集聚效应显著,投入产出效益突出,承担着天津国家中心城市和京津冀世界级城市群的重要职能,是引领天津高质量发展的核心功能地域。

二、中心城区发展态势

作为服务主导型经济地域的中心城区,在滨海新区开发开放战略实施以来的十多年中,随着服务业规模持续扩张、比重不断上升,服务业功能结构已进入转型升级期。

(一)服务业增长动能效应的差异

服务业各细分行业在规模扩张的过程中,由于增长潜力、稳增长效应、结构变动效应方面的差异,表现出强弱不等的增长动能效应,在深层次上推动着服务业功能结构的变化。

1. 服务业细分行业增长潜力差异

增长潜力可用比较劳动生产率表征。比较劳动生产率或相对国民收入(比较劳动生产率 = 某一产业的增加值比重/某一产业的就业比重),反映了某一产业在国民经济产业体系中与其他部门相比较的劳动生产率的高低。这一系数的值越大,表明由于技术进步或市场需求变化,该产业在各产业部门中具有较高的劳动生产率,能够吸引更多的资源进入该部门,从而能够较快地发展,成为国民经济的引领部门或增长动能部门。

从 2006 年至 2018 年,天津服务业总体的比较劳动生产率低于 1,显示随着服务业比重的上升,服务业的劳动生产率低于国民经济的平均水平,服务业在创造出更多就业机会的同时,对产出的贡献相对较小,这符合产业结构演进的一般规律。但是在服务业内部,各细分领域差别较大,呈现出明显的分化趋势。以比较劳动生产率是否大于 1 为标准,天津服务业内部各细分类别大致可分为两类:增长潜力相对较大的行业和增长潜力相对较小的行业。(见表 1)

表 1　服务业各行业增长潜力差异

增长潜力相对较大的服务行业(相对比较劳动生产率 >1)	(1)金融业;(2)房地产业;(3)信息传输、软件和信息技术服务业;(4)科学研究、技术服务业;(5)租赁和商务服务业;(6)水利、环境和公共设施管理业;(7)文化、体育和娱乐业
增长潜力相对较小的服务行业(相对比较劳动生产率 <1)	(1)批发和零售业;(2)交通运输、仓储和邮政业;(3)住宿和餐饮业;(4)居民服务、修理和其他服务业;(5)教育;(6)卫生和社会工作;(7)公共管理、社会保障和社会组织

2. 服务业细分行业稳增长效应差异

服务业稳增长效应可用其增加值占比的大小表征。增加值占比越高,表明该行业规模越大,对经济的稳定增长影响越大。以增加值占整个服务业增长值的比重是否超过 5% 和 10% 为标准,天津服务业各细分类别的稳增长能力大致可分为三类:稳增长效应显著的产业(增加值≥10%,稳增长能力显著)、稳增长效应较强的产业(5%≤增加值比重 <10%,稳增长能力较强)和稳增长效应一般的产业(增加值比重 <5%,稳增长能力一般)。(见表 2)

表2 天津服务业各行业稳增长效应差异

稳增长效应显著（增加值比重≥10%）	(1)批发和零售;(2)金融产业
稳增长效应较强（5%≤增加值比重<10%）	(1)房地产业;(2)租赁和商务服务业;(3)科学研究、技术服务业;(4)居民服务、修理和其他服务业
稳增长效应一般（增加值比重<5%）	(1)住宿和餐饮业;(2)教育教育;(3)卫生和社会工作;(4)公共管理、社会保障和社会组织;(5)水利、环境和公共设施管理业;(6)文化、体育和娱乐业

3. 服务业结构转换效应差异

结构转换效应可用服务业增加值比重在一定时期内的变化来表征。这一系数为正且数值越大,表明该行业不仅增长潜力大,而且在现实中增长较快,在服务业中的地位不断上升。反之则相反。这一系数大致可反映服务业功能结构变动的方向。依据2006年至2018年增加值比重的升降,服务业细分行业可分为两类:份额上升的结构转换正向效应产业和份额下降的结构转换负向效应产业。(见表3)

表3 天津服务业各行业结构转换效应差异

结构转换正向效应产业（增加值比重上升）	(1)金融业;(2)租赁和商务服务业;(3)科学研究、技术服务业;(4)水利、环境和公共设施管理业;(5)居民服务、修理和其他服务业;(6)文化、体育和娱乐业
结构转换负向效应产业（增加值比重下降）	(1)信息传输、软件和信息技术服务业;(2)交通运输、仓储和邮政业;(3)住宿和餐饮业;(4)房地产业;(5)教育,卫生和社会工作;(6)公共管理、社会保障和社会组织

4. 服务业增长动能效应的总体格局

关于天津市服务增长动能效应的总体格局，(见表 4)。

表 4 天津市服务业增长动能效应的总体格局

	增长潜力相对较大 (比较劳动生产率≥1)	增长潜力相对较小 (比较劳动生产率<1)
稳增长效应显著产业 (增加值比重≥10%)	金融产业(+)	批发和零售业(-)
稳增长效应较强产业 (5%≤增加值比重≤10%)	(1)租赁和商务服务业(+); (2)科学研究、技术服务业(+); (3)居民服务、修理和其他服务业(+)	(1)交通运输、仓储和邮政业(-); (2)房地产业(-)
稳增长效应一般产业 (增加值比重<5%)	(1)信息传输、软件和信息技术服务业(-); (2)文化、体育和娱乐业(+); (3)水利、环境和公共设施管理业(+)	(1)住宿和餐饮业(-); (2)教育(-); (3)卫生和社会工作(-); (4)公共管理、社会保障和社会组织(-)

注:(+)为增加值份额上升，呈结构正向效应;(-)为增加值份额下降，呈结构负向效应。

(二)服务业功能结构变动趋势

服务业细分行业增长动能效应的差异，推动了服务业体系在功能格局上的变动，这种变动显示了服务业高质量发展的产业功能演进方向。

1. 核心枢纽性服务业功能地位显著上升

天津市金融业增加值占服务业增加值的比重，从 2006 年的 10.7% 上升为 2018 年的 17.8%，上升了 7.1 个百分点。2017 年，中心城区金融业增加值占天津市金融业增加值的比重为 54.8%，占中心城区 GDP 比重的 32.0%。在 2018

年英国智库 Z/Yen 与中国(深圳)综合开发研究院共同编制的第 23 期“全球金融中心指数”报告中,天津首次上榜,名列第63 位,排在上海、北京、深圳、广州、青岛之后。

2. 生产性服务行业功能地位趋于上升,新兴专业性和创新功能的服务业快速发展

租赁和商务服务业增加值占天津市服务业增加值的比重从 2006 年的 2.5% 上升到 2018 年的 9.1% ,上升了 6.6 个百分点;科学研究、技术服务业增加值占服务业的比重从 2006 年的 5.7% 上升到 2018 年的 9.1% ,上升了 3.4 个百分点;两个行业占服务业增加值的比重均超过 9% ,且上升幅度较大。2017 年,河西区以设计产业为核心的科学研究和技术服务业板块,在 GDP 增长 1.9% 、服务业增加值增长 2.1% 的经济总体下行趋势中,实现了 11.7% 的整体增速,成为新阶段中心城区产业功能提升的重要领域。

3. 消费性服务行业总体地位下降明显,便利性和体验性服务需求增长

2006 年至 2018 年,包括批发和零售业,房地产业,居民服务、修理和其他服务业,住宿和餐饮业,文化、体育和娱乐业的消费性服务业,增加值占服务业的比重从 45.8% 下降为 38.7% ,下降了 7.1 个百分点。其中,居民服务、修理和其他服务业,文化、体育和娱乐业呈上升态势,在服务业增加值中所占比重分别从 4.3% 和 1.2% 上升为 5.0% 和 1.8% 。2017 年,中心城区社会消费品零售总额占全市的比重为43.9% ,比 2009 下降了 8.3 个百分点,商业中心地位在相对下降。

4. 民生公共性服务行业总体地位下降,生态环境保护功能趋于增强

2006 年至 2018 年,教育增加值占服务业的比重从 5.8% 下降为 4.4% ,卫生和社会工作从 2.5% 微升为 2.8% 。水利、环境和公共设施管理业增加值在服务业中的比重从 2013 年的 1.4% 上升为 2017 年的 1.9% 。

服务业内部各行业增长动能效应的差异和功能结构的变动趋势表明,中心城区服务业发展的内涵已不限于过去那样主要侧重量的扩张和增速的快慢,补短板调结构的经济功能、惠民生促和谐的社会功能、增自信提素质的文化功能、

优生态美环境的绿色功能,日益成为服务业发展的主导内涵。适应城市功能转型和消费升级,发展高附加价值的现代高端服务业,推动服务业质态转换、效益提升,实现高质量发展已成为中心城区发展的主要任务。

三、中心城区服务业功能提升的方向与重点

(一)中心城区的功能定位

区域功能定位是影响和规定区域产业高质量发展方向、内容、方式和实现路径的基点。着眼于天津社会主义现代化大都市的建设目标、深化供给侧结构性改革、培育新动能、推进高质量发展、贯彻落实京津冀协同发展等重大国家战略,立足中心城区的功能地位和综合优势,中心城区的总体功能定位是:繁荣繁华、增长有力、辐射强劲、宜居宜业,示范引领天津、服务国家高质量发展,具有国际竞争力的新型增长极。这一总体功能定位由四项具体功能定位支撑:(1)引领天津、服务京津冀、辐射全国、具有国际影响力的创新高地;(2)融合全市、联动京津冀、联通三北、运转广域发展的协调枢纽;(3)绿色共享、宜居宜业、示范引领的天津首善之区;(4)面向东北亚、服务"一带一路"建设、促进开放双赢的国际性合作平台。

(二)中心城区产业发展方向与重点

"十四五"乃至更长时期,是中心城区服务业量质并进、功能提升为主的发展时期,服务业高质量发展的方向是围绕中心城区的功能定位,发挥中心城区的综合优势,顺应服务业功能结构变化趋势,继续深入贯彻五大理念,持续推进服务业功能结构优化升级。

1. 强化服务业的创新功能

发挥中心城区高校、科研机构、文化设施、专业人才等创新资源集中的优势,依托环城四区制造业的良好基础,重点发展科学研究和技术服务,信息传输、软件和信息技术服务,以及职业教育等支撑创新战略的功能性产业。

(1)科学和技术服务业是促进创新发展,经济提质增效升级的重要引擎,也是过去十年增长最快的服务行业之一。科技服务业发展的方向是做强专业设计服务,夯实研发平台,强化融合发展,加强协同创新,促进成果转化。(2)信息传输、软件和信息技术服务业提供现代经济发展最基础的信息采集、加工、沟通服务,对生产和消费有广泛深入的带动作用。发展方向是服务智慧城市建设,拓展信息技术应用,加强传统服务业与互联网的跨界深度融合,强化信息安全服务。(3)教育培训业是促进人力资源与实体经济协调发展,实现产业高质量发展的重要功能性产业。教育培训业发展的方向和重点是加强职业教育培训,完善继续教育服务,提升教育培训国际化水平。(4)文化创意产业是激发社会个体创新潜力、推动产业创新发展、提升区域竞争力的重要功能性产业,发展方向与重点是融合传统文化,推进跨域发展,培育发展主体,加强载体建设。

2. 提升服务业的协调功能

依托天津国家中心城市、北方重要港口城市和商贸中心城市功能,充分发挥中心城区地处市域中心、京滨发展主轴带中间位置、三北地区出海口,区域资金流、人流、商品流、信息流的主要集散地的区位优势,提升金融、商业、商务能级,促进商品流通、要素流动、国民经济协调运行。(1)金融业是协调国民经济运转的基础,在经济资源的优化配置中居于首要地位。金融业发展的重点是提升金融中心功能地位,强化服务实体经济,防范金融风险。(2)批发零售业承担商品流通、保障经济循环畅通的基本职能。批发零售业的发展方向是高端高质发展,特色融合发展,开放联动发展,创新惠民发展。深入促进产销对接和品质消费方面的业态和商业模式创新,激发消费对增长的拉动效应。(3)商务服务业在跨国公司资本、劳动和技术的全球配置中的功能日趋重要,是影响城市中心性和辐射力的重要功能性行业。发展的方向是拓展服务领域,提升服务能级,优化发展环境。(4)现代物流业是承担加速商品周转、降本增效、促进经济协调运行的职能,发展方向与重点是升级物流设施,拓展多式联运,完善物流网络,推进智能化发展。

3. 加强服务业的双向开放功能

发挥中心城区综合优势,在自贸区政策框架和向自由贸易港转型的趋势中，促进中心城区与滨海新区的联动发展，发展面向两个市场、两种资源的现代服务业，提升区域竞争力，在更大范围、更高层次参与国际分工与合作。(1)(跨境)电子商务。发挥天津口岸城市和商业中心的优势，推进跨境电商发展。加强平台建设，深入拓展应用，完善支撑体系。(2)服务外包。保持高端发展，发展软件外包、信息技术服务、金融外包、生物医药研发、产品技术研发外包、数据外包服务、云外包服务等特色、优势领域，拓展国际国内市场，强化人才保障，优化发展环境。

4. 强化服务业的绿色保障功能

生态环境是绿色发展的重要保障，也是提升中心城区城市形象、品质和国际竞争力的重要功能性服务业。生态治理和环保服务业发展的方向是营建美丽中心城区、打造宜居环境，提供布局合理、总量适宜、景观优美的绿地游憩空间和优质游憩休闲生态产品。建设海绵城市，形成河畅岸绿、人水和谐的水生态环境。推动绿色发展，降低生产、流通、消费各环节的能耗水平，提高资源利用率。提升环境质量，加强大气污染源治理，加强水环境保护，推动生活垃圾分类，促进环境生态保护专业化、市场化发展。

5. 完善服务业的共享功能

重点发展养老、教育、医疗等与民生福祉紧密相关，社会性、基础性、公益性、公共性突出，需求刚性的服务行业。(1)养老服务业的发展方向是提升养老服务有效供给和品质保障。完善居家社区养老服务。多元扩大养老服务供给。深入推进医养结合。(2)公共教育服务发展的方向是建立高质量的公共教育服务体系，提高教育均衡化程度。(3)医疗服务。公共医疗的发展方向是促进基本公共医疗卫生服务均等化，提高医疗卫生服务质量。优化医疗政策环境，增加基本公共医疗卫生服务供给。推进医疗卫生资源区域均衡布局。适应医疗服务需求多元化趋势，发展大健康产业。(4)居民服务、修理和其他服务业的发展方向与重点是提高便利程度，丰富业态内容，促进规范发展。(5)旅游业的发展方向和重点是推进全域旅游，突出地域特色，丰富旅游业态，加强品牌建设，扩大开放合作。(6)健康产业的发展方向和重点是培育多元市场主体，拓展新兴服务业态，营造良好的发展环境。(7)文化体育娱乐业发展方向和重点是突出社会功能，满足多样化需求，提升运营水平。

（三）服务业功能布局框架

以增长动能转换和功能结构变化为核心的产业高质量发展，推动中心城区服务业对各级各类区位及分布于其上的要素资源利用进入广域、综合、集成、深度开发利用的新阶段。统筹协调、合理安排服务业空间布局，是全面提升中心城区服务能级的重要任务。

综合考虑服务业的功能结构变动、区位指向、集聚特征、人口、产业活动、轨道交通、区域级差地租、生态景观旅游资源空间布局及变化趋势，贯彻新发展理念，“一核一带一环三心四片多节点全社区”的服务业空间布局体系，是中心城区长期内引导经济要素和经济活动在空间上集聚和优化的基本框架。

在“一核一带一环三心四片多节点全社区”的服务业功能区布局体系中，“一核”“一带”和“一环”是中心城区范围内，在整体上引导服务业体系内引外联、集聚发展、功能提升、空间拓展的主体骨架；“三心”是发挥中心城区核心区优势、居于核心地位、代表区域形象的生产性、消费性服务业综合集聚区；“四片”是环城四区中区位优越、多种交通方式交汇、发展较快、战略性优势显著、资源配置力较强、培育发展新动能、推进中心城区均衡发展的关键片区；“多节点”是中心城区范围内，承载某一类或某几类生产性、消费性服务业的功能集聚区，是全面、深入挖掘区域关键优势、引领服务业高质量发展的基本功能地域单元；“全社区”是贴近居民、以便民服务为主要内容，落实民生理念，促进均衡发展的服务业基层地域单元形成的服务业布局层次。

1. 一核

“一核”是中心城区核心区，即外环线以内的区域。从天津中长期发展前景看，传统的天津中心城区核心区——市内六区已不足以承载未来的人口与经济增量和相应的功能结构调整，外环线以内的区域是天津面向未来发展的新核心区。中心城区核心区具有以下特点：中心城区核心区的面积占全市面积的3.6%；人口高度集聚，人口占全市总人口的比重超过1/3；集中了绝大部分的商务楼宇；拥有多个高铁枢纽站点和最密集的轨道交通网络；市政配套设施最好，公共资源最丰富；消费能力最强，市场空间最大；级差地租水平和产出效益全市最高；创新资源最多；综合条件最为优越，中心城区核心区是中长期内提升天津服务业能级的核心板块、各类服务业功能区密集布局的综合性载体平台。

2. 一带

“一带”是海河现代服务业发展带。贯穿中心城区的海河及两岸沿河地带是天津城市发展的起点和城市建设的主轴，高速公路和京津城际铁路沿河分布，具有人口密集、交通便利、载体良好、配套完善、河岸景观优美、历史文脉汇聚的综合优势和发展底蕴。在中心城区进入高质量发展的新阶段后，这一开发历史悠久的发展轴带由于其历史积淀、发展基础和功能地位，仍然是吸引国内外高端要素、发展高端现代服务业的最适宜地带，是支撑中心城区服务业转型升级和引领服务业整体功能提升的主轴带。海河现代服务业发展带的发展导向是上中游统筹协调，高端服务业集聚，带动中心城区功能的整体提升，水城一体，体现区域特色和形象的多功能高质量发展经济带。

3. 一环

“一环”是环城服务业功能拓展区。以外环线为轴的环内环外地带是环城四区制造业地域和市内六区服务业地域交界地带，制造业与服务业的互补性对服务业发展的推动主要体现在这一地带。进入高质量发展阶段后，环城四区制造业转型升级对服务业的需求和市内六区人口产业活动疏散引致的服务业布局调整；近十年来和未来，人口增量向环城四区的集聚；轨道交通向环城四区延伸和配套设施的逐步完善；广阔的绿色空间和丰富的土地资源，决定了环城服务业功能拓展区是承载市内六区服务业扩散、迁移的主要区位，也是承载天津市服务业增量、推动服务业转型升级的新兴服务业功能空间。环城服务业功能拓展区的发展导向是加强其与中心城区的融合互动，全面承接和发展现代服务业，以生产性服务业为突破口，突出科技服务、物流功能，适度发展高档商业设施，积极发展医疗康复、休闲旅游，合理布局大型郊野生态公园，打造绿色生态、多元融合、功能完善、富有活力的都市经济发展轴。

4. 三心

“三心”是以小白楼、南京路为主体的城市主中心和西客站城市副中心、海河—柳林城市副中心。海河中游以小白楼、南京路为主体的城市主中心开发程度最高，发展条件最优，经济效益最好，汇聚高质要素、高端业态的吸引力最强，是服务业功能转型升级和高质量发展最重要的目标地域，这一区域面积狭小、人口产业活动高度集聚，空间的有限和承载能力趋于饱和与不断汇聚、成长的增量功能的矛盾成为发展的重要制约因素。海河上游的西客站城市副中心和海河下游的海河—柳林城市副中心在城市主中心合适的辐射距离、协作范围内，分别拥有高铁集聚优势、较丰富的土地资源和接近主中心的区位优势，加之位于京津城市的主要联系方向上，是分流城市主中心功能和培育新兴服务业的重要功能地域。城市主中心和两个城市副中心的发展导向是完善城市功能配套，整体提升人文环境和社会活力，着力推进现代金融、高端商务商业发展和多元文化功能融合，建设具有国际影响力的、展示城市历史文化底蕴的高端商务商业区、高效经济产出区、高品质生活区。

5. 四片

“四片”是以空港经济区为核心的东丽科创、物流、商务片区，以南站为核心的西青科技、文旅、商务、康养片区，以国家汇展中心和海教园区为核心的津南科教、会展、文旅片区，以国家级产城融合示范区、北部新城为主的北辰物流、科技、商贸片区，构成环城服务业功能拓展区的主体部分。四个片区区位优越，高铁、地铁、航空等多种现代交通方式交汇，拥有联通国内外的节点枢纽，资源配置力较强；科技、教育、土地、生态等战略性优势突出，有多个产业园区、居住片区和重大项目支撑，公共服务配套不断完善，产城融合基础良好；四个片区是中长期内天津市和中心城区培育发展新动能、推进均衡发展和高质量发展的增量性质的新兴服务业地域综合体。

6. 多节点

“多节点”是各类专业性较强和对高能级市场依赖较大的服务业功能集聚区。科技研发、信息技术服务、商务、文化创意、物流、教育培训等生产性服务业，专业性较强，服务对象主要是企业或产业集群，服务半径不限于本区域，具有广域辐射力，在发展中往往趋于交通节点、优势区位、专业资源集中的特定区域，形成散布于整个区域的专业性服务业功能集聚区。人流密集地区及与之相应的高能级市场在空间分布上具有不平衡性,形成了分布于区域特定区位的高等级的、关键性的、节点性的商业中心、商业街区和商圈。高等教育、大型医疗、文化、体育公共设施在空间上的分布亦具有不平衡性,以其为中心,吸引集聚关联服务往往形成特定功能的服务业集聚区。服务业功能集聚区的发展导向是打造匹配中心城区功能定位,全面发挥中心城区服务业发展综合优势,引领服务业专业化、高品质、高效益、集群化发展,具有竞争力的服务业功能集聚区,重点发展金融、科技、商务、文旅、商业、物流、康养、生态等服务业功能区。

7. 全社区

“全社区”是以社区为单元,覆盖居民日常生活,深入神经末梢的服务业布局网络。学前教育、基本教育、基本医疗、养老服务、便民商业、公共文化体育服务、各类生活性服务业,是无差别面向全社会成员的基本服务需求,需求具有普遍性、广泛性、大众性、社会性、公共性,产业发展在空间上具有分散性,在空间布局上应该实现广覆盖、均等化。社区服务网络的发展导向是以增进人民福祉为出发点,顺应居民消费升级趋势,促进社区服务均衡、均等、便捷、有品质的发展,切实满足基本需求,有效供给新兴需求,增强社区居民的获得感、幸福感、安全感。

四、对策与建议

(一)营造公平竞争的市场环境

深化改革,形成开放公平、秩序规范、诚信经营、制度健全、监管有力的市场环境,保证各种所有制经济依法平等使用生产要素,公平参与市场竞争,推动国资、民资、外资共同发展、融合发展,充分发挥市场在资源配置中的决定性作用,促进服务业高质量发展。

深入推进市场准入负面清单制度改革,建立服务领域平等规范、公开透明的准入标准,扩大服务领域开放度。支持民间资本以独资、参股、控股等多种形式进入基础产业、市政公用事业、社会事业、金融服务、科技创新等领域,非公经济在要素获取和服务价格方面民享有同等政策待遇。按照政事分开、事企分开和管办分离的要求,加快推进教育、科技、文化、卫生等事业单位分类改革,将从事生产经营活动的事业单位及能够分离的生产经营部门逐步转为企业,参与服务业市场公平竞争。深化行政审批改革,清理规范各类前置审批,减少审批事项,优化审批流程,强化事中事后监管。清理规范中介服务和涉企行政事业性收费,减少检验、检测、认证等各类收费事项,推行收费项目公示制度,降低制度性交易成本。形成完善的失信惩罚和守信激励机制,推进企业和个人征信体系建设,建立市场主体信用信息档案。完善市场主体信用信息公示系统,建设统一、全覆盖的信用信息共享交换平台,营造诚实、自律、守信、互信的信用环境。建立政府主导制定的标准与市场自主制定的标准协同发展、协调配套的新型标准体系。将政府主导制定的强制性国家标准限定在保障人身健康和生命财产安全、公共安全、生态环境安全及满足经济社会管理基本要求范围之内。支持社会组织制定团体标准,鼓励企业自主制定企业标准。

(二)推进以信息化和轨道交通为重点的基础设施建设

推进基础设施改造升级,提升智慧化和网络化水平,围绕满足新产业、新业态发展的需要,补齐基础设施短板,在信息、交通、流通、旅游、社会服务等领域,组织实施基础设施建设重大工程。推进服务业相关基础设施标准化建设和改造,促进互联互通和系统功能优化。改进基础设施运营管理,提高运行效率。加强面向服务业应用的信息基础设施和平台建设,完善物联网、云计算及大数据平台等基础设施,推进政府信息、公共信息等数据资源开放共享,建设数据信息资源开放平台。推动公共交通优先发展,加快轨道交通建设,积极发展智慧交通。优化社区商业网点、公共服务设施的规划布局和业态配置,按照新建居住区或社区建设相关规定,配建便民商业服务、社区服务、健身休闲等设施。促进教育培训、健康、养老、文化等服务设施建设和升级。盘活存量土地用于社会服务设施建设,改造提升现有的社会服务设施。

(三)健全服务质量治理体系

构建责任清晰、多元参与、依法监管的服务质量治理和促进体系,加快形成以质取胜、优胜劣汰、激励相容的良性发展机制。强化企业主体责任。完善激励约束机制,引导企业加强全程质量控制,建立服务质量自我评估与公开承诺制度,主动发布服务质量标准、质量状况报告。推行质量责任首负承诺,完善全过程质量责任追溯、传导和监督机制。鼓励推广服务质量保险,建立质量保证金制度提升政府监管和执法水平,加大服务质量随机抽查力度。完善质量安全举报核查与协同处理制度,健全质量监督检查结果公开、质量安全事故强制报告、质量信用记录、严重失信服务主体强制退出等制度。健全服务质量风险监测机制。充分发挥社会监督作用,畅通消费者质量投诉举报渠道,推广服务质量社会监督员制度,鼓励第三方服务质量调查。支持行业协会商会加强质量自律,发布行业服务质量和安全报告。推进检验检测认证等质量服务市场化发展。建立引领产业高质量发展的考核评价体系。从创新驱动(研发投入强度、专利数、信息化水平等)、效率效益(劳动生产率、利税率、土地集约度、楼宇空置率等)、绿色发展(无污染天气数、河道污染等级、三废处置率、清洁能源比重等)、民生共享(医院每千人床位数、家庭医生签约率、公共交通出行率、社区商业网点密度、公租房建设、棚户区改造等)、开放共赢(世界 500 强企业进入数量、会展次数、服务外包规模与增长速度等)等方面构建适应服务业高质量发展的考核评价指标体系。

(四)改革房屋租赁体系,促进专业人才流动汇聚

切实化解居住成本对人才的挤出效应,保障服务业功能升级的人才支撑。在“建立多主体供应、多渠道保障、租购并举的住房制度”的方针下,健全以市场配置为主、政府提供基本保障的住房租赁体系,培育住房租赁市场供应主体、加大公共租赁住房供应。安排专项补贴资金,用于支持对城中村、棚户区房屋、废弃集体工业厂房、员工宿舍进行改建装修,对社区进行综合整治和环境提升。将符合安全、建筑质量、消防、卫生等条件的住房向市场统一租赁经营、规范管理。鼓励发展住房租赁运营服务混合所有制企业,充分发挥国有企事业单位和市场化轻资产运营服务机构的主体比较优势,提高租赁房屋运营的专业化服务水平。规范税收征缴方式并大力减税,落实国务院关于住房租赁市场税收优惠

政策，统一规范征税对象，促进公平竞争，按照应减尽减的原则降低税率，形成合理的政策导向。加大金融产品创新供给，鼓励金融机构按照依法合规、风险可控、商业可持续的原则，向住房租赁企业提供房地产信托投资基金（REITs）等金融产品，鼓励保险资金、债券等金融产品进入住房租赁市场，为公寓类产品提供相匹配的长周期、低成本的金融产品。

参考文献：

[1]何立峰主编：《服务业创新发展研究报告》，中国计划出版社 2017 年版。

[2]张惠强、黄跃：《为未来栋梁之才供应居所——深圳城中村更新的鲜活经验》，《中国改革》2018 年第 2 期。

加快城市化与信息化融合发展

天津市经济发展研究院　李李

一、对城市化与信息化的概念界定

(一)城市化的概念以及城市化所带来的问题

城市化(或城镇化)是国家发展战略之一,主要目标在于实现产业支撑、人居环境、社会保障和生活方式的转变,实现从乡到城的转变,提升城市发展水平,促进大中小城市和小城镇的协调发展。然而,随着城镇化的不断发展,城市人口持续增加,城市资源承载能力与城市人口不能匹配,资源紧缺、交通拥堵、水体污染、垃圾、噪声、用地矛盾、水资源紧缺等"城市病"日益凸显,这些问题对于政府的公共管理能力提出了新的挑战。

(二)信息化与城市化的关系

信息技术与信息化是城市科技创新的代表,影响着城市发展的诸多领域,成为维系城市文明进步与空间发展的特殊载体。与全球化一样,信息化正成为不可逆转的世界潮流。信息技术的不断更新与进步,改变了人们的沟通方式。信息化改变了城市的管理结构、产业结构与空间结构。城市发展如何与信息化发展互动与协调,成为一个崭新的命题。顺应信息化发展的城市运行机制可能出现巨大的改变,城市管理者在制定城市管理规范的同时,必须重新审视并制定虚拟空间的制度与规范,使得虚拟城市与现实城市一样都有相应的秩序。"城市化"与"信息化",是随着中国改革开放不断发展而出现的两个课题。当城市化速度加快的时候,如何更好地将信息化与城市化有机地结合起来,是一个长期任务,需要不断探索。

(三)“智慧城市”建设的内涵和必要性

城市智慧化是城市信息化的基础,智慧城市以物联网、云计算、大数据、空间地理信息集成等新一代信息技术为基础,通过感知、分析、整合城市运行核心系统的各项关键信息,对城市服务、公共安全、环保、民生、工商业活动在内的各种需求做出智能响应,实现城市规划管理信息化、基础设施智能化、公共服务便捷化。智慧城市建设涉及城市生活的各个领域,如智慧城管、智慧交通、智慧医疗、智慧安防、智慧环保等。使得构成城市的各种基础设施、环境资源要素实现互联和协同,从而形成一个物物相连、人物互动、高度数字化信息化、政府高效运行、百姓幸福安居的城市。智慧城市可提供跨部门、跨系统、跨业务、跨层级、跨地域的协同管理和服务,从而实现公共服务便捷化、城市管理精细化、生活环境宜居化、基础设施智能化、网络安全长效化。智慧城市的起点是现代信息技术发展下的网络化和数字化,最终目的是将其上升到整合、集群、协同管理的高度,与绿色可持续发展相结合,构建宜居的城市环境。

(四)智慧城市与新型城镇化的关系

在国家新型城镇化发展的背景下,智慧城市建设符合城市发展的趋势,体现了城市建设、经济发展、民生服务、生态和谐的城市发展目标。城镇化与智慧城市相互促进,新型城镇化引领智慧城市的发展方向,丰富智慧城市的内涵,带动智慧城市的落地;同样,智慧城市也是新型城镇化发展不可或缺的重要支撑力量。《国家新型城镇化规划(2014—2020 年)》明确提出:“推进智慧城市建设,统筹城市发展的物质资源、信息资源和智力资源利用,推动物联网、云计算、大数据等新一代信息技术创新应用,实现与城市经济社会发展深度融合。”智慧城市是智慧地推进新型城镇化的重要途径,发展思路主要包括以下内容:一是加强智慧城市顶层设计,实现智慧城市与新型城镇化协同融合发展;二是以新型智慧城市化建设内涵,构建智慧城市总体框架;三是通过搭建智慧城市互动平台，及时了解公众的意愿，为新型城镇化的发展提供科学的决策依据；四是智慧城市带动现代科技相关产业的发展，为城市产业经济转型提供新的方向和动力。

二、天津城市化与信息化融合发展的基础

（一）信息网络建设加速推进

持续推进信息基础设施建设，不断加强高速宽带网络建设，网络结构持续优化，网络性能显著提升。截至 2020 年 6 月底，天津城市互联网出口带宽达到 9.7 个太字节（TB），光纤到户实现全市域覆盖。宽带互联网家庭普及率达到 95% 以上，其中城市家庭光纤宽带普及率达到 90% 以上，农村家庭光纤宽带普及率达到 80% 以上，三网融合业务家庭普及率达到 50% 以上。光纤入户覆盖能力达 1001.8 万户，为全国首个实现全光网络的城市。城乡家庭固定宽带网络接入能力达到 1000 兆比特/秒（Mbps），宽带用户平均接入速率超过 100 兆比特/秒（Mbps），重点企事业单位宽带接入能力最高达到 100 千兆比特/秒（Gbps）以上；4G 移动宽带下载速率 28.30 兆比特/秒（Mbit/s），固定宽带下载速率达到 42.76 兆比特/秒（Mbit/s），4G 移动宽带、固定宽带下载速率双双跃居全国第三。城市级免费无线网络接入点超过 2 万个。加快推动 5G 网络规模建设，建设 5G 基站 18009 个，集中部署在城市重点区域及行业应用热点区域，实现城镇区域基本覆盖。

（二）政务网络建设领先全国

实现互联网与政务服务深度融合，建成覆盖全市的整体联动、部门协同、一网办理的“互联网 + 政务服务”体系，在全国率先建成电子政务万兆骨干光网，形成中央—市—区—街道（乡镇）—社区（村）五级网络贯通，全网光纤路由 10000 芯公里，覆盖全市 1200 家市级预算单位，全网接入单位约 9600 家。建强市级政务云，形成 4.3 万核计算能力、27PB 存储规模，承载全市 162 个业务系

统。行政审批事项全部网上办理率实现100%,重点公共区域视频监控覆盖率、联网率达到100%,重大危险源在线监管覆盖率达到100%,电子证照库信息数量超过358万条。在国家首批试点地区中率先完成“互联网+监管”系统主体建设,汇聚市区两级监管数据1.2亿余条,共建立市场监管、金融监管、知识产权等13类领域33个全市统一的监管风险预警模型。持续推进数据资源开放共享,上线全市信息资源统一共享交换平台和开放平台,累计共享交换数据986亿余条次,对外开放数据6700万余条。

(三)信息便民惠民水平不断提升

充分发挥信息技术优势,在社会管理和公共服务领域,“让信息多跑路、让群众少跑腿”成为常态。便民服务专线“88908890”做到电话接通率、服务办结率和评价回访率三个100%。在智慧社保、智慧交通等民生领域整合公共信息服务资源,推出了手机应用,方便市民及时准确地得到信息。不断推进政府管理与服务的公开性、透明度,截至2020年10月,本市的政府网站数量为105个,各级政府共开通政务机构微博1483个,开通政务“头条”号数量为736个,开通政务“抖音”号数量为152个。“津心办”手机应用(APP)累计注册人数超过450万人,上线行政许可、公共服务、便民服务等各类在线服务事项1280项,实现高频服务事项“指尖查询、掌上通办”。建成政府网上办事大厅,累计发布办事指南1565个、四级事项实施清单111767个,除特殊事项外网上可办率达100%。建成“津治通”平台,整合党的建设、综合治理、数字城管等现有信息资源,实现平台受理、分析研判、分流交办、全程监督、评价反馈等功能,累计办结社会治理事件151.3万起。

(四)“互联网+”先进制造扎实推进

“十三五”期间,天津市加强“互联网+”先进制造顶层设计,设立智能制造专项资金,出台《天津市人民政府关于深化“互联网+先进制造业”发展工业互联网的实施意见》,天津在推动“两化”融合方面进展明显。依托天河一号超算中心,围绕腾讯、阿里巴巴等云服务龙头企业,大力发展了包括基础设施即服务

(IaaS)、平台即服务(PaaS)、软件即服务(SaaS)等在内的云服务。以平台建设为抓手,加快工业云服务平台建设,建设“e 企云”“天津工业云”等项目,有效提升工业企业的协同设计、研发、制造能力。支持制造企业基于互联网独立开展或与互联网企业合资合作开展新业务,长荣科技、辰云科技等一批企业从传统制造业主业分离,为行业内企业提供信息技术咨询与行业解决方案服务;赛象科技、特变电工等企业将物联网、互联网、大数据等技术与产品相结合,开展远程诊断、监控维护等服务。

(五)智慧科技产业集群初步形成

智能科技产业是智慧城市建设的重要产业基础,“十三五”期间,天津市高度重视智能科技产业发展,将增强创新能力作为重点,以关键核心技术为主攻方向,加强基础研究布局,形成了“基础研发—成果转化—拓展应用”完整的智能科技产业链条。在自主可控、大数据和云计算、智能网联车、智能终端、先进通信、机器人、智能安防、智能制造及智慧医疗等领域,产业特色逐步形成,竞争优势快速显现。2019 年,软件和信息技术服务业实现收入 2027 亿元,滨海新区作为天津市软件和信息技术服务业发展的主要载体,占全市总量的 80%。天津市以打造主营业务突出、竞争力强、创新能力强的企业为目标,深入开展企业培育工作,发挥好各类政策扶持作用,智能科技产业涌现出一批潜力型企业,竞争力不断攀升,部分重要产品在国内外占据领先地位。(见下表)

“十三五”时期天津市智能科技产业各领域骨干企业

产业领域	骨干企业
自主可控	中科曙光、飞腾、国芯、麒麟、南大通用、赛迪集团、神舟通用、英信、中科蓝鲸等
大数据和云计算	58 同城、今日头条、搜狐视频、陌陌科技、易华录、中科蓝鲸、南大通用、海量信息、360、天地融、天津忆云、安捷等
智能网联车	天宸北斗、视维光电、津航物理所、三安光电、清智科技、奥特贝睿等

续表

产业领域	骨干企业
智能终端	一飞智控、华来科技、电美智能、海鸥表业、京东海荣等
先进通信	展讯通信、唯捷创芯、诺思微系统、智博通信、赛乐新创、七一二、大唐终端、华为海洋、富通住电、赞普科技、北讯电信等
机器人	深之蓝、智通机器人、扬天科技、清华大学高端装备研究院、新松机器人、纳恩博等
智能安防	安泰微、慧微电子、瑞发科、安普德、天地伟业、中星电子等
智能制造	爱波瑞、明匠、天津智慧城市研究院、长荣科技、天汽模、美克家居、航天云网、浪潮软件、阿里云计算、用友软件、神舟通用、紫光云技术等
智慧医疗	零氪科技、天堰科技、GE 医疗、九安医疗、橙意家人、邦盛医疗、信鸿医疗、国际生物医药联合研究院等

数据来源:根据公开数据整理。

(六)智慧港口转型升级走在全国前列

智慧港口是天津市港口信息化建设的主要方向。“十三五”时期,天津市努力打造世界一流的智慧港口,在多个重点领域和关键环节率先推进智慧化,开启了“智慧港口”建设快进模式。天津港已完成集装箱码头一体化操作系统升级,基本实现堆场作业自动化全覆盖。天津港在全场智能调度、设备远程操控以及无人电动集卡、口岸实时数字验放等方面,成为全国第一个完成传统码头自动化升级改造的港口。天津港全面性地提升信息服务功能,升级了天津港电子商务平台,完成了与天津港物流信息网的融合。加快推进集装箱线上线下生产业务整合,为客户提供24 小时线上业务受理、信息查询、预约提箱、在线缴费、在线客服等服务。针对性地推动港航数据融合,已完成数据中心物理环境升级改造,以及基础云平台和数据标准管控平台建设,推动航运企业、物流企业、口岸监管部门等相关方数据资源融合共享。

三、天津城市化与信息化融合发展中存在的问题

与发达国家相比,我市智慧城市总体上还是处在起步时期和探索阶段,存在着很多问题。这些问题如不能有效解决,将影响智慧城市建设的进程和质量。

(一)对“智慧城市”的作用和意义认识尚不到位

智慧城市是城市发展的必然趋势,是完善城市治理体系、提高城市治理能力、着力解决城市病的必然选择,是新时代推进国家治理体系和治理能力现代化的重大战略部署。一是当前我市智慧城市建设体制机制尚未健全,建设规划和目标论证不够科学、长远,没有很好地体现我市的城市环境特点和人文特色。二是规划设计不足。在政策规划层面,缺乏与国民经济和社会发展总体规划、相关行业发展规划等的衔接;在技术层面,缺乏真正可以将智慧城市建设细化和落实的实施办法。

(二)“信息孤岛”问题较为突出

智慧城市建设的本质,就是要按照实际需求,着力破解信息碎片化难题,推动城市范围内相关部门、行业、群体、系统之间的数据融合、信息共享、业务协同和智能服务。一是天津市的公共数据资源平台体系尚不成熟,平台不够健全,标准不够统一,资源共享机制还不完善。二是各自发展、条块分割的“碎片化”问题,构造了一个个“信息孤岛”。这样不可避免地出现重复建设和资源浪费,也给智慧城市数据信息的互联互通、融合共享带来了极大困难。

(三)相关技术与基础设施建设还不成熟

智慧城市的基础是数字城市。受多种因素的制约,天津市尚未实现全覆盖的数字化,这样只能在局部行业或领域实现“智慧”化。一是智慧城市对物联网技术水平要求较高,传感器和射频识别技术是关键,本地高端传感器制造,超

高频、微波射频识别芯片制造方面的技术实力不强，智慧城市建设所需的中高档传感器长期依赖进口。二是智慧城市建设需要庞大的资金支持，从软硬件建设到管理运营，需要投入数亿、数十亿甚至数百亿的庞大资金。我市在采取多种投融资方式上存在不足，在运用 PPP 等建设运营模式上缺乏试验和尝试，没有激发出社会力量共同参与建设智慧城市的积极性。

（四）缺乏高层次技术和管理人才

推进智慧城市建设，必须以人才作为智力支撑，建立健全创新型人才的储备机制。一是由于物联网等高新技术在我国起步较晚，目前掌握云计算、大数据等新型信息技术的高尖端人才还很少，既懂得智慧城市建设又懂得政府运行、城市管理的人才更是少之又少，这是制约天津市智慧城市建设的主要瓶颈。二是天津市高等院校对智慧城市专业设置和人才培养相对缺乏，在专业人才培养的深度和广度均有提升的空间。三是与智慧城市相匹配的选人用人政策不够完善，在物联网、大数据、云计算等领域尖端人才的延揽方面还比较欠缺，创新型的人才储备不足。

（五）智慧科技产业发展相对落后

智慧产业是智慧经济时代的主导产业，当前天津市智慧产业发展整体处于起步阶段。从智能科技产业比重来看，2019 年天津市智能科技产业比重达到 16.6%，仍然存在智能产业低水平生产能力过剩、高水平生产能力不足的问题。从智能科技企业情况来看，天津市缺乏龙头骨干企业，尤其是具有开拓创新和行业影响力的领军企业严重不足，缺乏卫星城产业集聚态势。天津市智慧产业支撑服务体系仍不健全，要素供给功能性机构缺乏，互联网与制造业、服务业融合创新不足。

（六）保障体系不够完善

一是天津市智慧城市建设存在重建设、轻评估的问题。天津市虽然制订了一些智慧城市专项方案和发展规划，但对智慧城市建设的绩效考核工作重视不足，导致建设成果达不到预定目标。二是政务信息服务水平明显滞后。政务在线服务水平深度广度不够，尚未实现真正的一体化、一站式服务，政务服务能力有待提升。三是存在公共资源的开放共享力度不够、对公共资源的市场化运作不到位等问题，在政务信息透明度，尤其是在政务信息互动交流等方面的建设存在较为明显的短板。

四、国内城市化与信息化融合建设的模式和案例

（一）北京城市化与信息化融合案例

在城市信息化的建设上，北京提出要瞄准建设国际城市的高端形态，从建设世界城市的高度，加快实施北京城市的发展战略，以更高标准推动首都经济社会又好又快发展，智慧城市是北京建设世界城市的制高点和切入点。“十二五”期间，北京提出《智慧北京行动纲要》，围绕城市智能运转、企业智能运营、生活智能便捷、政府智能服务等若干方面，全面启动智慧城市建设工程。北京加快培育云计算、物联网等产业的规模化运作，培育 10 家具有国际影响力、营业收入超过 100 亿元的世界级信息企业。智慧北京的建设，首先强调社会管理、市场监管以及政府基础设施建设；其次发展市场主导，加强企业、社会等领域建设，包括数字社会、数字社区等都需要企业参与，政府电子政务也需要企业参与。智慧北京建设主要强调 10 个领域的内容。第一是城市应急管理领域，北京市应急办组织市应急领域物联网示范工程建设；第二是社会安全领域，包括整个交通流、人流、大型活动等社会安全；第三是交流领域，加大信息化的应用来提高效率；第四是市政市容管理应用领域；第五是环境监测管理领域；第六是水资源管理领域；第七是安全生产监管领域；第八是节能减排监测监管领域；第九是医疗卫生领域；第十是农产品等监管领域。

发展物联网是北京建设信息城市、网络城市、先行城市的关键。北京市在传感、物联网应用上有良好的基础，物联网技术应用在城市网格管理、视频监控、智能交通、食品溯源、水质监测等方面有全国领先的成功典型应用。目前北

京已建成首个物联网应用资源共享服务平台,物联信息交换平台、传感信息网络平台、超级计算中心和云计算中心等共性基础支撑平台,完成政府、社会、企业三个方面涉及公共安全、城市交通、生态环境、流通供应链、社区综合服务等领域的一批示范应用和区县级、园区级综合示范。

“十三五”时期,北京制定了《北京市“十三五”时期信息化发展规划》(简称《规划》),提出到2020年,推动电信企业进一步提速降费,第四代移动通信(4G)实现全覆盖,行政审批网上办理率超过95%,群众办事凭身份证号“一号”申请,以居住证为载体构建全市常住人口信息系统,建设京津冀人口动态监测与信息共享平台等。《规划》提出,到2020年,北京成为互联网创新中心、信息化工业化融合创新中心、大数据综合试验区和智慧城市建设示范区。此外,形成智能化城市管理体系,公共交通全面实现准点预报,环境监测和预警预报水平进一步提升,北京城市副中心成为高标准智慧城市示范区。公共服务方面,公共数据开放单位超过90%,行政审批网上办理率超过95%,教育、健康医疗、公用事业等信息服务更加丰富,优质教育资源网络共享程度和居民电子健康档案覆盖面显著提升。《规划》提出,在信息基础设施上,提升公共网络服务水平。全面建成光网城市,政企用户宽带接入能力达到千兆,百兆宽带成为主流。将推动电信企业进一步提速降费,第四代移动通信(4G)实现全覆盖,用户突破2000万,在北京城市副中心、2022年冬奥会场馆、2019年世园会园区等重点区域开展第五代移动通信(5G)商用示范。按《规划》要求,北京市将建设云服务设施,统筹建设全市统一的电子政务云平台和电子政务内网云服务平台,推动全市各部门应用系统迁移上云。统筹建设政务数据中心体系,形成以北京城市副中心、市政务服务中心等为核心节点,以若干重点领域数据中心和区级数据中心为支撑的电子政务发展格局。

(二)上海城市化与信息化融合案例

上海是拥有2000万以上人口的特大型城市,在城市经济与产业发展、城市安全与管理、城市生活与公共资源配置、城市公共服务与社会保障、城市文化与社会进步等方面面临了很多其他城市未遇到过的问题。上海智慧城市建设逐步进入融合发展的高级阶段,《上海智慧城市“十三五”规划》提出,上海要在2020 年实现信息化整体水平继续保持国内领先,部分领域达到国际先进水平,以便捷化的智慧生活、高端化的智慧经济、精细化的智慧治理、协同化的智慧政务为重点,以新一代信息基础设施、信息资源开发利用、信息技术产业、网络安全保障为支撑的智慧城市体系框架进一步完善,初步建成以泛在化、融合化、智敏化为特征的智慧城市。

上海在构建智慧城市框架和城市信息化建设方面始终走在前列,创建面向未来的智慧城市是上海建设“四个中心”和具有全球影响力的科技创新中心的有效支撑。信息化应用全面渗透民生保障、城市管理、政府服务等领域,数字惠民效果逐步显现,数字城市管理能级明显提升,电子政务效率持续改善。上海在 2020 年政府工作报告中提出,提升新一代信息基础设施能级,推进 5G 网络市域全覆盖,建成有线无线双千兆宽带城市;完善“城市大脑”架构,基本建成贯穿数据全生命周期的大数据资源平台;加快物联网、大数据、人工智能、区块链等信息技术的推广应用,实施智慧城市场景开放计划;加强网络安全保障,推动网络安全教育、技术、产业融合创新。

围绕“活力上海”目标,上海市营造便捷化的智慧生活,构建普惠化的智慧城市应用格局,推动健康大数据采集,打造全天候响应的智慧养老体系,推动“智慧校园”建设,建立“文化上海云”平台,搭建“问诊式”气象台,探索车联网试点。在丰富城市治理方面,上海加强运用物联网、北斗导航、移动互联等技术,深化口岸信息化,实现企业单一窗口办理口岸通关。在建设智慧政务方面,上海完善电子政务云平台,完善政府业务信息和电子文件交换系统,创新电子政务建设管理模式,建设单一窗口综合管理平台。

(三)深圳城市化与信息化融合案例

深圳在“十二五”初期就开始布局建设智慧城市,形成了《深圳市新型智慧城市建设总体方案》等文件,明确了到 2020 年实现“六个一”的目标(一图全面感知、一号走遍深圳、一键可知全局、一体运行联动、一站创新创业、一屏智享生活)。目前深圳以新型智慧城市建设为引领,推动新一代信息技术创新运用与城市转型融合发展,发展新经济,提升政府治理效能,增强了市民获得感,取得了良好的成绩。信息技术产业一直是深圳的支柱产业之一,在全国范围内也是一枝独秀,依托强大的信息技术产业,深圳信息化建设一直走在全国前列,领先的信息化进程也把智慧深圳的科技理念体现得淋漓尽致。

在推进城市治理创新模式创新方面,深圳建成了全国首个城市运行管理中心,以市、区两级中心协同联动方式,通过对政府数据、社会数据和城市感知数据的融合分析,支撑跨领域协同智慧,实现对城市运行状态的全面感知、态势预测、事件预警。深圳构建了党政机关网络平台、政务云平台,加快推动电子政务建设,初步实现党政机关无纸化办公,已在全市各级各部门全面实现网络平台和移动终端批件办件。在党政机关网络平台建设上,深圳市重点建设全市统一的政府网络,包括政务外网和内网,已实现市、区、街道、社区四级全覆盖。

在公共服务智能化方面,深圳作为首批国家"信息惠民"试点城市,"互联网+公共服务"显著提升了社会治安、视频安全监管、交通运行管理、环境治理、城市管理等公共服务领域的智能化水平。国家超级计算深圳中心(深圳云计算中心)最快运算速度可达1271万亿次运算/秒,居全国前列,可满足全市对超算计算资源的需求。在信息共享方面,深圳市已建立全市统一的信息资源共享体系,是国家发改委授牌的唯一一个国家"政务信息共享示范市"。目前,深圳建成信息资源共享交换平台、统一身份认证平台、政府网站生成平台、安全管理平台等统一的应用支撑平台。

(四)广州城市化与信息化融合案例

广州以建设国家级信息化和工业化融合为契机,积极建设智慧广州,网络基础设施建设水平位居全国前列,政府公共管理水平和公共服务效率显著提升。《广州市信息化发展第十三个五年发展规划(2016—2020年)》提出了智慧城市建设的顶层设计,围绕夯实信息化发展基础、增强信息化发展能力、优化信息化发展环境、加强移动互联网、物联网、云计算、大数据等新一代信息技术创新应用等方面建设智慧广州,积极建设国家新型智慧城市先行区和全国万物互联应用示范区。主要在信息基础设施体系、信息技术产业规模和质量、大数据开发和应用水平等方面提出了相应的建设指标。

广州智慧城市建设在政务、民生、产业等层面进行探索并取得了成效。广州市金融风险监测防控中心建立了金融风险监测防控系统，利用云计算、大数据等科技手段实时监测地方金融风险并及时预警，未来向各领域金融风险监管全覆盖发展将大有可为。广州妇女儿童医疗中心不但通过移动互联网手段，大大简化了就医程序，还将人工智能应用到药配送和帮助患者合理选择科室和医生就诊方面，特别是通过人工智能系统进行机器学习开发出不同层次、等级、专业的“机器人医生”，达到了国内领先水平。金域医学检验中心通过专业先进的病理检验检测技术平台和市场服务网络，为医院提供第三方医检服务，实现了资源的优化配置，为当前基层医疗机构病理医生紧缺问题提供了解决方案。

广州制定了《广州市加快 5G 发展三年行动计划(2019—2021 年)》，加快推进无线网络建设，稳步推进 5G 通信网络建设。系统谋划 5G 网络建设，按照“重点部署，连片覆盖”的建设原则，优先在重点、热点区域部署 5G 网络，实现 4G 向 5G 的平滑演进，有序推进规模组网，建设全国领先的 5G 网络。积极推进 5G 和超宽带关键技术研究，启动 5G 网络商用，建立完善多式共存、高速接入、安全稳定的立体式无线覆盖网络。2020 年 1—10 月，广州共建 5G 基站 27796 座，基本实现深圳 5G 网络全覆盖。

五、天津市城市化与信息化融合发展的对策建议

（一）加强智慧城市顶层设计，提高对智慧城市建设目标的认识

在统筹考虑城乡区域和经济社会协调发展的前提下，明确智慧城市建设相关战略布局，协调和组织各部门开展智慧城市建设。建立智慧城市建设协调管理机制，加快形成立体化政策体系布局。综合考虑新型城镇化、海绵城市建设、城市规划建设、城市节能等方面的要求，统筹城乡区域和经济社会协调发展总体布局，明确智慧城市建设的关键性内容和相关规范、技术性标准，因地制宜科学编制智慧城市建设规划。坚持政府引导、社会参与，广泛推广政府购买服务

等模式,鼓励社会资本参与项目建设与运营。根据科学技术变革方向开展,有计划、有重点、有层次的开展智慧城市建设与规划,加大政府部门对智慧城市建设的资金支持、项目支持和载体支持。

(二)推动数据资源共享开放和流通,加强政府各部门协作交流

加快公共数据资源开放。建设政府数据统一开放平台,提升政府数据开放共享的标准化程度,建立政府和社会互动的大数据采集形成机制。重点推进经济、环境、教育、就业、交通、安全、文化、卫生、市场监管等领域的公共数据资源开放,鼓励社会各方开发数据访问工具,对公共数据资源进行深度加工和增值利用。推动社会数据资源流通。支持公益性数据服务机构发展,鼓励社会组织、企业、个人参与公益性数据资源开放项目。建立数据资产登记、估值和交易规则,支持设立数据交易机构,推动资源、产品、服务等交易活动。深化数据资源广泛利用。在企业监管、质量安全、节能降耗、环境保护、食品药品监管、安全生产、信用体系建设、旅游服务等领域,推动政府部门和企事业单位相关数据的汇聚整合和关联分析,提升政府决策和风险防范能力。

(三)提高城市智慧技术水平,打造智慧城市管理体系

搭建运行维护管理体系。深化应急管理领域业务协同能力,采集水、电、气等涉及民生的公共资源运行状况,切实提升突发事件监测、预警和应急处置能力,完善突发事件应急平台体系建设。建立智能化交通监测体系,实现对路网交通流监测、视频监控、交通事件监测的集成与综合。建立全市统一的环境智能感知体系,对全市环境质量、污染源、生态、放射源等进行全面感知和全过程监控,搭建智能化现代气象业务和气象信息共享服务平台,提高气象监测、预警能力。加强智慧教育工程建设。建设教育云服务平台,面向学校和社会提供全方位教育云分享服务;建成“一师一优课”“一课一名师”示范课程资源库,探索建立优质数字教育资源“云超市”,满足个性化学习需求。加强智慧社区工程建设。建立社区养老助残服务平台,为老年人、残疾人等群体提供办证、领取补助等公共服务。

(四)完善城市基础设施建设,打好智慧城市建设基础

建设现代化、数字化、智能化的城市网络基础设施,提高城市智慧传输主干网容量和传输速率,为发展智慧城市奠定基础。不断完善城市大数据平台,加速天津城市云计算中心建设。逐步提升城乡网络设施水平,加速城乡光网覆盖率。提升智能感知水平。快速提升传感器、射频识别(RFID)等物联网中间件,以及协议转换、服务治理与监控、路由调解等服务共享诸多核心技术的基础支撑能力。改善生活性配套设施。围绕市民日常居住、基本消费与文化娱乐,加强人才公寓、员工宿舍、商务酒店、文化活动中心、餐饮中心等服务平台载体建设,完善生活功能配套,为企业职员、高层管理人员、客商提供优质的生活配套服务。完善生产性配套设施。结合人工智能、智能制造装备、智能服务等领域各重点环节建设,加强物流、金融、研发等生产线配套设施,加快推进商贸物流服务、金融租赁服务、研发设计服务等生产性服务。

(五)加强人才招引力度,完善智慧城市人才发展环境

加强智慧城市高层次人才队伍建设,加快完善吸引培养高层次人才队伍的新体制、新机制。抓住人才培养、人才吸引、人才使用等关键环节,统筹规划人才工作,为智慧城市建设提供坚实的智力支持和人才保证。积极引进海外人才,充分开发利用国际国内人才资源,积极引进和用好海外人才,以研究机构、跨国公司、社团为载体,提高国际化人才聚集的比例。建立智慧人才培养体系,开展智慧产业从业人员多渠道、多形式、分层次、分类型的再培训与再教育。促进校企联合,依托高校院所、园区企业和社会办学机构,建立各类智慧人才教育培训基地,加强与高校、科研院所的协调合作,创新培养机制,制定和落实培养措施。

(六)发展智慧产业生态,促进经济高质量发展

突破智慧产业关键技术,大力发展信创产业,支持我市集成电路(IC)设计企业做大、做精、做尖,鼓励企业加强与新一代终端厂商的合作。在数字电视、智能手机、物联网、安全监控等领域,大力发展系统级芯片、通信芯片、物联网传感器芯

片、射频标签芯片、数字电视芯片设计等。推动大数据产业集聚繁荣。放大我市超级计算发展优势，着力发展超百亿亿次 E 级超级计算机、艾字节（EB）级存储服务器、云计算服务器及路由器等高端产品。加快物联网产业发展。构建一体化物联网产业体系。全面提升关键核心技术研发、系统集成、服务提供能力，形成研发制造、系统集成、示范应用、标准推广于一体的物联网产业体系，基本建成全国物联网产业中心，打造全球数字安防产业中心。提升智能制造水平。立足天津市制造业向智能制造、绿色制造、高端制造发展的现实需求和重点方向，重点发展具有深度感知、智慧决策、自动执行的高档数控机床、工业机器人、增材制造（3D 打印）装备、全自动智能化生产线以及相关智能制造技术。

（七）推动“互联网＋政务”，建设智慧高效统一的政务服务

统一政务服务平台。以转变电子政务建设模式、提升政务效率为目标，建立全市统一的电子政务内外网和政务云计算中心，向各政务部门提供软硬件资源的统一管理、动态分配与按需服务。推行“云计算服务优先”模式，推动政务部门业务应用系统向采用云计算服务模式的电子政务公共平台迁移，进一步满足跨部门业务协同需求，为市民“一站式”信息服务提供保障。提高电子政务水平，提高管理系统的开放性和灵活性，提高政务服务效率。通过整合信息技术，搭建跨科技、跨网络的新型服务平台，建立一个无缝式的、知识型的、可持续的电子政务。鼓励各级政府及相关管理部门建设政务网，推进网上审批、电子监察等各项服务，提高政务管理、服务、监督等功能运行效率。提倡无纸化办公，减少行政成本，提高办公效率，利用政府购买、社会资本投入、专业公司运营等方式解决城市运营管理问题。

参考文献：

［1］熊璋等主编：《智慧城市》，科学出版社 2020 年版。

［2］中电科新型智慧城市研究院有限公司：《新型智慧城市政策、理论与实践》，中国发展出版社 2019 年版。

［3］郁建生等主编：《智慧城市——顶层设计与实践》，中国邮电出版社 2019 年版。

绿色篇

构建绿色发展格局，建设生态宜居城市

天津市经济发展研究院　刘营、鹿英姿

“十三五”时期，天津市委、市政府深入贯彻习近平生态文明思想，坚决贯彻落实京津冀协同发展战略部署，不断加强生态环境保护和生态修复建设，统筹生产、生活、生态三大空间，推动生态环境保护发生转折性变化，美丽天津建设取得新成效，在建设生态宜居城市的道路上，实现了新跨越，迎来了新起点。展望“十四五”绿色发展趋势，天津可加快建立健全生态经济体系，巩固环境整治成效，全力推进绿色生态宜居城市建设。

一、“十三五”时期天津的绿色发展成就

“十三五”以来，天津不断在贯彻绿色发展理念上下功夫，基本形成绿色空间格局、产业结构、生产方式、生活方式，生态文明体系更加完善，生态环境持续改善，城乡建设提质扩容。

（一）国土空间开发保护格局得到优化

1. 重要生态系统保护和修复工程稳步实施

“十三五”期间，划定全市生态保护红线总面积1393.79平方公里，生态保护红线空间基本格局为“三区一带多点”①，形成了“山水林湿海”系统保护格局。开展生态保护红线勘界定标试点，累计完成红线区域勘界801平方公里，勘界长度1327公里，已组织埋设界桩209个、标识牌34个。加强生态保护红

① 三区一带多点：“三区”为北部蓟州区的山地丘陵区、中部七里海—大黄堡湿地区和南部团泊洼—北大港湿地区；“一带”为海岸带及邻近区域；“多点”为市级以上禁止开发区和其他保护地。

线监管,组织开展涉及自然生态空间相关工作技术审核,确保重要生态空间得到有效保护。对蓟州区北部山区的矿山修复进行动态监测,建立矿山修复动态监测台账,对蓟州区山区和城区结合部的矿区进行综合治理。

2. 津滨双城之间绿色生态屏障加快构建

为贯彻落实京津冀协同发展战略和党中央、国务院关于生态文明建设的部署要求,2017 年 5 月天津市第十一次党代会提出构建京津冀区域生态体系,在中心城区和滨海新区之间规划建设 736 平方公里绿色生态屏障,用相当于中心城区 2 倍的面积,为京津冀再造一叶"城市绿肺",共建首都"生态护城河"。按照规划要求,2020 年底前,一级管控区 35 个工业园区(集聚区),撤销取缔 22 个,13 个暂时保留的工业园区禁止扩大规模。目前,绿色生态屏障管控地区已初步呈现"大水、大绿、成林、成片"的特色风貌,截至 2020 年 7 月,绿色生态屏障一级管控区内林地面积达到 14.28 万亩,林木绿化率达到 20.4%,蓝绿空间占比提升到 63.5%,区域生态效果已经显现。

3. 湿地生态修复保护不断加强

稳步推进实施湿地自然保护区"1+4"规划①。全市四个湿地自然保护区总面积 875.35 平方公里,占全市国土面积的 7.4%,通过采取湿地修复保护和加强湿地保护管理,积极推进生态移民、土地流转、湿地修复等重点工程,经监测,七里海湿地自然保护区湿地野生植物达到 153 种,且覆盖面积明显增加,6 万亩湿地植被遏制了逐年退化趋势。按照国家级自然保护区标准开展建设管理和保护修复工作,目前四个湿地自然保护区生态保护状况均为优良,随着湿地功能的不断恢复,停留栖息的候鸟数量和种类都明显增多。2020 年北大港湿地观测到的候鸟种类达到 279 种,比 2017 年增长了 12%。七里海湿地鸟类品种由 2016 年的 227 种增加到 2020 年的 258 种,消失十几年的震旦鸦雀、中华攀雀、文须雀等全球性近危鸟类重返七里海。

---

① "1+4"规划,包括:《天津市湿地自然保护区规划》和《七里海湿地生态保护修复规划》《天津市北大港湿地自然保护区总体规划》《天津市团泊鸟类自然保护区规划》《天津市大黄堡湿地自然保护区规划》。

4. 海洋生态恢复修复项目精准实施

优化海岸线的公众亲海功能。开展了“蓝色海湾”整治修复生态廊道、岸滩修复、减排降污、智慧海洋等四大类35项工程,推进天津153公里海岸线生态修复,一方面,积极开展渤海综合治理,补齐近海污染治理短板。启动实施4584项治理工程,开展了上千个入海排口“查、测、溯、治、罚”专项行动,12条入海河流基本消劣。全面实施“蓝色海湾”整治修复规划,建立实施湾长制,实施500米净岸工程,全面改善渤海生态环境。2020年,12条入海河流稳定消劣,近岸海域优良水质面积比例达70.4%,较2017年提高了53.8个百分点。另一方面,统筹岸线、海域、土地利用与管理,提高岸线利用效能。建设完成天津南港工业区人工湿地公园(一期)工程、中新生态城遗鸥公园一期生态建设工程、临港经济区公共岸线生态修复整治工程,打造生态湿地空间和公众亲海岸线。

(二)绿色生产方式初步形成

1. 产业结构调整成绩突出

绿色经济结构加快构建。以服务业为主导的产业结构体系牢固树立,三次产业结构从2016年的1.2∶44.8∶54.0调整优化为2020年的1.5∶34.1∶64.4。不断培育战略性新兴产业,加快对传统产业的高端化改造,解决产业结构偏重问题,石化、冶金、轻纺三大传统产业比重从2017年的44.6%降至2020年的35.9%。“十三五”期间,产业布局不断优化,“钢铁围城”“园区围城”治理取得较大突破。制定实施了钢铁行业结构调整和布局优化规划方案,推进钢铁产业布局集中、产能减量、产品高端、体制优化。开展工业聚集区的提升改造,制定了天津市工业园区(集聚区)围城问题治理工作实施方案,截至2020年,87个工业园区被撤销取缔,关停整治“散乱污”企业2.1万家。钢铁、水泥、有色金属等重点行业稳定达到特别排放限值。

2. 资源能源更加有效节约利用

建设绿色低碳的交通网络、建筑体系和工业体系,从源头减少能耗、物耗和污染物排放。全面推广车用乙醇汽油。天津港大宗散货铁路集疏港占比达到60%。全面推行清洁生产，严控新增耗煤项目审批，新建用煤项目均实行煤炭等量替代。关停整合热电联产电厂周边燃煤锅炉，全市煤炭消费总量控制在4000万吨以下。基本完成燃气锅炉低氮改造，推进钢铁企业超低排放改造和重型柴油车在线监控。积极推动工业节水，加快淘汰高耗水工艺、技术和装备，推广应用先进适用节水工艺、技术和装备。加大农业节水力度，灌溉水有效利用系数由2016年的0.695提高到2019年的0.714，在全国省区排名第三位，高于平均水平15.5个百分点。发挥节能财政资金引导作用，支持余热余压利用、能量系统优化等能效提升项目，推广高效电机、LED照明等节能产品，鼓励采取合同能源管理方式实施节能技术改造。按照"宜气则气、宜电则电"原则实施煤改清洁能源，稳妥有序推进冬季清洁取暖。

3. 绿色制造体系不断完善

"十三五"期间，扎实构建绿色制造体系，加快推进工业绿色转型，涌现出一批绿色制造先进典型。天津经济技术开发区获批成为国家首批绿色园区，凯莱英医药、美克家私、凯诺斯、宏仁堂、经纬辉开等企业获批成为工信部绿色工厂试点，国韵生物材料公司PHA生物降解材料列入国家绿色设计产品，国际工程咨询公司等咨询服务机构入选国家绿色发展评价中心名单。截至2020年11月，全市获批的国家级绿色工厂和绿色供应链管理示范企业数量居全国第二位，已有绿色工厂146家（含国家级58家）、国家级绿色供应链管理示范企业14家、国家级绿色产品33种、绿色园区4家（含国家级3家）、国家级绿色数据中心试点单位4家。绿色工厂工业总产值已突破3000亿元，实现了绿色发展和经济效应的"双赢"。

（三）绿色生活方式成效显著

1. "大绿大美"生活空间深入拓展

坚持保护优先、自然恢复为主，实施重点生态保护和修复工程，提升自然生态系统的稳定性和生态服务功能。"十三五"期间，全市围绕道路、河道、城镇、村落、湿地、郊野公园、沿海地区，结合双城绿色生态屏障建设和全市生态环境建设,实施大规模造林绿化,全市林地面积显著增加,生态系统得到优化,生态环境质量显著提升。截至2019年底,全市林木绿化面积达3365.4平方公里,占陆域国土面积的28.24%,完成“十三五”目标,较2016年提高1.84个百分点,新增林木绿化面积219.3平方公里;森林面积达1438.4平方公里,占陆域国土面积的12.07%,较2016年提高2.2个百分点,新增森林面积267.2平方公里。其中,蓟州区大力实施国家生态储备林项目、京津风沙源治理二期工程和市级重点造林工程,提前一年完成了“十三五”造林任务,累计营造林面积25万亩,截至2019年底,蓟州区林地总面积达到120.43万亩,林木绿化率达53.5%,森林覆盖率达到49.5%。

2. 农村人居环境整治成果丰硕

深入推进“百村示范、千村整治”和农村全域清洁化工程,村容村貌不断提升。启动150个“人居环境整治示范村”建设,改造提升户厕22.7万座、公厕2785座,建成791个村生活污水处理设施,提前一年完成国家畜禽粪污资源化利用任务,建成美丽村庄250个。基础设施进一步提升,维修改造乡村公路522公里,改造农村危房6102户,提前一年完成1342个村电网升级改造,基本实现城乡供电服务一体化。实施新一轮农村饮水提质增效工程,从原来以单村供水为主转变为城市供水管网延伸覆盖为主的供水模式,农村84万人受益。截至2020年12月,“天津市农村人居环境整治三年行动”圆满收官,干净整洁有序美化的人居环境基本形成。农村生活垃圾无害化处理率达到97.4%,现状保留村庄生活污水处理设施覆盖率达到100%,农村卫生厕所普及率达到100%,规模化畜禽养殖场粪污处理设施配套率达到100%,畜禽养殖废弃物资源化利用率达到85%以上。

3. 城乡面貌明显改善

新增城市绿道河西示范段、子牙滨河公园等一批城市公园,海河沿线等夜景品质全面升级,解放桥重要节假日开启常态化,休闲旅游“打卡地”不断涌现。大规模开展国家卫生区、全域文明城市和国家食品安全示范城区创建工作,城市更加文明整洁。西青区成功创建国家生态文明建设示范区,蓟州区成为“绿水青山就是金山银山”实践创新基地。蓟州区2016—2018年重点生态功能区考核全国排名第一,2019 年顺利通过“国家水生态文明示范城市”验收,2020 年获评“国家生态文明建设示范市县”。智慧城市加快建设,移动宽带、固定宽带下载速率均跃居全国第三位。

4. 垃圾分类取得较大成效

全市生活垃圾遵从减量化、资源化、无害化的原则,严格执行分类投放、分类收集、分类运输、分类处置。截至 2020 年 12 月初,全市建成区垃圾分类已覆盖 5513 个小区(340 万户),覆盖率达到 89% 以上,3785 所大、中、小、幼学校已将垃圾分类纳入教育教学体系,覆盖率达到 97% ,5217 家公共机构垃圾分类基本实现全覆盖。2020 年 12 月 1 日全面实施《天津市生活垃圾管理条例》,规范和引导全社会推行垃圾分类制度,让绿色生活理念、绿色生活方式深入人心。

(四)生态环境质量持续改善

扎实推进蓝天、碧水、净土三大保卫战,大幅度降低主要污染物排放总量,持续改善生态环境质量。全市生态环境质量指数(EI)由 2015 年的 49. 72 提高到 2018 年的 70. 23,生态环境质量级别由一般成为良好,生态环境状况稳步改善。从区域分布看,蓟州区、宝坻区生态环境状况始终位居全市前列。

1. 大气污染防治取得显著成效

空气质量持续改善。天津大气环境质量总体保持稳定,2020 年,优良天数 245 天,较 2017 年的 209 天增加 36 天。2019 年,二氧化硫、一氧化碳含量达到国家标准,达到“十三五”规划目标和攻坚战目标要求(见图 1)。大气污染减排方面,2019 年全市二氧化硫、氮氧化物排放量较 2015 年分别下降 29. 1% 和 26. 1% ,重点工程减排量较 2015 年分别完成 4. 8 万吨和 5. 7 万吨,提前完成“十三五”规划目标。2020 年,全市 PM2. 5 平均浓度为 48 微克/立方米,较“十二五”末的 70 微克/立方米下降 31. 4% ,为此,强化细化大气污染防治重点任务 108 项,实行重点结构减排、工程减排、管理减排三大措施。

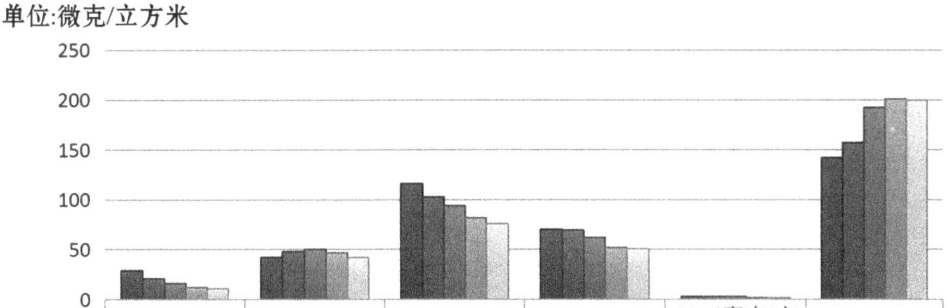

	SO_2	NO_2	PM_{10}	$PM_{2.5}$	CO（毫克/立方米）	O_3
2015年	29	42	116	70	3.1	142
2016年	21	48	103	69	2.7	157
2017年	16	50	94	62	2.8	192
2018年	12	47	82	52	1.9	201
2019年	11	42	76	51	1.8	200

图 1　2015—2019 年环境空气主要污染物浓度变化趋势①

数据来源:2015—2019 年天津市生态环境状况公报。

2. 水环境质量得到明显提升

水体环境不断改善。一是地表水环境质量持续提升。2020 年前三季度,20 个国考断面中,优良水体占比 55%,劣 V 类水质占比 0%,分别优于 2014 年(基准年)30 个百分点、65 个百分点,分别优于“水十条”国家考核目标 30 个百分点、50 个百分点(见图 2)。二是狠抓水污染减排。2019 年全市主要水污染物化学需氧量、氨氮排放量较 2015 年分别下降 15.3% 和 15.1%,完成国家下达的年度水减排目标,主要污染物高锰酸盐指数、化学需氧量、氨氮和总磷年均浓度同比分别下降 8.7%、17.2%、21.5% 和 22.1%,与基准年(2014 年)相比,分别下降 41.1%、53.0%、78.4% 和 68.1%,水环境质量达到近年来最好水平。三是近岸海域水质改善明显。2019 年近岸海域优良(一、二类)水质比例为 81.0%,同比增加 31.0 个百分点,较 2014 年增加 51.0 个百分点,连续 4 年消

---

① SO_2、NO_2、PM_{10}、PM_{254}项污染物为浓度均值,CO 为 24 小时平均浓度第 95 百分位数,O3 为日最大 8 小时平均浓度第 90 百分位数。除 CO 单位为毫克/立方米外,其他污染物单位均为微克/立方米。

除劣四类，主要污染因子无机氮浓度同比下降 13.9%，较 2014 年下降 49.5%。四是黑臭水体治理取得阶段性进展。全市建成区黑臭水体 2020 年一季度整治工作进展顺利，共有 25 条黑臭水体整治工程全部完工并达标；2019 年共完成困难村、集体经济薄弱村 168 条黑臭水体治理主体工程。

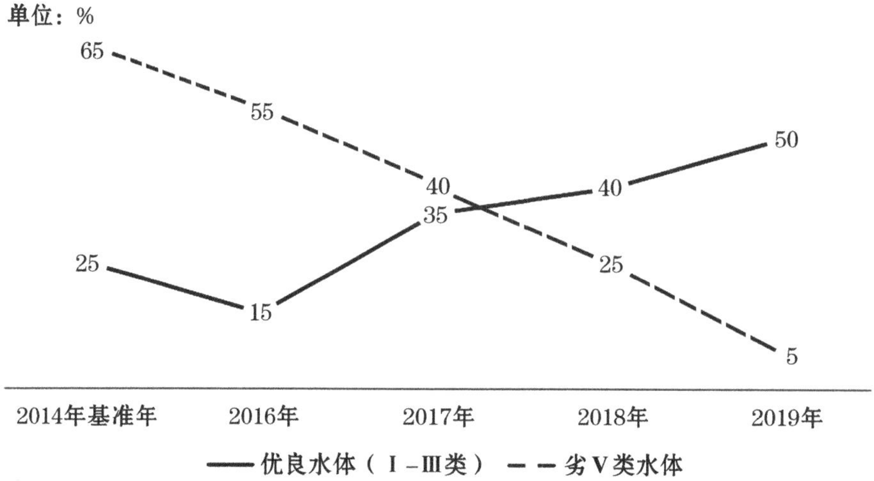

图 2　2014—2019 年优良水体与劣 v 类水体比例变化趋势

数据来源：2014—2019 年天津市生态环境状况公报。

（五）生态保护与环境治理体系加快推进

1. 固废危废管理能力和水平不断提升

“十三五”期间，开展危险废物规范化管理考核，制定《天津市“十三五”危险废物规范化管理督查考核实施方案》。加强危险废物环境风险监管，组织开展危险废物经营单位安全隐患排查行动等一系列专项行动，开展源头管控涉酸涉重金属废水倾倒专项行动，将全市 824 家涉酸涉重金属废水企业纳入污染源及风险清单。开展天津市固体废物管理信息系统应用工作。组织开展电池铅蓄电池生产企业集中收集和跨区域转运制度试点，在全市范围内设立 6 个集中转运点，31 个收集网点。打击固体废物非法转移倾倒行为，制定印发《天津市坚决遏制固体废物非法转移和倾倒进一步加强危险废物全过程监管实施方案》。全市工业固体废物综合利用率达 99% 以上,危险废物实现综合利用、安全处置零排放,危险废物(医疗废物)无害化集中处理处置率达 100%。

2. 环境安全风险防控体系不断完善

健全环境质量监测网络,升级改造大气、水自动监测站点,增设近岸海域监测点位。“十三五”期间,健全突发环境事件应急预案体系,相继建立突发环境事件专项预案体系、核与辐射突发环境事件专项预案体系、重污染天气专项预案体系和水污染突发环境事件专项预案体系。持续推进企事业单位应急预案备案工作。强化突发环境事件联动机制,组织 5 次京津冀联合水环境隐患排查工作,建立京津冀联合水环境联防联控联络工作表,完成 3 次京津冀联合水环境联防联控应急演练工作,构建龙河—凤河和潮白河京津冀水污染联防联控应急预案体系,印发《潮河—白河流域密云水库上游段突发水环境污染事件应急预案》。颁布实施生态环境保护条例、土壤污染防治条例,发布 10 项地方标准、多项实施方案(见下表)。

天津市主要环境法治体系、规划与实施方案

序号	类型	文件名称
1	条例	《天津市生态环境保护条例》
2		《天津市大气污染防治条例》
4		《天津市水污染防治条例》
5		《天津市湿地保护条例》
6		《天津市土壤污染防治条例》

续表

序号	类型	文件名称
7	办法	《天津市水环境区域补偿办法》
8		《天津市湿地生态补偿办法(试行)》
9		《天津市环境保护税核定征收办法(试行)》
10		《天津市碳排放权交易管理暂行办法》
11		《天津市环境保护专项资金管理暂行办法》
12		《天津市湿地生态补偿资金管理办法(试行)》
13		《天津市于桥水库库区生态补偿资金管理暂行办法》
14		《天津市再生水利用管理办法》
15	规划	《天津市湿地自然保护区规划》
16		《七里海湿地生态保护修复规划》
17		《天津市北大港湿地自然保护区总体规划》
18		《天津市团泊鸟类自然保护区规划》
19		《天津市大黄堡湿地自然保护区规划》
20		《天津市双城中间绿色生态屏障区规划(2018—2035 年)》
21		《天津市双城中间绿色生态屏障区水系规划(2018—2035 年)》
22		《天津市双城中间绿色生态屏障区路网专项规划(2018—2035 年)》
23		《天津市“蓝色海湾”整治修复规划(海岸线保护与利用规划)(2019—2035)》

续表

序号	类型	文件名称
24	实施方案和细则	《天津市人民政府办公厅关于印发天津市生态环境监测网络建设工作方案的通知》(津政办发〔2017〕29 号)
25		《天津市人民政府办公厅关于印发天津市近岸海域污染防治实施方案的通知》(津政办函〔2017〕168 号)
26		《天津市人民政府办公厅关于印发天津市工业园区(集聚区)围城问题治理工作实施方案的通知》(津政办发〔2018〕16 号)
27		《天津市人民政府关于印发天津市打好污染防治攻坚战八个作战计划的通知》(津政发〔2018〕18 号)
28		《天津市人民政府关于发布天津市生态保护红线的通知》(津政发〔2018〕21 号)
29		《天津市 2018—2019 年秋冬季大气污染综合治理攻坚行动方案》(津政办发〔2018〕44 号)
30		《市规划局关于印发〈天津市加强滨海新区与中心城区中间地带规划管控建设绿色生态屏障实施细则〉》的通知(规管控字〔2018〕264 号)
31		《天津市人民政府办公厅关于印发天津市海洋生态环境保护实施方案的通知》(津政办函〔2018〕47 号)
32		《天津市人民政府办公厅关于印发天津市加强滨海湿地保护严格管控围填海工作实施方案的通知》(津政办发〔2019〕23 号)
33		《市规划和自然资源局市生态环境局关于印发〈天津市露天矿山综合治理工作实施方案〉的通知》(津规自矿函〔2019〕415 号)
34		《天津市人民政府关于印发天津市永久性保护生态区域管理规定的通知》(津政发〔2019〕23 号)
35		《天津市贯彻落实京津冀及周边地区 2019—2020 年秋冬季大气污染综合治理攻坚行动方案》(津污防攻坚指〔2019〕4 号)
36		《天津市人民政府办公厅关于印发天津市入海排污口排查整治专项行动工作方案的通知》(津政办函〔2019〕33 号)

信息来源:天津政务网。

二、绿色发展存在的制约因素

“十三五”期间，天津绿色发展发生了历史性、转折性、全局性变化，但是仍面临空间格局、产业结构、生产和生活方式转变的问题，整治“散乱污”企业后场地闲置资源还没有得到有效利用，新的发展优势和空间还没有得到充分挖掘。

（一）绿色发展方式有待继续推进

农业绿色发展还面临多重因素的制约。一是缺乏在节水、节肥、节药、畜禽粪污、秸秆和农膜资源化利用的绿色发展支撑体系。二是农产品绿色发展缺乏产业综合竞争力，在绿色生态、高效节水、绿色防控等绿色高效技术上还有待进一步提高和推广。

产业转型升级有待深入推进。第三产业生产总值总体呈平稳上升趋势，而增长率却不断下降，优势产业中石油化工、冶金产业仍占较高比重，在培育产业集群化、高端化、高附加值产品上还有差距，高新技术产业规模偏小，新业态、新模式亮点不多，制造业转型升级迫切需要新的发展动能，推进动能转换过程中在加快形成推动绿色发展上还存在不足。

（二）环境治理设施仍存在短板

农村环境治理设施存在“重建设、轻运行”问题。规模养殖场粪污处理设施装备建设不完善，部分村庄还未建设污水处理设施，生活污水处理能力不足，特别是城乡接合部管网空白区，雨污合流管网和污泥处理处置设施有待继续加大改造和建设力度，同时缺乏对农村人居环境整治工作的日常监督监察。

垃圾无害化处理能力有待持续提升。城市生活垃圾分类收集、餐厨垃圾收集处理能力不足，分类运输系统还不够完善，存在混收混运现象，生活垃圾分类处理体系向农村地区延伸不够。新冠肺炎疫情发生以来，对医疗废物处置、医疗废水处理不容忽视，在管理医疗废物收集、转运和处置以及医疗废水处理设施稳定运行上还需要持续监督。

（三）环境持续改善压力大

环境风险防控和应急能力亟待提高。产业结构调整是个长期过程，受经济下行压力与企业经营困难的影响，污染治理的主观意愿减弱，使得污染反弹压力增大。在工业与生活污染源治理、绿色生态屏障建设和湿地的生态修复上，还要不断创新以防促治、防治并举的监管方式。

生态治理与修复是长期系统工程。经过近几年治理，虽然生态环境质量明显改善，但因天津地处海河流域下游、渤海湾湾底，资源约束紧、产业结构重、排放强度大，入海河流及渤海湾水质改善压力仍然较大。生态系统修复需要因地制宜，在增强湿地、近海海域生态功能和提高生物多样性上，不仅要坚持自然修复，还要不断创新生态修复模式。

三、"十四五"时期天津绿色发展面临的机遇与挑战

"十四五"时期是推进绿色发展、建设生态宜居现代化天津的关键时期，面对国际国内复杂多变的新形势，天津生态文明建设既面临多重战略机遇又面临巨大的挑战，总体来看，机遇大于挑战。

（一）绿色发展迎来多重机遇

1. 科技创新掀起绿色发展浪潮

推行经济、社会和环境可持续发展是全球各国的共同愿景，全球生态环境治理共识已逐步形成。2019 年 12 月欧盟委员会发布《欧洲绿色新政》，明确了 2050 欧洲经济社会全面绿色发展的增长战略，欧盟还将着手制定与绿色发展相契合的经济复苏行动计划路线图。全球主要国家更加注重绿色发展引领，加快关键环保技术的研发和重大研究成果的转化应用，努力改变能源与排放结构，以保障人类和生态健康为目标，深化生态环境治理。全球绿色发展浪潮将有利于驱动天津各企业加速产业转型、加大污染减排力度，推动绿色技术创新，

走上绿色高质量发展的轨道。

2. 人民对绿色生活的期盼日益增长

加强生态环境保护是满足人民日益增长的优美生态环境需要、建设美丽中国的内在要求。展望"十四五",人民对天蓝地绿、山清水秀的优美环境的需求将不断增长,为顺应人民对优美和谐自然生态环境的新期待,我国将突出高质量发展、绿色复苏方向,坚定不移地推进生态文明建设,构建绿色低碳循环发展的现代化经济体系。这将为天津坚持绿色发展理念,打好升级版污染防治攻坚战,开启美丽天津新征程迎来新的动力。

3. 京津冀绿色协同发展步伐不断加快

过去五年,京津冀协同已在交通、生态、产业三个重点领域率先取得突破性进展,尤其在生态合作机制与绿色共建共享方面成效显著。面向"十四五",京津冀将以新发展理念为指导,在更高层次上实现生态环境保护的协同。天津将以更高标准实施"871"生态工程,提高蓝绿空间占比,构筑环首都"生态护城河"。同时进一步与京冀强化生态环境联建联防联治,推广雄安新区生态建设经验,积极推动绿色发展,建设人与自然和谐共生的绿色生态京津冀。

(二)面临的挑战

1. 外部环境不确定性因素增加

当今世界正经历百年未有之大变局,不稳定性、不确定性明显增加,新冠肺炎疫情影响广泛深远,经济全球化遭遇逆流,国际环境日趋复杂。受多因素叠加影响,我国面临二氧化碳排放力争于2030年前达到峰值和努力争取2060年前实现碳中和的承诺。"十四五"是碳发展的关键时期,我国必须大幅削减、淘汰"三高"行业,大力发展绿色低碳产业和各种生态产业,为经济增长寻找新的动能,实现"绿色复苏"。"十四五"时期全市要始终坚持生态优先、绿色发展导向不能动摇,"双碳"背景下如何协调好经济发展与生态环境保护之间的关系对天津提出了重大挑战。

2. 我国生态环保领域存在短板

我国社会经济发展正处于从高速度向高质量发展的转换期,生态环境保护面临的形势依然严峻。我国生态环境质量持续改善存在巨大压力，生态环境保护结构性、根源性、趋势性压力总体上处于高位，以重化工为主的产业结构、以煤为主的能源结构、以公路为主的运输结构没有发生根本改变，环境事件多发频发的高风险态势仍然存在。这些也为天津持续推进生态环境质量改善带来一系列重大挑战。

四、推进天津绿色高质量发展的对策建议

"十四五"期间，全市可围绕加快产业绿色发展、巩固污染防治成果、推进生态修复工程、健全完善激励性生态补偿制度等重点工作，不断厚植绿色发展底蕴，打造绿色生态宜居之城。

（一）推动绿色发展取得突破性进展

一是不断优化提升传统产业。建议以绿色高质量为底色，重点发展现代服务业、绿色制造、都市生态农业等绿色产业体系，制定绿色产业指导目录。结合实际，明确绿色产业指导目录，统筹规划高新技术产业、现代农业、绿色旅游等绿色产业体系，进一步健全绿色产业发展促进机制。二是有效利用"散乱污"整治后的空间，可出台专项扶持政策，鼓励和引导"散乱污"企业进入工业园区，最大限度地减少整治空置期。三是以培育战略性新兴产业为抓手，立足天津产业高端化、绿色化的转型升级需要，围绕产业链布局创新链，提升产业竞争力，推进全产业链绿色发展。

（二）加快补齐环境污染治理的短板

一是统筹城乡建设污水处理设施和配套管网，消除雨污混流串流现象，扩建污水厂建设，增加污水处理能力，加强对农村生活污水处理设施的运行维护和管理，加快推进污泥无害化处置和资源化利用。加快推进生活垃圾分类，配齐配足垃圾收集转运车辆，建设厨余垃圾专业处理设施，实现厨余垃圾分类、专业处理全覆盖。二是创新生态环境监管模式。运用污染源自动监控设施严密

监控企业污染物排放，充分利用在线监测、遥感检测、大数据分析等科技手段，运用“智慧＋”“云服务”“互联网＋政务服务”等环境监管手段，开展“非现场”监测、“不接触”执法、“信息化”监管，不断提升环境监管执法规范化、精准化、信息化水平。

（三）统筹推进生态保护修复工程

一是聚焦控源截污、生态修复、小流域整治等重点工程建设，系统实施湿地、水库生态修复项目，加大绿色生态屏障、“1＋4”湿地保护工作，坚决禁止围填海，全面实施“蓝色海湾”整治修复规划，在生态良性循环上下功夫，提升自净能力，不断巩固湿地修复、渤海污染综合治理保护修复成效。二是开展环境风险隐患排查，做好重点行业环境隐患排查治理制度建立、重点区域环境污染隐患排查、自然保护区环境隐患排查、环境应急管理等重点工作，形成更加完善的规范化和经常化的环境风险隐患排查整治工作机制。

（四）不断拓宽项目资金渠道

一是加强绿色金融政策引导。充分发挥市场机制作用，综合运用土地、规划、金融等多种政策措施，引导各类主体参与生态环境建设，建立健全用能权、用水权、碳排放权初始分配制度，创新有偿使用、预算管理、投融资机制，培育和发展交易市场。二是健全完善激励性生态补偿制度，推广政府和社会资本合作（PPP）模式，充分利用国家开发银行、农业发展银行等政策性银行融资资源以及商业银行信贷资源，借助 PPP 融资、企业自筹、“建设—经营—转让”（BOT）合作等模式，吸引更多社会资本积极参与到绿色生态屏障等项目的投资、建设、运营和管理中来，促进形成多元化的生态保护补偿投融资机制，加强对生态保护补偿资金的使用监管。

加快乡村振兴，促进现代都市型农业新发展

天津市经济发展研究院　周勇

“十三五”以来，全市上下深入学习贯彻习近平新时代中国特色社会主义思想和党的十九大精神，以习近平总书记对“三农”工作重要论述为指导，认真贯彻落实党中央、国务院的决策部署，从天津实际出发，全面落实“十三五”规划各项任务，农业农村持续、稳定、健康发展，为“十四五”期间乡村振兴奠定了坚实基础。

一、“十三五”以来天津农业农村发展情况

（一）“产业兴旺”取得新进展

1. 都市农业发展水平得到新提升

2019 年农林牧渔业总产值达到 414.35 亿元，“十三五”年均增长 2.3%。农业综合生产能力全面夯实，划定 170 万亩粮食生产功能区，粮食总产量达 223.25 万吨，“十三五”年均增长 5.3%。实施百万亩小站稻振兴计划，已完成小站稻核心区 80 万亩，小站稻品种获得全国评选金奖。划定 40 万亩基本保障性蔬菜生产功能区。畜牧业生产保持稳定，牛奶和水产品自给率均达到 100%。农产品质量安全水平进一步提高，建立放心菜基地 236 个，放心肉鸡基地 312 个，放心猪基地 180 个。农产品监测总体合格率达到 99.8%，居于全国前列。创建畜禽标准化示范区 30 个，畜禽粪污综合利用率达 80% 以上。小站稻、沙窝萝卜、茶淀玫瑰香葡萄、宝坻黄板泥鳅入选中国农业品牌目录，策划了市级统一农业品牌“津农精品”。农业科技支撑更加强化。建立良种繁育基地

6 个,建成 10 个中以农业科技合作示范园区,物联网种养应用示范基地超过 800 个。

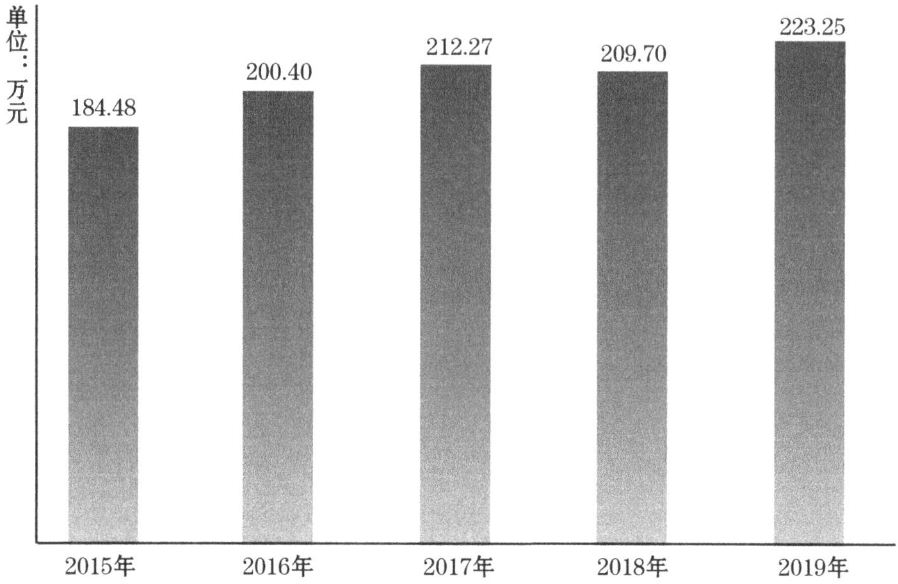

图 1　2015—2019 年天津市粮食产量

资料来源:2016—2019 年天津统计年鉴,天津 2019 年统计公报。

2. 新产业新业态蓬勃发展

"农业 + 旅游""农业 + 文化"等新产业新业态发展良好,创建蓟州、宝坻、武清、西青 4 个全国休闲农业和乡村旅游示范区,打造了 19 个中国美丽休闲乡村,休闲农业带动农民就业近 30 万人。农业会展经济加快发展,成功举办中国奶业大会、世界智能大会智能农业分会、小站稻振兴峰会、国际种业博览会、国际羊业发展高级研讨会。开展"网农对接"系列活动,网上销售的新型农业经营主体和农产品销售额都持续增长。

3. 农村改革迈出新步伐

产业化龙头企业发展壮大,培育国家级农业龙头企业 17 家。农村要素活力充分激活,累计完成 2600 个村集体产权制度改革,建成覆盖市、区、镇、村四级的农村产权交易市场体系,列入全国第二批农村集体产权制度改革整省推进试点。基本完成农村集体资产清产核资专项工作。全面落实承包地“三权分置”,确权登记颁证工作基本完成。构建农业保险制度体系,全市政策性农险险种达 18 个,保费收入 3.57 亿元,提供风险保障 146.65 亿元。

(二)“生态宜居”取得新突破

1. 农村环境整治效果明显

实施清洁化攻坚战,按照村庄、镇域、田园、农户庭院四个层次开展清洁整治。实施农村全域清洁化工程春季、夏季、秋冬季战役,对 22.7 万座户厕、2785 座公厕进行改造提升,建成 791 个村生活污水处理设施,村庄生活垃圾无害化处理率达 96%。建立健全“村收—镇运—区处理”三级垃圾处理体系,按照 5‰人口比例配备村庄保洁员,垃圾收运设施配套率达到 100%。实施“百村示范、千村整治”工程,启动人居环境整治示范村建设。打好面源污染攻坚战,与农业农村部签订《畜禽粪污资源化利用整省推进合作协议》。继续实施化肥农药“零增长”行动,农药化肥使用量持续下降。526 个村达到“六化六有”建设标准,683 个村达到“文明村庄”创建标准。改造农村危房 6102 户,完成 1342 个村电网升级改造,基本实现城乡供电服务一体化。

2. 农村生态修复与保护力度加大

全面推进 736 平方公里双城绿色生态屏障建设,狠抓造林任务,屏障区内污染防治攻坚战治理工程已完工 58 个。完成全国首批生态保护红线划定,加强了 875 平方公里湿地的保护,对七里海、北大港、团泊、大黄堡四大湿地自然保护区按照核心区、缓冲区要求实施分区管控。实施清水工程,重视修复河道、湖泊生态,全面落实河长制。按照绿化美化相结合的原则,对村庄主干路及其他道路进行绿化提升。

(三)“乡风文明”获得新提升

1. 优秀文化进一步弘扬

持续推进习近平新时代中国特色社会主义思想进农村,组建市级和乡镇基层宣讲团，累计宣讲 1.1 万余场。启动“讲述白姓奋斗故事”“新时代新气象新作为”百姓宣讲等群众性主题活动。广泛开展“好公婆、好儿媳、好妯娌”评选活动，引导农民群众传家训、立家规、扬家风，焕发乡村文明新风尚。开展“艺术帮扶结对子”活动，提高基层文化工作者的专业素养。开展“茶淀葡萄文化节”“小穿论坛”“黄庄金秋钓蟹节”等特色文化品牌活动。

2. 文化生活更加丰富

举办首届“中国农民丰收节”，在涉农区举办 5 个系列活动和 30 项系列庆祝丰收节活动。健全公共图书馆总分馆体系，完成 80 个图书馆分馆建设。开展“基层百场行”活动，全年送戏下乡超过 2000 场次。推进全民阅读工作，在《天津日报》《今晚报》开设“津门书香记忆”“文化名家谈读书”“我的书房故事”“读书”“津门读书汇”等专栏、专版及征集评选等活动，同时在“书香天津”微信公众号、龙源等阅读平台开设了“书香天津全民阅读”数字专区。为涉农区新建、更新健身园 900 余个，建设农村健身广场 100 个，创建居民、村民健身会 130 个。加快新时代文明实践中心试点建设，高标准建设 16 个区级融媒体中心。

（四）“治理有效”达到新水平

1. 农村党建和组织工作力度得到增强

村党组织书记和村委会主任全部实现“一肩挑”，且通过法定程序兼任村级集体经济组织、合作经济组织负责人。实行村党组织全职化管理、行政村星级管理，依评星定级兑现村干部工作报酬，“一肩挑”人员年报酬平均达到 7.5 万元。开展以“五查五看”为主要内容的村级组织换届“回头看”，进一步巩固村级换届成果。建立乡村振兴实绩考核评价机制，印发了《天津市涉农区党政领导班子和领导干部推进乡村振兴战略实绩考核意见（试行）》，确定了 56 项考核标准。充实基层干部配备，从市、区两级调剂 2000 多个行政编制和事业编制充实涉农街镇，招录 1019 名农村专职党务工作者，实施“三支一扶”计划，累计招募 1918 人。

2. 农村综合治理水平获得提升

推行以党支部为统领，村委会、村监会、服务站、合作社、保洁队一体化农村基层管理服务体系建设。推进街乡镇综治、信访、司法合署办公，建设社会治理“一张网”。持续推动矛盾纠纷100%排查、100%化解“双百行动”，矛盾纠纷化解率达96.05%。紧抓平安乡村建设，持续推进扫黑除恶专项斗争，打掉涉农地区黑恶团伙302个、涉恶犯罪集团24个，有效打击了涉农地区黑恶势力，850个村达到“平安村庄”创建标准。

（五）“生活富裕”再上新台阶

1. 农村民生得到全面改善

农民人均可支配收入达24804元，“十三五”年均增长7.6%。组织实施第二轮1041个困难村的结对帮扶工作，114个产业帮扶项目已全部开工建设，困难村年集体经营性收入达到30.8万元，同比增长108.1%。强化困难村民兜底保障，1.7万低收入困难村民签约了无偿家庭医生服务，覆盖率达77%。加快推进老旧危陋住房改造工作，完成6000户农村困难群体危房改造任务。

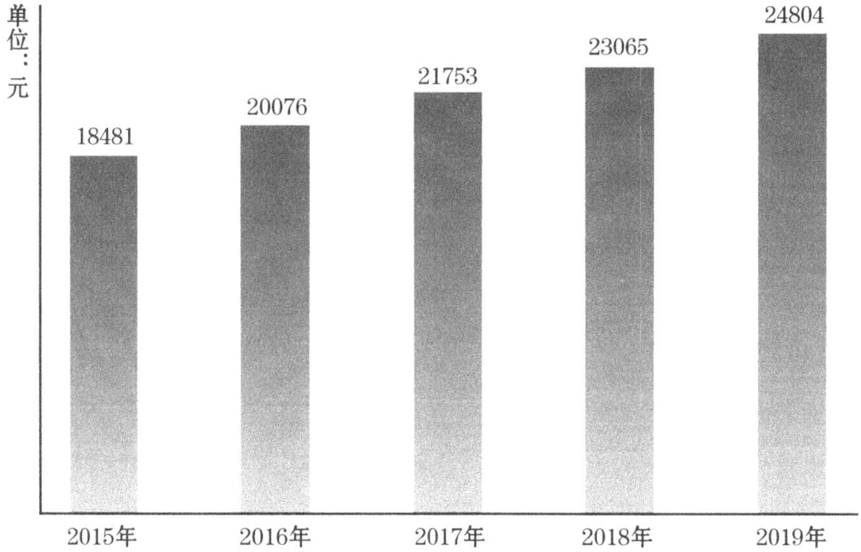

图2　2015—2019年天津市农民人均可支配收入

资料来源：2016—2019年天津统计年鉴，天津2019年统计公报。

2. 农村公共服务保障更加强化

落实义务教育阶段公办学校城乡统一的“两免一补”政策，推进生均公用经费标准统一，建立城区学校和乡村学校结对帮扶机制，进一步提高农村教育质量。加强基层医疗卫生服务能力建设，启动三级医院和涉农区医院对口帮扶活动。提高养老服务水平，在农村地区建设医养结合一体机构 27 家，占全市比重的 50%。统筹城乡社会保障，城乡居民医保基本实现应保尽保，政府补助标准为每人 840 元，高于国家人均标准 320 元。“十三五”期间连续提高城乡居民基础养老金、老年人生活补助标准和征地参保人员待遇。

二、天津市乡村振兴存在的问题

（一）现代都市型农业发展水平有待提高

1. 农业生产效益有待提升

一是品牌建设力度有待加强。2019 年第五届中国农业品牌年度盛典发布的“中国农产品百强标志性品牌”，天津仅有武清果蔬、小兔拔拔 2 个品牌入榜。二是农业龙头企业数量不足。2019 年农业产业化国家重点龙头企业名单中，天津仅有 17 家农业企业入选，相对而言，北京市、上海市、重庆市分别有 43 家、24 家、41 家入选。①

（二）乡村环境治理任务依然艰巨

一是资源环境约束较大。2019 年天津市降水量为 436.2 毫米，仅为全国平均降水量的 67%；天津市人均水资源拥有量为 51.9 立方米，仅为中国人均水资源拥有量的 2.5%②，水资源匮乏严重制约了现代都市型农业的发展。污

① 数据来源于中华人民共和国农业农村部网站。

② 数据来源于 2019 年中国水资源公报，2019 年中国、天津国民经济和社会发展统计公报。

水灌溉污染、农药污染、化肥污染、畜禽粪便污染以及农用薄膜污染等带来的土壤环境安全问题仍需要关注。二是生态基础设施有待投入。乡村人居环境短板仍然存在，部分村庄依然存在农村垃圾、厕所粪污、生活污水、黑臭水体（河流）等问题。农村生活污水、生活垃圾处理设施，养殖尾水治理、畜禽养殖废弃物综合利用处理设施，交通、水利、能源等农村基础设施建设管护都需要较大投入。

（三）农村民生保障水平仍然有待提高

一是城乡居民收入不平衡现象依然存在。虽然从全国来看天津市城乡收入差距处于较低水平，但是城乡收入差额仍逐年增长。二是农村公共服务水平依然偏低。农村交通、卫生等基础设施建设水平依然不高，教育、养老、医疗等公共服务与城区差距明显。

三、天津市乡村振兴的愿景和路径

天津市在当前农业农村发展成就的基础上，应力争到2022年部分涉农区率先基本实现农业农村现代化，到“十四五”期末全市基本实现农业农村现代化。

（一）天津市乡村振兴的愿景

全面完善农村现代产业发展体系、乡村生态环保体系、乡村文化体系、现代乡村治理体系、农民民生保障体系。现代都市型农业发展水平不断提高，农业科技进步贡献率持续提升，产业融合发展取得新成就；美丽乡村建设持续推进，农村人居环境质量全面提升，双城中间绿色生态屏障全面建成，生态环境明显好转；乡村优秀传统文化得以传承和发展，农民的精神文化生活更加丰富；以党组织为核心的农村基层组织建设进一步加强，现代乡村治理体系基本构建完成，乡村自治、法治、德治结合更加充分有效；城乡基本公共服务均等化水平持续提高，城乡居民收入和生活水平差距进一步缩小，农村对人才的吸引力大大增强。

(二)天津市乡村振兴的路径

坚持和加强党对农村工作的领导,着力完善城乡融合发展体制机制和政策体系,进一步深化农业农村改革,发挥市场在资源配置中的决定性作用,坚持农民主体地位,将天津市乡村振兴放在京津冀协同发展的大格局中谋划和把握,全面推进乡村振兴。

振兴乡村经济,推动产业振兴。围绕农业供给侧结构性改革和现代都市型农业发展,聚焦产业升级和绿色引领,推动乡村一二三产联动发展,做强主导产业,做精特色产业,发展新产业新业态,探索有天津特色的乡村产业振兴之路。

加大乡村人力资本开发,推动人才振兴。打造扎根乡村的新型职业农民队伍、心系乡村的农业科研人才队伍、情系乡村的教育医疗文化人才队伍、德才兼备的乡村治理人才队伍。

弘扬社会主义核心价值观,推动文化振兴。加强农村思想道德建设,深入开展群众性精神文明创建活动,传承弘扬乡村优秀传统文化,推进农村公共文化建设,增强乡村振兴凝聚力。

建设美丽乡村,推动生态振兴。践行“绿水青山就是金山银山”理念,推动生产、生活、生态“三生融合”发展,建设生活环境优美、生态系统健康、人与自然和谐共生的美丽乡村。

健全现代乡村治理体系,推动组织振兴。全面加强农村基层党组织建设,健全自治、法治、德治相结合的乡村治理体系。

四、推进天津乡村振兴建设的对策建议

(一)振兴乡村经济,实现“产业兴旺”

1. 推动现代都市型农业转型升级

一是优化农业产业结构。夯实粮食生产基础,坚守耕地红线,加强永久基

本农田建设；稳定“菜篮子”产品供给，稳定生猪生产，保障蔬菜产品供应；优化农业生产格局，建设各涉农区的特色优势产业区。二是打造高端小站稻品牌。确保品质优异、产量稳定，实现小站稻从良种繁育、生产种植到加工销售全过程标准化管理，全市小站稻种植面积达到100万亩。三是强化提升农产品品质。加快打造以区域公用品牌、企业品牌、特色农产品品牌为重点的农业品牌体系；完善农业质量标准体系，保障农产品质量安全。四是推动农业协同开放发展。加强京津冀农业在市场信息、渠道互通、动植物检验检疫、农产品质量监管等方面的合作，支持有条件、有实力的农业企业赴海外发展。

2. 完善乡村现代产业体系

一是提升农产品加工业发展水平。鼓励优势、特色农产品产区积极发展农产品产地初加工和农村特色加工业，大力发展主食加工、调味品加工、食品精深加工、净菜加工等城市服务型农副食品加工业。二是升级农村商贸流通业。实施“互联网+”农产品出村进城工程，加强区域性农产品产地市场和集散地市场建设，加快发展农村电子商务，培育壮大本地生鲜线上线下企业。三是发展休闲农业和乡村旅游业。发展“农业+旅游”“农业+文化”“农业+健康”等新兴产业，打造一批高端休闲农业基地、田园综合体。四是打造产业融合发展平台。建设产业融合示范园区，培育一批产业融合发展龙头企业，创建一批特色小镇，建设一批特色鲜明、产村融合发展的特色村庄。

3. 强化农业科技支撑能力

一是提升农业科技创新能力。加强农业科技研发工作，加强基层农业技术推广体系建设，构建基础性公益性研究和商业化育种相结合的现代种业科技创新体系。二是推进农业智能化发展。深化农业资源数据整合，健全耕地基本信息数据库。农业农村水资源数据库、农业气象数据库。以智能畜牧、智能水产、智能园艺、智能种业和智能农机等领域为重点，加大“5G+物联网”、人工智能等技术应用和推广力度。

（二）建设美丽乡村，实现“生态宜居”

1. 推动农业绿色发展

一是注重资源保护与节约利用。严格管理水资源使用，加强农业节水政策和机制建设；严守耕地红线，落实永久基本农田特殊保护制度，探索并推广粮豆、粮菜饲粮等轮作制度；强化渔业资源保护和动植物种质资源巡查巡护工作。二是实施农业清洁生产。推进化肥农药减量增效行动，深入实施秸秆禁烧制度和综合利用，加快推进农业废弃物和农林产品加工剩余物资源化利用，加强畜禽粪便综合利用，加强土壤污染治理。

2. 持续改善农村人居环境

一是持续推进垃圾治理。按照“缺什么、补什么”的原则，补足配齐村庄垃圾收运设施；适时启动农村垃圾分类投放管理责任人制度。二是持续推进污水治理。因地制宜采用污染治理与资源利用相结合的模式，推进生活污水处理设施建设；探索多个村或城镇大区域打包，实现规模效益，鼓励更多大企业进入农村污水市场；将农村水环境治理纳入各涉农区河长制、湖长制管理。三是深化厕所革命。建设无害化卫生厕所，实现卫生户厕全覆盖；建立卫生厕所建、管、用并重的长效管理机制。四是美化村容村貌。科学规划村庄建筑布局，推进美丽乡村示范村（镇）建设。

3. 加强乡村生态保护与修复

一是健全重要生态系统保护体系。加快滨海新区与中心城区之间总面积736平方公里的绿色生态屏障区建设，打造七里海、北大港、大黄堡、团泊四个湿地自然保护区升级版，打好渤海综合治理攻坚战。二是完善生态补偿机制。推动重要生态区域生态保护补偿全覆盖，推动实现生态资源价值，大力发展循环经济、生态修复产业和节能环保产业。

（三）繁荣乡村文化，实现“乡风文明”

1. 推进农村文化软实力建设

一是因地制宜发展农村文化产业。依托运河文化、漕运文化和码头文化等文化资源,引导农业生产经营者将农产品与文化、艺术创意相结合,打造一批集农业观光、休闲娱乐、农耕活动体验于一体的功能丰富的农耕文化园区。二是加大农村文化遗产保护力度。全面深入推进农村文化遗产普查,加强对农村传统文化资源特别是非物质文化遗产的保护。三是抢救性挖掘传统村落文化遗产,发展传统村落居民参与提供在地服务的产业。四是传承保护好传统节日文化,推陈出新传统节日中的民俗文化活动。

2. 大力加强农村文化基础设施建设

一是加强村级文化活动场所的规范化建设。坚持有效利用和综合利用原则,将村综合文化活动中心、农家书屋等服务群众场所建设成为党员教育中心、科技培训中心。二是加强乡镇(街道)基层综合性文化服务中心和村(社区)基层综合性文化服务中心建设,推动公共文化信息资源共建共享。三是推进乡村文化资源数字化建设,加强数字图书馆、公共电子阅览室等公共数字文化服务平台建设。

(四)振兴基层组织,实现“治理有效”

1. 以自治为基,消化矛盾

一是完善村民自治制度。村民议事过程坚持公开公正原则,建立健全村务监督委员会,实现村务事项事前、事中、事后全过程公开。二是提升村民自治水平。提升农村社区管理服务水平,提升农村社会工作和志愿服务工作水平。

2. 以法治为本,定分止争

一是增强村民法治意识。加大法治宣传教育力度,引导全体村民自觉守法。二是加强农村司法队伍建设。推动基层综合行政执法改革,加强基层执法队伍建设,加大对农民的法律援助和司法救助力度。三是健全依法维权和化解纠纷机制,完善民意反映和回应机制,重视网络民意,促进信访与调解对接联动。

3. 以德治为先,春风化雨

一是发挥道德教化作用。以社会主义核心价值观为指导,改造农村熟人社会道德规范，发挥社会主义道德的引领作用。二是发挥村规民约作用。出台村规民约指引，全面开展修订完善村规民约活动，弘扬公序良俗。三是促进乡村移风易俗。抓好党员带头和村民自治两个关键环节，反对和抵制封建迷信、陈规陋习、奢侈浪费以及腐朽落后文化侵蚀，积极引导广大村民崇尚科学文明。

（五）持续改善民生，实现“生活富裕”

1. 促进农民增收致富

一是增强农民农村产业融合发展的增值收益。在乡村产业融合发展项目中，加大保障农民以土地、房屋、资金、劳动、技术、产品等形式参与获取的收益力度。二是激发农村创新创业活力。鼓励和支持农民在乡村特色产业领域创业，加大对返乡农民创新创业政策的支持力度，支持青年农民返乡创办农民合作社、家庭农场等。三是加大农村劳动力就业培训力度。大力推行覆盖农村劳动力在内的城乡劳动者终身职业技能培训制度，切实提高农村劳动力的稳定就业和岗位适应能力。四是保障农村劳动者的合法权益。完善农民工工资支付预防和保障机制，扩大工会组织对农民工群体的服务覆盖面，畅通农民工维权渠道。

2. 提升乡村公共服务水平

一是大力发展农村教育。推进城乡教育资源均衡配置，扩大农村学前教育覆盖面，提高农村义务教育建设标准，增加优质高中农村招生学位数量。二是推进健康乡村建设。实施基层医疗卫生队伍提升计划，推进农村基层医疗卫生服务全覆盖，加大传染病和慢性病的防治力度。三是完善农村养老服务体系。推进养老服务与医疗服务相结合，大力加强乡镇养老照料中心、农村幸福晚年驿站和邻里互助点建设。四是推进城乡社会保障制度建设。扩大城乡居民养老保险覆盖面，继续提高城乡居民基本医疗保险保障水平，扩大企业职工保障适用范围，确保在农业企业、合作社、家庭农场等单位就业的职业农民同等享受到企业职工保障待遇。

3. 完善困难帮扶机制

一是持续帮扶低收入农户。突出可持续性帮扶，利用招商引资和财政资金扶持产业项目，为低收入农户提供就业机会。二是系统帮扶，由单纯促进增收转为解决低收入农户的教育、医疗、住房等在内的系统困难。三是扩大帮扶范围。将帮扶范围低收入群体扩大到支出性贫困群体。四是加强精神帮扶。提升贫困户主观能动性，积极宣传脱贫致富先进典型事迹，发挥带动示范效应。

（六）深化农村改革，突出制度保障

1. 突出党建引领

一是加强党的领导。把乡村振兴作为“一把手”工程，全面落实五级书记抓乡村振兴责任制。二是狠抓村党组织领导班子建设。稳定村党组织领导班子，逐步优化结构；加强基层干部培训，提高其政治觉悟、政策水平和领导能力；抓好村级后备干部的选拔、培养和管理工作，指定专人进行培养教育。

2. 分类规划发展

统筹考虑天津市乡村的禀赋、现状，将天津市村庄划分为四种不同类型。

集聚提升类村庄。包括现有规模较大的中心村和其他仍将存续的一般村庄，是乡村类型的大多数和振兴重点，应积极改造升级。

城郊融合类村庄。环城区的村庄具备成为城市后花园和转型为城市的条件，应明确乡村管理机制和责任主体，加强城市资金、技术、人才等要素向其流动。

特色保护类村庄。特色保护类村庄应在保护基础上进行适度开发，适度发展特色旅游业，也可发展休闲农业、养老公寓、民宿经济等特色经济，对具有特色的村庄要开展有针对性的规划，突出特色。

偏远地区村庄。蓟州、宁河等偏远涉农区，交通、物流、信息、人才相对缺乏，需要从基础设施入手，抓好对农民的培训工作，发展农村电商新经济，让地处深山或偏远农村的生态资源、特色产品产生效益。

3. 加强资金保障

一是加大财政保障力度。明确乡村振兴战略财政投入制度，确保公共财政投入力度不断增强；调整土地出让收入分配收益，提高土地出让收入用于农村的投入比例;建立涉农资金统筹整合长效机制,增加区、乡镇自主统筹空间。二是加强金融支农力度。推出奖励政策,支持金融机构加大支农服务力度,出台金融机构服务乡村振兴考核评估办法,鼓励金融机构开展农村金融产品创收。

4. 推进农村土地制度改革

一是根据新土地管理法,系统总结蓟州区集体经营性建设用地入市改革试点的经验,推广集体经营性建设用地入市。二是改进土地征收补偿标准,不再以年产值倍数法确定土地补偿费和安置补助费,改为综合考虑土地区位、供求关系等因素,制定区片综合地价作为补偿标准。三是探索宅基地所有权、资格权、使用权"三权分置"改革。支持农村集体经济组织及其成员盘活利用闲置宅基地和闲置住宅,发展休闲观光和健康养老等新产业。

5. 发展农村集体经济

一是全面推进农村集体产权制度改革。在农村土地承包经营权确权登记颁证工作已全部完成的基础上,开展农村集体资产清产核资工作,统筹考虑历史和现实因素完成集体成员身份确认工作,科学确定股份量化系数推进集体经营性资产的股份合作制改造。二是完善集体经济扶持政策,设立村集体经济发展专项扶持资金,在土地政策上向集体经济倾斜,给予集体经济优惠税费政策等。

参考文献:

[1]尹晓丹:《天津市实施乡村振兴战略存在的问题及对策建议》,《天津农业科学》2019 年第 4 期。

[2]许汉烈:《浅谈如何加强农村基层党建工作》,《现代企业文化 · 理论版》2008 年第 9 期。

[3]刘海涛:《乡村振兴视角下农村扶贫问题与对策研究》,《中国乡镇企业会计》2020 年第 10 期。

开放篇

建设高水平自由贸易试验区

天津市经济发展研究院　袁进阁、穆瑞章

天津自贸区是中央政府在天津设立的区域性自由贸易园区，是我国北方第一个自由贸易试验区，也是继中国（上海）自由贸易试验区之后，中央政府设立的第二批自由贸易试验区之一。"十三五"期间，在全球经济金融出现新变局的形势下，天津自贸区认真贯彻落实习近平总书记、李克强总理关于自贸试验区建设的重要指示批示精神，在市委、市政府领导下，以制度创新为核心，以可复制、可推广为基本要求，以风险防范为底线，扎实推进各项试点任务，紧紧围绕国家战略进行差异化探索，改革创新取得明显成效，开放红利逐步释放，为推动天津经济高质量发展起到重要作用。展望"十四五"，天津自贸区在国内国际双循环相互促进的新发展格局下，在推进创新发展、打造便利化营商环境、增强区域辐射带动能力、加强对先进制造业研发基地的支撑等方面将有更深入地推进，发挥更大的引领和推动作用。

一、"十三五"天津自贸区建设的进展与成效

天津自贸区自2015年4月21日正式挂牌以来，以投资贸易便利化、制度创新、对外开放、产业培育和服务国家战略等为重点，积极开展试点探索，创新不断迈出新步伐。

（一）制度创新取得明显进展

1. 试点任务实施率高，复制推广效果明显

"十三五"期间，天津自贸区的改革任务主要集中在加快政府职能转变、扩

大投资领域开放、推动贸易发展方式转变、深化金融领域开放创新等领域。5年来,《中国(天津)自由贸易试验区总体方案》90项任务基本完成。《进一步深化中国(天津)自贸试验区改革开放方案》确定的128项改革试点任务已完成123项,任务实施率达到96%。累计实施445项改革措施,向全国复制推广37项,向天津市和相关区域复制推广230项经验案例,覆盖投资管理、贸易便利化、服务业开放、金融创新、事中事后监管、人力资源改革等多个领域。2020年7月,国务院发布自贸区第六批共37项全国复制推广试点经验,天津自贸区"融资租赁+汽车出口"业务创新、货物贸易"一保多用"管理模式等10项经验入选,入选数量最多,集中体现天津特色产业集聚发展、贸易通关优化创新等工作成效,在制度创新方面的试点先行作用进一步突出。

2. 营商环境持续优化,贸易便利化水平提升

建立起准入前国民待遇加负面清单的外商投资管理模式,不断缩小负面清单涉及的产业和减少限制措施数量,自贸试验区外商投资准入负面清单从最初的190条缩短到2020年版的30条。同时,转变政府职能,"放管服"改革不断深化。率先实现"一颗印章管审批""一址多证""证照分离"改革全覆盖,推进信用承诺审批分级管理,探索"放管服"改革的天津样本。截至2020年5月,累计新登记市场主体68199户、注册资本2.28万亿元,是设立前历年登记市场主体的近3倍。贸易投资更加便利,建成高水平的国际贸易"单一窗口",实施海关区块链验证系统、船边直提等100多项通关监管创新措施,进、出口通关时间分别下降至36.8和3.27小时,通关效率在全国口岸中名列前茅。3亿美元以下境外投资项目由核准改备案,累计新增外资企业2740户,利用外资108亿美元。

3. 开放效应不断扩大,辐射带动作用逐步提升

国内外市场主体持续涌入,总部经济集聚效应明显,市场体系不断完善,产业业态日渐丰富,贸易投资规模持续增长,对周边地区经济发展的辐射和带动作用日益提升。天津自贸试验区自挂牌以来,累计新增外资企业2707户,实际利用外资达100.17亿美元,年均增长约15%,累计实现进出口贸易额11029.23亿元人民币;自挂牌以来至2020年5月,区内主体新开立本外币账户

8.5 万个,办理跨境收支 2219 亿美元,跨境人民币结算 4346 亿元。2019 年,天津自贸区用占全市 1% 的面积创造了占全市 10% 的地区生产总值、46% 的实际利用外资、1/2 以上的对外投资和近 1/3 的外贸进出口额。金融开放稳步推进。自贸账户政策获批实施,截至 2020 年 5 月末,为 562 家企业办理业务 59494 亿元。跨境双向人民币资金池、外币资金集中运营管理等措施取得显著成效。

4. 体制机制不断优化

自贸区管委会与滨海新区政府合署办公,实现制度创新与发展需求的紧密衔接。市委、市政府出台《关于推动中国(天津)自由贸易试验区管理委员会体制机制创新的意见》,设立专司制度创新的创新发展局;管委会办公室与区发改委合署办公,统筹全区力量推动改革创新。三个片区实行法定机构改革,增设自贸工作局。区法院政务办、市场监管局先后加挂自贸区牌子,强化自贸区与滨海新区的协同联动。

(二)产业培育成效显著

1. 融资租赁领跑全国

在全国率先制定融资租赁监管办法,解决租赁资产交易、海关异地监管、税款担保方式、申报通关等产业发展中的难点、堵点。先后开发出离岸租赁人民币跨境结算等近 40 种租赁交易结构。近年来,天津自贸试验区内租赁飞机、国际航运船舶、海上石油钻井平台数量均占全国的 80% 以上,天津自贸试验区已经成为继爱尔兰之后全球第二大飞机租赁聚集地,截至 2020 年 5 月底累计完成 1614 架飞机租赁业务,租赁资产累计 954.5 亿美元,业务规模继续保持国内领先优势,租赁已经成为天津自贸区的亮丽名片。

2. 商业保理创新活跃

落地创新措施,打造商业保理产业群落。建成全国首家自贸保险产业园,截至 2020 年 5 月末,已汇聚基金、保险和小贷等各类金融机构 470 余家,其中外资金融机构 210 余家,持续撬动高端外资外贸项目入区;探索开展国际保理、再保理业务，保理企业已达 700 余家，业务规模超过 1000 亿元；在北方率先推广自由贸易（FT）账户落地，已有民生金融和便利蜂等企业开立 FT 帐户 523 户，结算金额 137.6 亿元。

3. 平行进口汽车形成全产业服务链

率先成立市平行进口汽车试点工作协调小组，首创“试点平台 + 试点企业”的模式。2018 年天津自贸试验区平行进口汽车政府服务和管理平台正式上线运营，截至 2019 年底已有 30 万辆平行进口汽车相关的许可证、清关、检验及销售数据纳入平台统计。积极争取国家部委支持，建成国内首个平行进口汽车服务中心和首个整备中心，协助试点企业解决平行进口汽车许可证在津申领、平行进口汽车当天销售当天办理临牌等各类问题 20 余个。口岸实现企业申报后当日放行、集装箱当日回空，仅此一项可节省 4 天滞箱时间，每车平均节约物流成本 800 元。2019 年平行进口汽车 8.4 万辆，进口额 3034 亿元，均占全国的 60% 以上。2020 年上半年，天津口岸进口平行汽车 38416 辆，进口额 132 亿元，分别占全国的 62% 和 65%。

4. 保税维修再制造蓬勃发展

推动保税维修落地实施。在全国率先开展飞机离岸租赁对外债权登记业务和共享外债额度便利化两个试点。支持庞巴迪、古德里奇等企业在天津自贸试验区内探索开展航空维修和再制造业务。出台在自贸试验区开展保税维修和再制造业务的实施办法，将我市自贸试验区内开展保税维修的业务范围从航空设备维修领域延伸拓展到船舶工程机械、数控机床、通信设备维修领域。截至 2020 年上半年，天津已有 3 家企业开展航空保税维修、2 家企业开展船舶保税维修、1 家企业开展通信设备保税维修。2019 年，共 21 架次飞机、5 艘船舶开展保税维修。2020 年上半年，共 12 架次飞机、2 艘船舶开展保税维修，已成为亚太地区重要的保税维修基地。

5. 跨境电商持续高速增长

制定适应跨境电商的进出境申报、商品归类等管理体系；探索创新简化入区申报、先理货后报关、身份证认证等跨境电商监管流程；建立完善重点商品质量风险信息采集、评估、预警处置体系，打造跨境电商完整生态圈。中信保天津分公司、跨境电商、外贸综合服务企业三方合作，创新出台全国首个针对跨境电商零售出口的信用保险政策。在线上，建设跨境电子商务综合服务平台，已实现进出口四种模式全覆盖，同时我市成功获得全国首批跨境电商 B2B 出口监管试点资格。在线下，自贸试验区共建设 5 个跨境电商创新试验区，实现错位集聚、优势互补，2020 年上半年，全市完成跨境电商进出口申报订单 1426.41 万单，同比增长 16.19%，实现销售金额 23.44 亿元，同比增长 9.18%；完成跨境电商零售出口 82.06 万单，实现销售额 2581.09 万元。

（三）服务国家战略成效凸显

1. 构建京津冀国际贸易大通道

以京津冀等经济腹地货主需求为导向，着力推动航运制度创新和航运要素自由流动，推动由贸易通道向贸易中心迈进，更好地服务世界一流智慧港口、绿色港口建设。率先实施京津冀区域通关一体化改革和京津冀 144 小时过境免签政策，为全国通关一体化贡献经验；服务京津冀企业国际贸易，发挥跨境本外币资金池、FT 账户等跨境投融资综合功能优势，打造央企创新型金融板块承载地和跨境投融资枢纽。五年来，70 多家央企在区内设立超过 400 家创新型金融企业，中交建、中铁建、北方车辆等一批企业设立功能总部，承接非首都核心功能疏解项目超过 600 个，新增市场主体中京津冀企业超过 50%。

2. 服务京津冀高质量开放型经济发展

支持自贸试验区境外办事机构建设，成立“一带一路”综合服务中心，加强中巴合作和中蒙俄经济走廊建设，与韩国仁川自由经济区签署战略合作协议。建立与“一带一路”沿线特殊经济区的战略协作关系，开展国际产能合作，积极打造“京津冀 + 一带一路”海外工程出口基地。设立总规模 100 亿元的京津冀产业结构调整引导基金，积极探索离岸租赁、国际保理、物流金融、医疗健康、数字经济、跨境电商、二手车出口等创新业务。率先落实国家关于银行、证券、保险等金融业扩大开放的工作部署，推进京津冀金融同城化，充分发挥自由贸易（FT）账户作用，更好地满足京津冀企业国际业务的需求。

3. 强化京津冀改革创新协同联动

在挂牌之初，天津自贸试验区就专门下设服务京津冀协同发展推进小组，制定实施《天津自贸试验区服务京津冀协同发展的八项措施》《天津自贸试验区服务京津冀协同发展工作方案》等重点文件，探索京津冀地区联动发展经验。近年来，天津更是积极加强与河北自贸试验区、北京服务业扩大开放的对比试验、互补试验，梳理发布可在京津冀推广的试点经验案例，推动与北京市、河北省相关产业园区开展深度合作，共同打造协同开放的载体。截至 2020 年 5 月末，共总结推出 178 项可与京津冀地区联动发展的经验案例，70 项服务京津冀协同发展的创新措施全部落地。与此同时，天津自贸区与河北自贸区签署落实战略合作框架协议，积极支持雄安新区建设，开展天津自贸区服务雄安新区战略研究。

二、天津自贸区三大片区产业发展概况

天津自贸试验区总面积为 119.9 平方公里，主要涵盖三个功能区，即天津港东疆片区、天津机场片区以及滨海新区中心商务片区。其产业发展规划与基本布局是：天津港东疆片区主要着眼于航运物流、国际贸易和融资租赁等功能；天津机场片区是航空产业、装备制造业、物流与金融创新为主；滨海新区中心商务区则侧重金融、科技互联网、国际贸易与跨境电商的发展。在“十三五”时期的建设发展过程中，三个区域发挥各自优势，逐渐形成三区优势互补、共同发展的态势。

（一）天津港东疆片区

天津港东疆片区是北方国际航运中心和国际物流中心的核心功能区。得益于自贸区改革创新提供的不竭动能，过去五年东疆片区生产总值由 80 亿元增长到 450 亿元，年均增长 40%；税收由 38 亿元增长到 245 亿元，年均增长 45%；一般公共预算收入达 79 亿元，税收占比保持在 95% 以上，处于国内领先水平；外贸进出口总额居全国保税港区前列。重点培育的融资租赁、国际贸易、

航运物流三大产业在激烈的竞争中成长壮大，商业保理、资产管理、平台经济、医疗健康、文化旅游、智能科技等新兴产业快速聚集，产业形态日趋多元。

1. 航运物流

片区内的东疆港是我国第一个实施国际船舶登记的船籍港，2011 年 5 月国务院批复《关于天津建设北方国际航运中心的建设方案》，确定以片区内的东疆保税港区为核心功能区建设北方国际航运中心，探索建立自由贸易港区。“十三五”期间，港区航运物流载体逐渐完备，仓储硬件设施日益完善，已拥有多个 10 万吨级保税集装箱泊位和散货泊位，以及客轮泊位和海铁换装中心，有效支撑了北方国际航运中心核心区的物流功能，助力形成京津冀物流协同发展的新格局。

2. 国际贸易

以建设国家进口贸易促进创新示范区为契机，天津港东疆片区不断扩大开放，努力聚合全球资源，推进采购分拨配送、保税展示交易、贸易便利化和融资创新服务四大平台建设，实现创新型贸易模式在东疆聚集，如跨境电商、保税租赁、期货保税交割、大宗商品现货交易、海运快件、平行进口汽车、生鲜、特药、红酒和境内外保税维修等。利用自身优势为周边地区提供面向国际的通道，促进外向型产业发展。

3. 融资租赁

天津自贸区是国家批准的租赁创新示范区，融资租赁产业在天津港东疆片区一直是领先全国发展的优势产业。先后创新租赁模式 40 余项，租赁资产超万亿，租赁标的物涉及飞机、船舶、海工平台和新能源等国民经济重要领域，成为业界公认的“东疆模式”，形成集政策、创新、服务于一体的全产业生态链，持续引领着我国租赁产业的发展。

（二）天津机场片区

天津自贸区成立五年来，天津机场片区坚持以制度创新为核心，各项改革创新措施落地见效，实现多领域“零”的突破。在全国首推最简告知承诺制，实现行政许可事项“全承诺、无审批、签字即办结”。全力推行“放管服”改革，承接市级下放权力事项 437 项，平均承诺办理时限 6 天，提速 78%，进一步释放市场的经济活力。大力发展航空航天、装备制造、新一代信息技术等高端制造业，以及航空物流、保税维修等现代服务业，各项工作持续取得进步。

1. 航空产业

以空客总装线、中航直升机为龙头，以中国民航科技产业化基地为载体，带动飞机零部件生产及相关研发、销售、维修、物流和金融租赁等行业发展。260 多家国际知名航空企业进驻，涉及研发设计、零部件配套、部件制造、飞机组装、航空维修、航空培训和航空物流等领域，初步形成总装、配件、维修和融资租赁等航空全产业链。航空物流、临港物流产业群也在起步发展。

2. 装备制造业

以生产制造汽车零部件、电力装备、工程机械和专用设备为主，已聚集美国卡特彼勒、GE 医疗、阿尔斯通水电、意大利扎努西、英国久益环球、柳工机械和特变电工等国内外知名精密机械制造企业，先进制造业年产值已达 414.7 亿元、增长 11.8%。今后空港片区将形成以关键核心零部件为基础、高端成套装备为主体、新兴装备产业为引领的高端装备产业体系。

3. 现代服务业

以国际贸易、现代物流、新型金融、科技研发、信息服务和总部经济为主，天津机场片区已形成国际货物大进大出的绿色通道和国际商品的重要集散地，拥有汽车、稀有金属、矿产品、煤炭、石油和化工材料等十几个世界大宗商品交易市场。跨境电商单量突破 1600 万，限上贸易企业已达 860 家，年销售额 4527 亿元。新兴金融业、服务外包业、研发设计、科技服务和现代商业构成天津机场片区现代服务业发展图景。

（三）滨海新区中心商务片区

滨海新区中心商务片区认真落实国务院总体方案和深改方案要求，紧扣“金融创新示范区”功能定位，基金、保理、租赁、资金结算等业态快速发展，初步形成创新金融、科技互联网、国际贸易与跨境电商三大特色产业集群。五年来，片区累计注册市场主体超4万家，其中企业超2.5万家，已建成投用商务写字楼宇120万平方米；双创大厦、新金融大厦、自贸大厦等一些建成较早的楼宇已经进入满负荷状态，平均入住率超过92%。区内“四上企业”年营业收入1200亿元，年税收70亿元。中心商务片区城市核心区建设初见成效，市场主体规模不断壮大，金融创新特色产业快速发展，市场活力持续向好。

1. 新金融产业

聚焦发展总部经济和创新型金融产业，已聚集涵盖银行、保险、证券、租赁、基金、保理、交易市场和资产管理等金融细分业态。保理产业亮点鲜明，区内注册商业保理企业164家，保理应收账款存量总额近700亿元，规模占全国的15%。继上海、海南之后，中国银行天津分行自由贸易(FT)账户上线，成为第三个上线FT账户体系的区域。实现跨境投资、跨境人民币资金池、跨境融资、跨境发债以及跨境外币资金池五项跨境金融便利化，积极服务于国家发展战略的需要。

2. 科技互联网

抢抓数字经济发展机遇，支持猎聘网成为天津市第一家拿到增值电信业务许可证的外资互联网企业，办理全国首张中外合资企业人力资源服务许可证；构建适合产业创新的制度环境，支持零氪科技重疾领域医、药、保商业模式落地，促进医疗大数据、人工智能等新基础设施建设。大力推进平台经济建设，在网约车、旅游民宿、网络货运等领域先行先试，解决平台经济发展过程中税务征管、准入门槛、行业监管等难题，聚集了美团、滴滴、58到家、贝壳、顺丰、爱奇艺、美图、途家、爱彼迎、36氪等行业领军企业。

3. 国际贸易与跨境电商

完善跨境电商公共服务，设立京津冀跨境电商产业联盟，致力打造符合区域特色的跨境电商产业生态体系。以发展跨境电商进口业务为核心，提供保税进口、海外直邮、海外仓储、海外清关以及跨境清关等服务。强化重运营、轻仓储的发展思路，制定产业促进政策，推进跨境电商示范园区建设。实现途家网、货车帮等典型项目成功落地，支持狮桥融合贷款金融、车后服务、整车干线物流，打造信息化、标准化、智能化的智慧物流平台。

三、天津自贸区发展存在的一些问题

虽然天津自贸区发展成效明显，但随着租赁、保理、平行车等领域试点经验案例的复制推广，在没有新的赋权赋能情况下，天津自贸区在投资、贸易、“放管服”、金融等方面的创新措施与其他自贸试验区呈现趋同化，特色亮点创新措施不足，制度政策体系缺乏国际竞争力，改革创新尚存在碎片化现象，服务国家战略的作用仍然有待进一步发挥。

（一）重大引领性创新不足

与先进自贸区相比，我们在制度创新方面，还是以单个项目的“点”状突破为主，未能做到以点带面的协同推进，制度创新的集成性、系统性不突出，差异化探索成效不明显，类似外资负面清单、FT 账户、证照分离等有分量、有代表性的重大引领性创新不多，缺少根本性制度变革、系统性制度创新和全流程制度优化，一定程度上存在政策实际效果和辐射带动等作用不强的问题。

（二）营商环境仍需进一步提升

尚未形成与国际先进地区竞争的制度优势、政策优势、人才优势，国际化、透明化、便利化的配套措施吸引力不强。人员、金融、物流、互联网信息这几个方面的自由度不足，政策上缺乏基础性、突破性、首创性创新。对外开放深度不够，在离岸业务、服务贸易、电信、教育等领域缺乏有国际竞争力的制度安排，对企业尤其是外资吸引力不强。

（三）税负偏高制约国际化业务发展

与国际先进地区相比，国际业务税负相对偏高。以租赁业税收政策为例，由于税负偏高，使得落户天津的国内租赁企业在国际市场上缺乏竞争力，同时这也不利于自贸区发挥金融创新示范作用。自贸区企业的国际化业务竞争力不强,如离岸业务(贸易、航运、租赁、保理等)、新兴跨境服务贸易、国际融资服务等还不够丰富。

(四)服务京津冀协同发展的能效有待进一步释放

天津自贸试验区推出一系列服务京津冀协同发展的创新举措,但突破性、重构性措施还不够多,改革创新缺少发力点。对北京资源的吸引力不足,北京的创新成果转化已经出现跳过天津,落地长三角、珠三角地区的现象。携手京冀融入"一带一路"倡议的作用发挥还不充分,与沿线国家和地区在跨境业务拓展、投融资便利化、航运口岸合作等方面还不够充分。

(五)区域经济辐射能力尚需进一步开发

已有的三个片区地理范围较小,距离主城区距离较远,虽然便于管理和风险控制,但在吸引高端要素聚集等方面面临困难,对于高端服务业的发展、高端人才的吸引并不是很有利。对所在区域经济的带动辐射作用十分有限,已建成的中心商务区企业入驻率不高,企业多为注册,实际办公地点并不在此,未能为天津带来实际就业,片区的发展缺乏人气。

(六)服务建设全国先进制造研发基地定位的工作仍需加强

自贸区选择重点培育金融租赁、跨境融资、现代服务业,三个片区中仅天津机场片区重点发展高端制造业和研发设计,与建设全国先进制造研发基地这一目标的结合尚显不足,在半导体、新能源汽车等战略新兴产业领域,未能充分发挥自贸区优势,引进类似特斯拉的领军企业。

四、"十四五"展望及对策建议

(一)"十四五"形势展望

"十四五"期间,从国际上看,受新冠肺炎疫情的影响,世界经济和贸易增速将持续放缓,全球产业链将收缩而增强区域化特征,世界贸易投资规则深度重构,双边和区域自由贸易区的开放水平不断提高,中国在国际经贸舞台上的影响力将进一步提高;从国内看,我国经济发展从中等收入迈向高收入,全面深化改革进入深水区,对外开放将更多地趋向要素流动和规则完善。

在以国内循环为主体,国内国际双循环相互促进的新发展格局下,天津自贸区的战略地位将进一步凸显。一方面,将进一步围绕服务国家重大战略,统筹国内国际两个市场、两种资源,加大单向开放的力度,围绕贸易自由和投资自由,既促进贸易转型升级,提高服务贸易、数字贸易的比重,完善投资管理体制,推动要素流动的范围扩大。另一方面,将在开放模式和制度设计上进一步大胆创新,加快聚集各类要素资源,推进完善要素市场化配置机制,产业集聚的效应进一步突出,形成各具特色的产业高地,持续放大增强自贸区的功能优势,努力打造自贸区升级版。

(二)对策建议

1. 积极推进创新发展

一是充分发挥自贸区的先行先试作用,进一步打破思想束缚,大胆改革创新,对标国际最高标准,探索“零关税、零壁垒、零补贴”的经贸制度安排,积极进行服务贸易创新发展试点。二是狠抓落实,完成“深改方案”剩余 5 项任务,全面抓好 100 条创新举措落地实施。三是对标上海、海南更高形态开放区域的改革方案,积极争取国家支持,为向自贸港升级做好准备。

2. 扩大税收优惠政策

积极探索实施具有国际竞争力的税收制度和政策。对境外进入自贸区两港区域内的货物、域内企业之间的货物交易和服务实行特殊的税收政策。研究适应境外投资和离岸业务发展的税收政策。对区内符合条件的从事半导体、新能源、人工智能、生物医药、民用航空等关键领域核心环节生产研发的企业,实行企业所得税、境外人才个人所得税补贴政策。

3. 打造便利化营商环境

进一步改善营商环境,加快落实“放管服”和“一制三化”改革,有序承接落实好全市下放的625项市级权力事项,使更多创新试点落地。对标国际高标准规则,推进更高水平的投资贸易自由化、金融国际化、行政高效化。提升服务意识,围绕制约企业发展的堵点、难点问题,建立更高效、顺畅务实的问题解决和服务机制,注重创新监管理念和方式,建立审慎包容监管模式,构建开放型行业管理制度,营造有利于企业健康成长的环境。

4. 主动服务国家大战略

一是继续做好FT账户政策落地工作,加快推广应用,为京津冀企业提供投资、融资和汇兑等金融服务。梳理形成新一批试点经验和最佳实践案例,向京津冀复制推广。二是充分利用自贸区的区位优势和政策优势,积极承接北京非首都功能,特别是加快培育金融租赁、跨境电商、保税加工等产业集聚,推动京津冀自贸区深度合作。三是加快建设京津冀协同开放的国际合作示范区,建设京津冀产业金融创新平台、面向"一带一路"沿线国家和地区的"走出去"综合服务平台,大力发展以中欧班列(天津)为依托的中转集拼和国际海铁联运,打造京津冀地区高水平的国际贸易大通道。

5. 增强区域辐射带动能力

抓好自贸区与津城和滨城的协同发展,依托现有的机场和东疆港自贸港区,在地理位置更为优越的地区扩展新片区,区内企业自用的进口货物可享受自贸港区的免税优惠政策。在新片区选择上,可采取自贸区和自创区"双自联动",充分利用现有的自创区"一区二十一园",在自贸区二次扩区规划中,重点将华苑科技园、北辰科技园、南开科技园、塘沽海洋科技园等距离滨海新区和市区核心成熟区域较近的自创区,纳入自贸区范围,实现直接联动。

6. 加强对先进制造业研发基地的支撑

充分借助自贸试验区平的台政策优势,扩大在航空航天、汽车工业、半导体和智能科技、生物医药、新能源新材料等先进制造业的产业优势,利用外资引进一批世界500强、行业龙头和领军企业项目。推动技术贸易、科技研发、国际航运服务等资源要素在津聚集,鼓励企业将研发中心、财资中心、销售中心项目导入自贸区,形成全产业链格局,实现对实体经济的"建链、强链、补链",提升产业发展能级,为打造高质量发展的先进制造业研发基地提供新动能。

参考文献:

[1]杨茂荣:《滨海新区政府工作报告》,2020 年 1 月 6 日,滨海新区第三届人民代表大会第六次会议。

[2]人民网:《天津自贸区机场片区:尝试新思路换来新成效》,2020 年 9 月 4 日,https://www. chinanews. com/cj/2020/09 - 04/9282516. shtml。

[3]新华网:《中心商务片区:打造金融开放创新高地》,2020 年 4 月 28 日,http://www. tj. xinhuanet. com/news/2020 - 04/28/c_1125916473. htm。

[4]王方宏:《我国自贸试验区"十三五"发展和"十四五"展望》,《宏观观察》2020 年第 31 期。

推进世界一流智慧港口绿色港口建设

天津市经济发展研究院　王子会、秦晓璇

天津港作为京津冀海上门户，承担着服务京津冀协同发展的重要责任，能有效撬动我国北部地区的经济增长，带动东北、华北地区的振兴。天津港是我国唯一拥有3条亚欧大陆桥过境通道的港口，是我国北方海陆转运的核心枢纽，是“一带一路”建设的重要支点。因此，天津港不仅仅是天津市的港，也是京津冀地区的重要出海口，是实现国家战略的核心平台，是中国北方在国际物流网络中的重要节点。随着全球航运经济增速放缓，世界一流港口已经从追求吞吐量的增长逐渐向绿色化、智慧化方向转型，目前全球货物吞吐量前十的港口正积极探寻绿色化和智慧化的发展路径。天津港应积极坚持绿色化、智慧化港口建设，为打造成为国际一流港口创造条件。

一、世界一流港口的发展趋势

回顾世界港口的发展历程，借鉴国际一流港口城市的发展经验，可以为天津港口特别是智慧港口、绿色港口的长远发展做出方向性指引。本文围绕网络枢纽能力、区域协调能力、港口自身效率三个维度，对世界一流港口进行研究，呈现世界一流港口发展的六大趋势。

（一）港口世界能级趋向于“网络化”的组织能力

随着国际商贸和航运的发展，全球港口处于不断演化发展的过程中，在每轮演化过程中均存在一定的特征趋势。当前，中国航运吞吐量占世界航运吞吐总量的70%以上，但市场经济收益占有则不到10%。与此同时，欧盟航运吞吐量占比逐年下降,但其市场经济收益占比却超过了 50%。由此可以看出,中国港口仍需面向世界一流港口吸取经验,而吞吐量的高低并不是判断港口能级水平的唯一标准,对于港口能级水平的评价需要从更多的维度出发。

当前我们正处在进入超级链接的时代,谁占据网络节点,谁就拥有话语权。港口作为货物和信息流的交汇点,是核心的网络链接节点。在超级链接的时代,港口的链接和网络效应成为世界一流港口的核心评价标准。反映港口链接到全球各个区域的广度和密度的全球港口连通性指数将较好地体现港口的能级。联合国贸发会议(UNCTAD)发布的 2006—2019 年全球港口连通性指数(PORT LSCI)显示,在 2019 年全球港口连通性指数中,上海港成为当今世界上连通性最好的港口,紧随其后的是新加坡港、釜山港和宁波舟山港。香港港、安特卫普港、鹿特丹港、青岛港、巴生港、高雄港排名五到十位。

(二)世界港口竞争加剧,驱动形成港口等级化分布体系

随着海运集装箱化、集装箱船舶超大型化的发展,大型国际集装箱船舶会采取航线干线化运输方式,通过减少挂靠港口的方式来降低运输成本,提高运输效率,逐步形成了以少数区域性枢纽港为主干航线挂靠港、以大多数周边港口为支线港的全球性干线港与支线港相结合、全球性干线航班与区域性支线航班相配套的世界运输网络和港口层次。核心港口市场份额占比这一数据将反映港口群中龙头港的引领能力,同时体现港口群中的“层次化”的等级区分。以鹿特丹港为例,其在“汉堡—勒阿弗尔港口群”这一战略性市场中的领先地位正不断加强,其在北欧市场份额的占比为 36.7%,而市场份额占比第二位的安特卫普为 18.6%,占比第三位的汉堡为 10.6%,在这一港口群中呈现明显的层次关系。

(三)港口区域合作趋向于“组群化”的协同方式

港口作为区域交通设施,不仅是传统意义上海陆运输的交汇点,更是综合物流运输链中的一个重要环节,不只是完成交通与运输模式的转换,更重要的是完成价值链与商业模式的转换。为了实现真正的利益互补,地理位置相近的

港口逐渐放弃了原来的对抗性竞争而转向合作竞争,从而带动整个区域港口能级的提升。港口组群一般采取组合港、港口联盟等形式,通过建立港口协调管理机构,采取创造公平的竞争环境、内联外争、共建基础设施、信息共享等手段,形成中心枢纽港和喂给港梯次分明的港口运营体,以港口组群的形式对外展开竞争。

以东京湾港口群为例,面对釜山港的竞争,东京湾内同一经济地理区域内的100多个港口开始走向合作,划分为四个等级的港口。同时港口的发展是以临近的工业带为基础的,由于东京湾的人工陆地在布局上极其注重产业集群化,制造业和重化工业得以高速发展。港口首尾相连,覆盖整个东京湾临海工业带,通过港口整合,形成广域港湾,并赋予它们不同的专业分工,使得以钢铁、石油、化学产业为主的临海工业可以通过水运得到最高效的物流支持,由此发挥更强的能级效应。

(四)港城的功能与空间互动应特别重视周期性协同

就世界一流港口来看,港口吞吐量衰退并不代表城市的衰退。港口与城市发展存在多种情景,港口规模大小并不是决定港口能级的关键因素,关键在于其与城市发展阶段的匹配程度。纽约、伦敦为小港口大城市,港口资源对城市初期的经济发展具有极大的推动作用,但由于港口自身条件的退化、发展空间有限及大背景的变化,而导致港口发展无法持续。新加坡、上海为大港口大城市,但因其良好的港城互动关系,实现协调发展,在国际航运体系中保持着稳定的位置。

观察发现,世界一流港口与城市生命周期具有协同性,港口城市对于港口的依赖有可能随着城市成长阶段而变化,港口与城市生命周期的不同是最大的港城矛盾。通过港航服务产业体系的职能构成比较发现,世界一流港口的港航服务业往往更为完善。

港口与区域协调度将反映在港口对区域经济水平的贡献程度上,国际上常用港口对GDP(国内生产总值)的贡献率、就业贡献率、港口产值倍数效应进行评价。根据国际标准,世界一流港口产值对当地城市经济总量的贡献率为

5% ~6% 。相关研究表明,在欧洲每 100 万欧元航运产值,将额外创造 160 万的产值,港口产值倍数效应为1∶1.6。1 个航运的工作岗位,额外创造 2.8 个工作岗位,就业岗位倍数效应为1∶2.8。在英国,港口产值倍数效应达到1∶2.37;就业岗位倍数效应为1∶6.89。

(五)港口运输体系对多式联运的要求越来越大

多方式的集疏运体系将反映港口货物的枢纽转换能力。港口作为区域交通设施不只是完成交通与运输模式的转换,更重要的是完成价值链与商业模式的转换。转换能力越强,港口的枢纽能力越强。世界枢纽港的物流集疏运组织方式一般有两种:水水转运方式(以新加坡港为代表)与水陆转运方式(以鹿特丹港为代表)。从运输成本角度出发,300 公里以内,用汽车运输;300 ~500 公里的区间,用铁路运输;500 公里以上,用船舶运输。由此,为了以较低的成本支撑更为广阔的市场网络,世界一流港口公路运输方式占比一般低于 50% 。多式联运将在改造传统运输产业、增加附加价值、提升运输效率、改善行业绩效、促进经济发展等方面产生较大的经济效益,以及在节约能源消耗、减少环境污染、缓解交通拥堵等方面产生巨大的社会效益。

以鹿特丹港为例,其作为海陆中转枢纽,依托的是完善的集疏运系统。现代化综合交错的水路、公路、铁路和输送管道,把它与欧洲各大城市及工业区联在一起。鹿特丹港每天都有短途班轮开往英国、北欧、法国、葡萄牙、西班牙和北非。驳船通过莱茵河及其他内河航道将巨大数量的货物运往荷兰上游及德国、比利时、法国、瑞士和奥地利等众多目的地,其巨大的物流量催生出一系列年吞吐量超过 2000 万吨的大型河港。港口与欧洲高速公路网连接,使得货物能做到门到门运输。同时鹿特丹还有 2 个先进的铁路服务中心,并有 2 个铁路化学品中心,很多码头也拥有自己的铁路连接。另外,原油等液体货物主要通过管道进行输送。计划到 2035 年,优化转变为35∶45∶20,多元化的交通模式体现了明显的优势。

(六)港口基础设施越来越需要满足高效要求

当前港口货物集装箱超大型化要求港口基础设施趋于大型化、专业化。超大型船舶逐步投入全球航运市场各条航线,1 万个标准箱以上的船舶仅亚欧航线上就已超过 170 多艘,占该航线船舶总数的 43%。集装箱超大型化的趋势越发明显。与港口货物大型化的趋势相对应,对港口的基础设施要求也日趋大型化、深水化、高效化。

高效化的趋势也对港口岸线利用效率和船舶港口停留时长提出了更高的要求。随着优质深水岸线资源开发殆尽,港口岸线资源的高效利用也越发迫切,其能有效促进港口功能的优化配置和合理布局。通常采用泊位利用率或百米岸线吞吐量作为效率评价指标。集装箱港口的港口停靠和周转时间能有效反映港口的通关效率。

二、天津港发展现状

(一)港口吞吐量保持较高的水平

港口旅客货物吞吐量大。2019 年,天津港口货物吞度量为 4.92 亿吨,同比增长 4.1%,其中外贸货物吞吐量为 2.78 亿吨,同比增长 5.8%。集装箱吞吐量为 1730 万标准箱,同比增长 8.1%,增幅位居沿海港口前列。

港口货物吞吐种类丰富。天津港口的货物吞吐包括:煤炭及制品,石油、天然气及制品,金属矿石,钢铁,矿建材料,水泥,木材,非金属矿石,化学肥料及农药,盐,粮食,机械、电器、设备,化工原料及制品,有色金属,轻工、医药产品,农、林、牧、渔产品等多种。其中,煤炭及制品,金属矿石,石油、天然气及制品,机械、电器、设备,轻工、医药产品,占比较大。

(二)港口规模承载能力显著提升

港口设施不断完善。天津港口码头长度达 37634 米,港口泊位 160 个,其中万吨级泊位 123 个,比 2013 年增加了 20 个。集装箱堆场堆存能力达 43 万标准箱,装卸机台数为 2947 台。铁路专用线长度达 129949 米,仓库总面积为 41.3 万平方米,堆场总面积为 1844 万平方米,同比增长 59.37%。

集装箱枢纽港地位持续巩固。新开辟南非、日本等多条外贸航线，开通至曹妃甸港首条外贸班轮航线，环渤海运力增至 12 条，环渤海内支线突破 100 万标准箱，同比增长 6.3%。改革无水港管理机制，形成“前店后厂”物流服务模式，2018 年操作量完成 41.5 万标准箱。强化班列开发，新开通“天津—莫斯科”中欧班列及“安阳—天津港”内陆班列，2018 年海铁联运完成 49.2 万标准箱，同比增长 41.3%，其中陆桥运输完成 7.4 万标准箱，同比增长 21.4%，位居全国沿海港口首位。

（三）产业结构布局持续优化升级

多元业务结构逐步优化。拓展工程建设港外市场，推进海上风电全产业链模式。发起设立海河智慧物流基金，强化财务公司平台功能，合理压缩供应链服务业务规模。邮轮船供业务 144 小时过境免签政策落地，积极推进燃料供应、拖轮、生活服务等业务。

物流新业态加快发展。巩固提升船代、货代等市场份额，拓展箱管、拆装箱、期货交割等增值功能。与首农等共同打造冷链分拨基地，网易考拉跨境电商华北分拨中心落户东疆，全程物流、物流贸易、供应链集成等业务取得进展。

散杂货结构调整深入推进。推进散杂货“公转铁”，建成南疆矿石铁路专用线，与呼铁物流等一批客户签署协议，三大远程物流基地业务取得成效，稳步推进“北矿南移”。钢材“水上巴士”、铝矾土全程物流等一批项目实现突破，平行进口车、二手车业务得到拓展，汽车、有色矿等货类实现较大增量。

（四）深化改革创新取得突破

降费提效成绩显著。2018 年 4 月 1 日起全面推行“阳光价格”清单，推出“阳光物流季”“阳光体验季”活动，成为国务院推广的典型做法之一。依托无水港强化内陆传导，布局 7 家直营店加盟店，打造阳光物流“生态圈”，全年受益箱量完成 138 万标准箱。优化资源配置，再造业务流程，实现陆运作业 24 小时不停工，创新实施“内贸卸船直取”“出口预集港”等模式，搭建业务受理中心和客户服务中心平台。同时，加快北疆“双优化”改革，东突堤集装箱板块全新自动化闸口正式启用,全面实现“码头直接运抵”。

重点改革取得积极进展。加大混改及出清出让力度,制定实施存量企业混改方案,推动增量企业全部混改,完成处置僵尸企业 28 家。基本完成“三供一业”移交,积极推进非经营性资产剥离移交、公安体制改革等。实施管理岗位改革,规范人才招聘,试点建立专业技术序列岗级。深化劳务用工改革,制定用工制度改革意见,推进整体业务外包试点改革,调剂用工余缺,有效缓解用工结构矛盾。

(五)绿色智慧港口建设全面提速

绿色港口建设积极推进。开展绿色港口发展规划研究,修订完善环保制度体系。持续开展环境整治,推动环保督察反馈问题整改落实。完成北疆 LED 节能灯改造,加大老旧机械淘汰更新力度,加快非道路移动机械清洁化改造,推广液化天然气等清洁能源应用,岸电设施覆盖 26 个泊位。天津港集团被交通运输部授予“绿色港口”称号,太平洋国际被授予“四星级绿色港口”称号。

港口智能升级加快推进。集装箱码头操作系统实现一体化运行,推动五洲国际堆场自动化升级,研制全球首台无人驾驶电动集卡,共建智慧港口创新联盟,优化自动化集装箱码头方案。推进绿色智慧型干散货码头系统升级,完成码头智能控制中心改造和示范线自动化作业调试。推进无水港智慧物流、智能调度指挥、智能理货等系统建设,升级电子商务平台,实现 24 小时线上服务。

(六)港口安全生产能力不断增强

天津港完善安全生产责任制等制度,实行安委会“双主任”制,落实安全生产主体责任,隐患排查治理有效开展,完成整改南疆石化区域 80 项隐患,整治南疆铁路隐患及“以包代管”等问题。实现风险预控体系试点落地,危货企业实现标准化一级达标,安全生产领域改革扎实推进。扫黑除恶专项斗争深入开展。

三、天津港对标世界一流港口的差距

通过对标世界一流港口，发现天津港在物流网络组织能力、区域影响能力、城市价值创造能力、自身效率水平上与国际一流港口仍存在一定的差距。天津港需结合自身优势特征，整合周边资源，提升双向网络组织效应，利用好国家相关政策，协调港城空间，为城市创造更大的价值。

（一）规模总量世界一流，但双向网络组织效应不佳

2019 年天津港集装箱吞吐量达到 1730 万标准箱，位居全球第 9、全国第 7、东北亚第 3 位（次于釜山、青岛）。从吞吐量来看，天津港已经是世界一流港口。

表 1　全球前 15 位港口集装箱吞吐量及增速

序号	地区	港口	2018 年		2019 年	
			吞吐量/万标准箱	增速	吞吐量/万标准箱	增速
1	中国	上海港	4201	4.42%	4331	3.1%
2	新加坡	新加坡港	3660	8.7%	3720	1.6%
3	中国	宁波舟山港	2635	7.07%	2753	4.5%
4	中国	深圳港	2574	2.1%	2577	0.1%
5	中国	广州港	2192	7.61%	2283	6.0%
6	韩国	釜山港	2159	5.38%	2191	1.1%
7	中国	青岛港	1930	5.46%	2101	8.8%
8	中国	香港港	1959	-5.68%	1836	-6.3%
9	中国	天津港	1600	6.17%	1730	8.1%
10	马来西亚	巴生港	1203	0.42%	1358	10.3%
11	中国	厦门港	1070	3.08%	1112	3.9%
12	中国	台湾高雄港	1045	1.71%	1043	-0.2%
13	美国	洛杉矶港	946	1.27%	934	-1.3%
14	马来西亚	丹绒帕拉斯港	879	6.39%	908	1.3%

续表

序号	地区	港口	2018 年		2019 年	
			吞吐量/万标准箱	增速	吞吐量/万标准箱	增速
15	中国	大连港	977	0.58%	876	-10.3%

从外部网络看,天津港外向航线网络偏弱,国际航线数量 120 条,少于青岛港(160 条)。以港口航线度量,航线竞争力指数上与国际枢纽港仍存在 2~30 倍左右的差距。外部网络的组织效应不佳,直接地反映就是天津进出口贸易企业不强,换言之,港口并未很好地支持航运经济的发展。

从内部网络看,天津港腹地覆盖面积广,但腹地经济规模不高。天津港腹地涵盖京津冀及中西部地区 14 个省、市、自治区,总面积近 500 万平方公里。腹地面积和人口分别占全国的 52% 和 18.8%,但 GDP 总量仅为全国的 25% 左右。由于其腹地资源条件及产业基础情况,天津港货类中,集装箱占比仅为 33%,仍以散杂货等为主。(见下图)

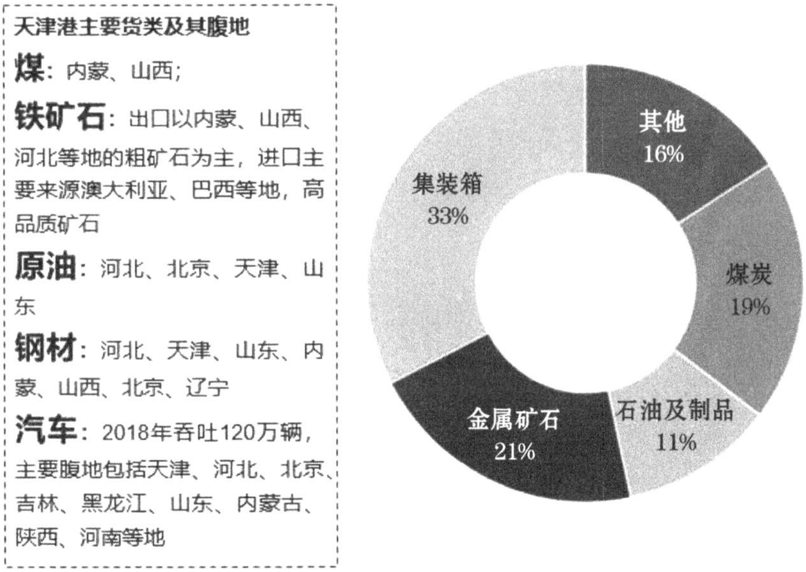

天津港主要货类及其腹地

从联运方式看，公路运输覆盖面积广，但内陆无水港货物组织能力不高。天津港无水港共计 26 个，其中华北地区 13 个、西北 8 个、东北 1 个，但京津冀以外地区集装箱贡献率不足 20%。同时天津港的集疏运过于依赖公路，公路集疏运比例高达77%，铁路占17%，管道占6%。降低公路集疏运比例，提升集装箱海铁联运比例，是降低集疏运成本、扩大腹地市场的有效路径。天津港迫切需要加强外部与内部双向网络组织效应的建设。

（二）港口区位优势明显，但区域影响能级不足

天津港处于环渤海大湾区，同时受“中蒙俄经济走廊”与“华北、中部、东部沿海经济带”经济辐射，区位优势明显。但环渤海港口竞争陷入“内卷化”。目前环渤海地区的辽宁、山东、京津冀港口群的定位相互交叉，煤炭、原油、矿石都是主要业务和利润点，低价恶性竞争现象时常发生。港口腹地交叉太多导致腹地竞争，形成区域港口群“竞大于合”的现象，码头重复建设，造成资源的浪费。

按照各港口间指数差异大小，可分为国际枢纽港、区域枢纽港和区域支线港三个等级。我国大陆重要的港口中，上海、深圳、宁波港的集装箱航线竞争力指数较高，能达到第一等级国际枢纽港的标准，天津港处于区域枢纽港层级。但天津港通往各地区的航线数量在环渤海湾三大港口中的优势地位并不突出，其核心地位未得到有效体现。青岛港在中南美、地中海、北美等多个航线数量上更具优势，而天津港仅在欧洲航线上有相对优势。此外，天津港外贸吞吐量在津冀沿海中仅占比 49%。

（三）政策优势非常明显，但港航物流服务不强

天津港具备五重政策优势，分别是跨国跨地区的“一带一路”倡议、区域的京津冀协同发展战略、“试点带面”的天津自贸区先行战略、滨海新区的开放和开发战略、国家自主创新示范区战略，形成政策叠加综合效应。但从目前来看，相关政策对城市价值创造的能力偏低，天津港的对外贸易功能未有效体现。天津的对外贸易总值与广州、宁波类似，与无港口的杭州同在 2000 亿美元的层次之中。同时随着港口货物吞吐量的增加，天津港进出口总值的上升幅度不高，

远远低于深圳、上海的进出口总值增长速度。

在港航服务能力方面,天津港以集装箱装卸以及煤炭燃油等销售业务为主,服务能力偏弱,相对其他港口特别是上海港、宁波港、青岛港等还有较大差距,这些港口在港口物流以及港口服务板块能够在其中营收占比中达到40% ~ 50%左右。

(四)港口操作效率提升迅速,但信息化水平有待整合

截至2019年,天津港港口岸线总长32.7千米,水域面积336平方千米,陆域面积131平方千米。天津港岸线利用率达到了1600标准箱/米,土地利用率达到了16900标准箱/万平方米。岸线利用率、土地利用率上具有一定优势。就自动化码头来说,天津港26.6自然箱/小时的单机平均作业效率相对于青岛港(39.6自然箱/小时)、厦门港(37 ~ 38自然箱/小时)依然有提升空间。

天津港于2016年获四星级“中国绿色港口”称号,2018年全国单体容量最大的岸电系统投入使用,国家级“绿色港口”星级码头建设取得一定成效。(见表2)

同时,天津港“智慧化码头”改造领跑全球,相继改造建设TOSS作业记录系统、SRM机务管理系统以及NAVIS综合管理系统等智慧化系统。目前围绕TOSS的场地改造基本完成,突破场桥无人操作技术难题,实现远程操控改造;用于实现场调设备的跟踪和记录,收集数据到机械控制中心,掌握机器情况,有助于岸桥司机的作业品质提升及后期的管理分析。目前主要受限于通信设施,5G应用将有助于系统应用能力的提升。围绕NAVIS系统,开发八大专业化模块,包括:闸口、计费、EDI协同平台、输运、场桥无线终端、预约、数据中心、一码通等。但目前系统应用能力仅实现20%,未来仍有大幅度提升空间。

可通过“数字化港口”提升供应链服务效率,借助开放共享的“数字化平台”寻求新的经济增长点,实现商业模式和运营模式的转变,进一步整合优化信息化水平。

表 2　中国“绿色港口”排名

序号	申报项目	申报单位	星级
1	天津港太平洋国际集装箱码头	天津港太平洋国际集装箱码头有限公司	4 星
2	秦皇岛股份有限公司第六港务分公司煤三期码头	秦皇岛港股份有限公司第六港务分公司	4 星
3	秦皇岛港股份有限公司第七港务分公司煤四期及扩容码头	秦皇岛港股份有限公司第七港务分公司	4 星
4	宁波港股份有限公司北仑第二集装箱码头	宁波港股份有限公司北仑第二集装箱码头分公司	4 星
5	日照港股份有限公司第一港务分公司煤炭码头	日照港股份有限公司第一港务分公司	4 星
6	南京港龙潭集装箱码头(一期)	南京龙潭集装箱有限公司	4 星
7	大连港矿石码头	大连港矿石码头公司	4 星
8	蛇口集装箱码头	蛇口集装箱码头有限公司	4 星

四、天津港发展对策

(一)提高天津港的枢纽能力

1. 强化货源组织,完善航线布局,拓展枢纽功能

第一,补足远洋干线布局短板。加大远洋货物揽收及货源组织力度,完善与船公司、货主及货代企业合作机制,重点面向欧洲、波斯湾、地中海、非洲等区域新开及加密航线。

第二,强化日韩近洋航线优势。提升现有航线班轮密度,优化天津港对日韩港口的近洋干线运输,加强进口优势及潜力货类货物的组织,实现“重去重回”,提升对日韩跨境物流的服务能力。

第三，持续建设以天津港为中心的环渤海内支线运输网络，积极协调辽宁、山东港口群打造津冀港口间的集装箱班轮精品航线/同船货运巴士，形成干支衔接、相互支撑的有利格局。

第四，增强海陆中转枢纽功能。鼓励航运公司以天津为枢纽港设立沿海捎带业务基地。研究在对等原则下允许外籍国际航行船舶开展以天津为枢纽港的外贸集装箱沿海捎带业务。探索天津港中转的出口启运港、无水港启运港退税政策，加快开展中转集拼、整船换装业务。探索内外贸同船运输模式实施路径。

2. 适应贸易方式变化，创新物流服务载体建设

创新物流服务载体建设，优化腹地服务网络布局，强化货源组织能力，主要通过在以下四个方面进行建设：

第一，发展进口货物及其贸易，优化港口货类结构。充分利用跨境电商、“保税+”、免税消费等政策，重点引入红酒、冻品、汽车、食品、果蔬、机械设备等商品，积极拓展加工、配送、分拨等高附加值功能，优化相关产品的通关、检疫、冷链、运输等综合物流服务，打造进口商品北方集散中心、进口商品分拨交易服务平台、生鲜食品国际采购和分拨中心、跨区域冷链物流配送中心。

第二，做强海陆联运过境物流。推进内陆国家在天津港设立境外口岸合作处，吸引日韩等境外国家在天津港设立海外仓。积极拓展天津港航运业务与“一带一路”沿线境外园区、海外仓业务联动，吸引、培育企业在天津港为供应链枢纽，开展进出口业务。培育跨境电子商务平台品牌，全面提升跨境物流服务能力，积极探索开展中韩海运快件试点。

第三，着力改善跨境双向运输。推进西部铁路大通道建设，增强干线货运能力（主要是指在国家层面强化“一带一路”通道建设），发挥天津港的桥头堡功能，积极推进天津港直通西部铁路大通道规划建设，畅通“津新欧”“津蒙俄”大能力货运通道。以“津新欧”“津蒙俄”为抓手，推进中欧班列建设，加强国际货源组织探索“东北亚—天津港—亚欧大陆桥—中亚、西亚和欧洲”双向多式联运。

第四，提升腹地服务网络建设。有重点、分步骤地优化腹地无水港服务网

络布局，建设对接“一带一路”的新型无水港网络，连通东北、华北、西北等地区，辐射河南、四川等地，实现对天津港主要内陆腹地的基本覆盖。加快引导航运物流要素向腹地服务网络聚集，完善港区与内陆地区通关业务合作机制，推动自贸试验区创新政策向无水港延伸，提高完善无水港的全流程服务能力。

3. 完善集疏运体系，建设海铁联运综合试验区

天津港推进海、空、铁多式联运发展，形成高效、便捷的航运物流体系，完善货运通道建设，搭建海、空、铁多式联运框架。

第一，建设铁路货运廊道体系。积极推动京承铁路、津石铁路、津蓟铁路扩能改造建设，主动推进内地无水港的海铁联运发展。依托北环铁路、津山铁路等疏港铁路，以及京津高速、津晋高速等疏港公路，建设近距离无水港，推动无水港海铁联运发展，完善口岸功能建设，缓解港后集疏运压力。

第二，构筑公路货运网络环。规划打通京台、唐廊、京秦高速公路，建设津石、津承、塘承高速公路，规划京港高速、津港高速二期、滨石高速、南港高速四条高速直接进港；规划打通津汉高速、滨海西外环高速、蓟汕联络线，在滨海新区核心区外围形成货运保护环，禁止散杂货车通行。配合建设集卡运输服务基地。

第三，助力海港空港联动发展。以天津港、滨海国际机场与新港北铁路集装箱中心站为载体，推动海、空、铁多式联运换装中心建设，实现海空两港货物联运需求的信息共享，推进海港和空港口岸及保税政策联动。

第四，发挥双港政策优势，助力港后物流服务能力升级。推动东疆保税港区、天津保税区空港片区政策向无水港和集运基地延伸，联动“通武廊”区域发展政策，构建“港区—空港—武清”京津综合物流服务带，全面提升港后综合物流服务能力。

(二)促进区域港口协同发展

1. 助推京津冀一体化战略,对接服务雄安新区

助推京津冀一体化战略。研究相关政策,降低京津冀地区进出口企业办理跨关区货物的通关成本,加快通关效率,吸引更多的北京进出口货物。深化与雄安新区的服务对接。保障天津港与雄安新区的货运通道,支持雄安新区物流服务中心运营,设计匹配雄安新区不同发展周期所要求的个性化物流服务产品。2019 年 8 月 21 日,天津港集团雄安服务中心成立。天津港已构建形成了以雄安服务中心为中心,河北保定、胜芳、白沟物流服务节点协同联动的"一中心三节点"前端服务平台,把以往天津港以本地为主的港口服务延伸到了雄安新区。同时,在港口集装箱码头和天津国际贸易与航运服务中心设立了专用通道和专门窗口,为雄安新区进出口货物提供绿色通道服务保障。

2. 创新区域港口合作机制,搭建港口协同行政框架

推进区域港口协同发展,需明确津冀沿海港口群、辽宁沿海港口群和山东沿海港口群的相互关系,同时明确港群之间及港群内部各港口的等级结构与职能关系。发挥天津港在环渤海港口群中的龙头带动作用,充分发挥其内陆腹地优势,发展航运、贸易、物流等现代服务。同时,统筹区域内港口规划与发展,构建辽宁沿海、津冀沿海、山东沿海三大现代化港口群,形成布局合理、功能完备、分工明确、竞争有序的运输格局。为有效落实区域港口规划,创新区域港口合作机制,搭建港口协同行政框架。

(三)推进天津港绿色化、智慧化发展

1. 提升智慧航运信息平台

进一步提升智慧航运信息平台建设,包括完善集卡预约平台功能,全面推行港口业务网上受理;推进集装箱设备交接单、提货单电子化等。通过推动港航数据融合化、拓展数据应用空间,加快复合型智慧航运信息平台建设进程:

第一,建立港口大数据中心。实现港口价值链信息资源集中统一管理,开

展基于大数据的基础建设、生产管理、客户服务、市场预测等创新应用,为相关方提供及时、准确、标准化数据服务。完善集卡预约平台功能,全面推行港口业务网上受理,推进集装箱设备交接单、提货单电子化。提升港口行业信息化水平,建设综合服务信息平台和跨境贸易管理大数据平台,建立统一收费服务平台。

第二,建设京津冀港口物流供应链服务平台。继续推进“京津冀港口智慧物流协同平台示范工程”建设,丰富在线应用,服务范围拓展至环渤海港口群。探索开展航运大数据建设,完善现代航运业统计指标体系,推进航运数据库、港航大数据实验室建设,建立航运市场监测平台。提升港口物流服务信息化水平,联合口岸联检相关单位、海事等相关部门的信息互通,构建集港口、船舶、船员、通航等信息服务于一体的海事综合性信息管理与服务平台,完善铁水联运信息平台功能。推进自动化、智能化港口建设,实现港口转型升级。

2. 推进港口节能减排与环境保护

第一,提升港口节能环保管理能力。加大船舶污染物监测和监管,推动建立海事、环保等部门的联合执法机制,加强对船舶防污设施、防止空气污染证书、油类记录簿、燃油供应单证及船用燃料油质量的监督检查,坚决查处、制止和纠正违法违规行为。开展港口节能减排和污染防治关键技术研发,建立能源消耗和污染物排放统计和监测制度,编制港口污染物和温室气体排放清单。建立监督检查管理工作机制,推进检测装备和能力建设。研究制定绿色港口企业标准,推动制定绿色港口发展相关标准规范。鼓励企业加强港口废气、废水、噪音监测,记录港区大气、水、声环境变化。

第二,加强港口污染防治。新建原油、成品油装船作业码头全部安装油气回收系统,已建原油、成品油装船作业码头实施油气回收系统改造。禁止船舶向海域排放污染物,探索建立船舶污染物接收处置新机制,加快建设船舶含油污水、化学品洗舱水、生活污水和垃圾等污染物的接收设施,做好港船之间、港城之间污染物转运、处置设施的衔接,提高污染物接受处置能力。推进建立并有效实施船舶污染物接收、转运、处置监管联单制度。建设港口生产生活污水、雨污水的收集处理设施,实现污水达标排放和减量排放。

参考文献:

[1]褚斌:《加快世界一流港口建设　更好服务国家重大战略》,《中国港口》2019 年第 12 期。

[2]封云:《牢记嘱托　勇攀高峰　加快实现天津港世界一流港口建设》,《产业创新研究》2020 年第 17 期。

[3]葛金、付丽:《高质量智慧港口发展建设的思考》,《中国港口》2020 年第 10 期。

[4]蔡欧晨、于秀娟:《推动国际港口绿色可持续发展的策略》,《水运管理》2020 年第 6 期。

[5]王得蓉:《高质量建设绿色智慧港口》,《港口科技》2020 年第 7 期。

[6]陈毅鹏:《疫情下,智慧港口建设按下“快进键”》,《中国远洋海运》2020 年第 3 期。

[7]李红、刘婷、王大成:《智慧港口建设标准体系架构研究》,《中国水运》2020 年第 2 期。

[8]陈珺、张弛、张涛:《中国港口建设世界一流港口新路径》,《中国水运》2020 年第 2 期。

深度融入“一带一路”建设
发展更高层次的开放型经济

天津市经济发展研究院　王刚

“十三五”以来，在以习近平同志为核心的党中央的坚强领导下，面对国内外风险挑战明显上升的复杂局面，天津市委、市政府坚持稳中求进工作总基调，着力扩大对外开放，高水平推进自贸试验区建设，积极融入“一带一路”建设，对外经贸与人文交流合作程度不断加深，开放型经济新体制更加完善，为全面建成高质量小康社会打下了坚实基础。

一、发展成效

（一）进出口贸易提质增量

外贸进出口规模不断扩大。“一带一路”为天津发展外向型经济提供了战略支撑，“十三五”期间全市进出口总额总体保持上升态势，2019 年全年外贸进出口总额达 7346.03 亿元，比 2015 年上升 3.5%，其中，进口额为 4328.22 亿元，比 2015 年上升 10.4%；出口额为 3017.81 亿元，比 2015 年下降 5.0%。2020 年前三季度，全市外贸进出口总额为 5453.8 亿元，比 2019 年同期增长 1.3%；其中，出口额为 2255.9 亿元，增长 3.8%，进口额为 3197.9 亿元，下降 0.4%。2019 年天津口岸对“一带一路”相关国家贸易进出口总值为 3748.2 亿元，占天津口岸进出口总值的 27.1%。其中，对“一带一路”相关国家出口额为 2392.5 亿元，进口额为 1355.7 亿元。从贸易伙伴来看，天津口岸对东盟的进出口占主导，对印度、欧盟、阿联酋的进出口增长较快。2019 年，对东盟进出口额为 1603 亿元，增长 5.5%，占同期天津口岸对“一带一路”相关国家进出口总值的 42.8%。同期,对印度、欧盟、阿联酋的进出口总值分别增长 9.7%、7.3%、8.8%。此外,对俄罗斯的进出口额达 231.3 亿元。2020 年前三季度,对"一带一路"沿线国家进出口增长 3.9%,占 25.2%,占比提高 0.6 个百分点。

对外贸易进出口结构质量较好。天津积极拓展对外贸易方式,一般贸易、加工贸易、保税进出境或转口等快速发展。2019 年,一般贸易出口额为 1577.97 亿元,增长 1.4%;加工贸易出口额为 1271.44 亿元,下降 10.9%。2020 年前三季度,以一般贸易方式进出口 3116.6 亿元,增长 14.5%,占同期天津市进出口总值的 57.1%,占比较 2019 年同期提高 6.6 个百分点;拉动全市进出口增长 7.3 个百分点。贸易结构不断优化,汽车、农产品、原油、飞机为主要进口产品,附加值较高的机电和高新技术产品成为主要出口支撑点。2019 年,与"一带一路"沿线国家的贸易中,机电产品、原油和农产品在进口商品中位居前三位;机电产品进口额达 402.2 亿元,增长 22%;原油进口额达 313.2 亿元,增长 18.1%;农产品进口 175.3 亿元,增长 43.1%;在出口商品中,机电产品排在首位,出口额为 1023.6 亿元,占同期天津口岸对"一带一路"相关国家出口总值的 42.8%。外贸进出口对外商投资企业依赖较强,进出口额的波动风险相对偏大。2020 年前三季度,天津外商投资企业进出口额达 2829.5 亿元,增长 4.2%,占 51.9%,为第一大贸易主体;民营企业进出口额达 2035.6 亿元,增长 5.1%,增速快于全市平均水平 3.8 个百分点,占 37.3%,占比提高 1.3 个百分点。民营企业在"一带一路"等外贸领域持续发力,2019 年民营企业自"一带一路"沿线国家进口额达 453.4 亿元,增长 46.6%,占比 33.4%;民营企业对"一带一路"沿线国家出口额达 1407.6 亿元,增长 4.1%,占比 58.8%。

(二)对外投资合作收获显著

对外投资规模稳步扩大。受天津自贸试验区初设红利和"一带一路"、京津冀协同发展等国家战略的影响,2015 年和 2016 年天津市对外合作出现高潮,2018 年起中方投资呈现理性审慎投资的局面。"十三五"前四年,共备案境外企业机构 549 家,境外投资中方投资额为 332 亿美元,分别是"十二五"的 0.9 倍和 2.0 倍;对外承包工程新签合同额为 166.3 亿美元,完成营业额为

220.3 亿美元，分别是“十二五”的 1.3 倍和 1.2 倍。共建“一带一路”、参与中非合作深入推进，制造业、农业合作等典型项目收获显著；对外投资呈现新变化趋势，海外并购、全产业链投资等多元化方式初现成型；海外工程项目多以总包承揽，并向着“建设—经营—转让”（BOT）、“政府和社会资本合作”（PPP）等投建营一体化转型。

境外经贸合作载体逐步完善。积极实施“走出去”战略，扩大开放迈出新步伐。天津开发区运作的“泰达模式”成功嫁接苏伊士经贸合作区，为园区产业研究、总体规划、基础设施改造提升、招商引资、入区企业等提供中国式开发开放服务；中埃·苏伊士经贸合作区起步区建设完成，形成了新型建材、石油装备、高低压设备、机械制造为主导的“一带一路”产业投资载体。在印度尼西亚的加里曼丹岛，由总部位于天津滨海新区的聚龙集团承建的中国印尼聚龙农业产业合作区建成运营，成为我国首批农业对外合作试点项目和国家级境外经贸合作区。

自贸区平台开放改革创新持续推进。2015 年 4 月 21 日正式运行以来，天津自贸试验区推出了涵盖投资、贸易、金融、通关、政府服务等近 400 项先行先试改革措施，电子口岸的国际贸易单一窗口、国际船舶的登记制度创新、京津冀的检疫检验一体化等成果和案例已经在全国复制和推广。2019 年 10 月以来，天津市明确支持自贸试验区“一带一路”企业综合服务中心和境外办事机构建设，建立与菲律宾卡加延经济特区、柬埔寨柬中综合试验区等“一带一路”沿线特殊经济区的战略协作关系，开展国际产能合作，积极打造“京津冀 + 一带一路”海外工程出口基地。

（三）对外经贸合作机制不断完善

积极拓展与“一带一路”沿线国家的经贸合作。一是不断加大与日韩地区的合作交流。多次举办经贸合作交流会，与日本神户、韩国仁川等多城市建立友城关系，与韩国仁川自由经济区签订战略合作协议，不断拓展合作领域和层次。二是全面加强和新加坡的合作交流。以中新天津生态城为载体，加快推进多个合作项目，打造中新合作典范。三是推进重点国家战略区域合作。深化拓展与欧盟的合作交流，推进中欧先进制造产业园建设。与意大利签署《推动产业合作建设天津意大利中小企业园框架协议》，举办2019中国·意大利中小企业经贸合作对接会。积极参与中蒙俄经济走廊建设。不断深化津蒙经贸合作，签署《关于津蒙东疆物流园合作框架协议》，启动中蒙合作蔬菜科技示范园区等海外园区建设，为津蒙务实合作奠定基础。同时，成功举办中俄地方经贸合作天津洽谈会。推进中巴经济走廊建设，参与瓜达尔港燃煤公用电厂项目建设，加快推进项目进程。

对外开放合作机制日益健全。与大连轮流举办夏季达沃斯论坛，借助这一与世界交流沟通的平台，天津企业家、政府人员培养了与国际社会对话的能力。与海关总署深化合作，签署合作备忘录，支持天津与“一带一路”沿线省市建立通关协作机制、国际贸易“单一窗口”建设及自由贸易试验区建设等。与海航集团、中远集团、中核集团等重点企业签署战略合作协议，在航运、物流、科研、金融等领域开展合作，共同推动天津“一基地三区”建设。

京津冀一体化发展及周边合作共建机制不断深化。与北京、河北签署多项合作协议，推动产业资源、创新资源、空间资源、政策资源等互补共享，京津冀协同开放机制体制加快构建。天津自贸区推进建设京津冀协同开放的国际合作示范区，积极打造“走出去”海外工程出口基地、央企创新型金融板块承载地和跨境投融资枢纽，累计70多家央企设立超过400家创新型金融类企业；签署了津冀自贸试验区战略合作框架协议，总结推出178项可与京津冀地区联动发展的经验案例，区域通关一体化、租赁跨关区联动监管、“一个部门、一颗印章审批”、融资租赁收取外币租金、税务综合一窗等一批创新成果在京冀推广实施。

（四）人文交流合作更加密切

国际友城工作稳步推进。通过建平台、建机制、建网络、建人脉、促合作，结好数量稳步增长，友城布局不断优化，合作成果务实丰硕，形成了天津市国际友城合作新格局。以“一带一路”沿线港口城市为重点，新建10个友城（智利瓦尔帕莱索市、英国利物浦市、比利时安特卫普省、法国尼斯市、巴西巴伊亚州、柬埔寨西哈努克省、葡萄牙塞图巴尔市、白俄罗斯莫吉廖夫州、英国大曼彻斯特市、俄罗斯伏尔加格勒州），国际友城增至 92 对，覆盖世界 6 大洲 50 个国家。建立天津国际友好城市交流中心、友城精品展销馆等交流合作平台，召开 2 次中国·天津国际友城圆桌会议，友城交流主体更加多元，交往内涵愈加丰富，辐射带动作用进一步放大，形成“上下联动、政经结合、官民并举”的工作格局，实现国际友城资源共享、优势互补、合作共赢。

城市国际影响力持续提升。以“新时代的中国：活力天津·走向世界”为主题，成功举办外交部全球推介活动，面向世界全面生动展示天津的魅力活力，引发全球媒体、网民的关注热议和社会各界的热烈反响。办好夏季达沃斯论坛、世界智能大会、中国国际矿业大会等大型国际会议（活动），广泛宣介天津市经济社会发展的最新成果，扩大城市影响。组织境外媒体来津采访，策划举办“天津媒体友城行”“友城媒体看天津”等活动。广泛开展各类民间外交活动，拓展民间交流与合作渠道，促进民心相通。

国际科技合作基地迅猛发展。截至 2019 年 2 月，天津市共培育了 170 家国际科技合作基地，其中，国际联合研究中心 102 家，国际技术转移中心 20 家，国际科技合作企业 40 家，国际科技合作园区 8 家。科技合作呈现以高校、科研院所为主体，企业、园区及孵化器共同参与的多元化国际合作格局，共签署合作协议 380 余份，举办或承办各类国际会议及学术交流会 1350 余次。海外高层次人才引进成效显著，共引进国外知名专家 260 余人，引进海外高层次团队 24 个。

“鲁班工坊”职教国际合作模式探索取得阶段性成果。为更好地服务“一带一路”倡议，天津职业教育以鲁班的“大国工匠”形象为依托，在泰国、印度、印尼等国家相继设立“鲁班工坊”，2019 年新成立非洲“鲁班工坊”研究与推广中心，非洲首家“鲁班工坊”在吉布提揭牌运行，将天津作为国家现代职业教育改革创新示范区的优秀职业技术和职业文化，采用学历教育与职业培训的方式走出国门，与世界分享，搭建天津职业教育与世界沟通的桥梁。

医疗卫生对外合作不断推进。中国同辐、美国安科锐与天津东丽区开展医疗健康产业深度合作，共同打造高水平的医疗器械产业园。滨海新区与加拿大多伦多儿童医院合作建设中加国际儿童医院，打造成高水平、国际化、综合性的儿童医院和国内知名高等医学院校儿科医学临床学院。中英医疗健康产业基地立足于滨海新区，通过与英国牛津大学、剑桥大学、格拉斯哥大学建立联系，不断开展国际技术转移、技术合作与资源整合。启动建设天津国际医疗城，通过与美国贝勒医学院、清华大学医院管理研究院和清华大学苏世民书院等合作，共同构建国际化、智能化的医疗科技创新健康产业新城。

（五）对外开放政策更趋完善

为加快改革开放先行区建设，构建开放型经济新体制，推动高水平对外开放，天津市出台《天津市人民政府办公厅关于天津市扩大开放构建开放型经济新体制若干措施的通知》，在推进“一基地三区”建设、扩大开放服务业重点领域、打造世界一流港口环境和优化营商环境四个方面出台了 32 条相关措施。围绕港口建设、航运产业发展、外资引进等方面，借鉴北京、上海、广东等近期扩大开放的经验，天津市也先后出台了一系列专项支持政策。此外，2019 年 9 月出台了《天津市知识产权保护条例》，这是全国首部省级知识产权保护的综合性地方性法规，对天津进一步加强知识产权保护，激发创新活力，营造尊重知识价值、公平竞争的营商环境，将产生积极影响。2019 年 10 月，天津市出台《关于支持中国（天津）自由贸易试验区创新发展的措施》，明确提出支持更深层次的投资自由化、更高水平的贸易自由化探索等具体举措，鼓励自贸试验区企业开展转口贸易和离岸业务，支持自贸试验区离岸业务发展。

二、存在的制约因素与问题

（一）开放型经济结构存在局限

天津市的进出口业务主要依赖外资企业，而北京、上海等地国有企业、民营企业占据的份额非常高，导致天津进出口的外部波动风险偏大。加之世界经济和贸易持续放缓，世界贸易投资规则深度重构等因素的影响，天津对外开放面临着较大冲击。

(二)市域内部对外开放发展水平差距明显

天津拥有 6 个国家级经济开发区,滨海新区占据 5 个,并且享受众多政策优惠。滨海新区在进出口、利用外资等方面遥遥领先其他区域,市内排名第二的河北区在进出口规模上与滨海新区相差悬殊。其他区域的经济基础也较为薄弱,缺乏相关政策的扶持,市内区域对外开放发展不平衡因素仍在不断扩大。

(三)经济腹地支撑及联动能力较弱

经济腹地的产业结构以资源能源和重工业为主,去产能背景下经济增速下滑严重,这也对天津的经济增长造成直接影响。天津港双向网络组织效应不佳,京津冀以外地区集装箱贡献率不足,区域影响能级不足,港航物流服务能力偏弱。天津铁路枢纽地位有待提升,与腹地通道不畅通,缺乏自港口直达西部腹地的铁路通道。天津机场作为首都机场的备降机场,空域资源较少,航班频率、密度远低于首都机场,对城市发展的带动作用不足。

(四)国际化要素不足

天津作为港口城市,其金融体系规模、完备程度均与京沪穗深有较大差距,金融市场、国际化人才等相对不足。天津市金融业的增加值远低于上海、北京和深圳,缺乏金融科技等总部功能性机构落地,带动全市经济发展。尽管天津近年来引才步伐明显加快,但高层次的管理人才、技术人才仍面临严重短缺。

(五)国际交流广度和深度不够

在文化旅游、科技教育、医疗卫生、生态环保等领域的对外开放程度上,天津与京沪深的差距还比较大:一是缺乏重大引领性的外资项目,如上海引进迪士尼、北京引进环球主题公园、世界著名的英国私立寄宿学校哈罗公学先后落户京沪深等;二是城市国际知名度和国际化水平还需进一步提升,相比于杭州举办 2016 年 G20 峰会、承办 2022 年亚运会等国际活动,天津具有较大国际影响力的体育赛事、艺术表演、大型活动等较少。

三、对策建议

（一）加快自贸试验区深化突破

借鉴海外成熟的自由贸易区及上海自贸区临港新片区的经验，从规划建设、招商引资、环境优化、社会管理、公共服务等方面创造有利条件，特别是对承载自贸区的三个功能区继续放权，充分调动发展的积极性和创造性。加快实施《关于支持中国（天津）自由贸易试验区创新发展的措施》中的相关重点举措，争取在投资便利化、贸易自由化、新兴产业创新开放化等若干个点上突破。推进建立与仁川港、釜山港等周边重点港口常态化对标与合作机制，探索与河北、山西、内蒙古、东北腹地区域口岸经济合作的新模式，提高港口的国际化水平和综合竞争力。依托“一带一路”沿线开拓沿线友好港口，建立交往密切的海外友好港口网络，为天津建设世界一流绿色港口、智慧港口搭建立体交往平台。推进跨境电子商务综合试验区建设，鼓励跨境电商企业在自贸区内建立国际配送平台，推动进口商品国别（地区）馆建设，积极引进有国际影响力的贸易促进机构，鼓励企业建设出口产品“海外仓”和海外运营中心。巩固提升飞机、汽车等大宗商品的进口优势，着力打造葡萄酒、冻品、乳品等进口集散地，培育建设若干个进口商品展示交易中心。

（二）加快推动海港、空港枢纽与平台建设

推进天津港布局和功能调整，统筹“一港五区”发展，整合口岸资源，全面建设多功能、综合性的现代化港口。完善无水港布局，提高无水港服务水平，扶持推动无水港地区与天津港合作发展港口特色产业，大力发展海铁联运，加快推进北方国际集装箱枢纽港建设。高水平建设中国（天津）国际贸易“单一窗口”，实施贸易数据协同、简化和标准化，实现服务功能对国际贸易主要环节的全覆盖、货物从抵港到提离各环节状态信息可跟踪可查询。加快区域性航空枢纽建设，推进天津空港口岸申报汽车整体进口口岸，与北京首都机场、大兴机场

协作，增频加密赴国内大中城市以及日韩、东南亚、欧洲等地区的客运及货机航班，支持天津滨海国际机场基地航空公司发展壮大，深化第五航权政策试点，加快中国国际航空物流中心建设，扩大与“一带一路”沿线国家和地区的新型航权政策创新突破。

（三）建设国际化营商环境

全面深化改革，创新投资贸易便利化环境、外来投资者生活服务便利化环境。一是开展投资贸易便利化改革创新。实行统一的市场准入制度，在制定负面清单的基础上，各类市场主体可依法平等进入清单之外领域。探索对外商投资实行准入前国民待遇加负面清单的管理模式。实行统一的市场监管，清理和废除妨碍统一市场和公平竞争的各种规定和做法。建立全市统一信用交换平台，建立健全投资环境评价体系。健全对外贸易促进机制。深化一次申报、一次查验、一次放行通关模式改革，加快单一窗口建设，推动口岸管理部门“信息互换、监管互认、执法互助”，实现作业流程再造和优化。提高京津冀通关一体化水平。二是提高服务型政府建设水平。加快推进政府职能转变，严格划分政府与市场、政府与企业的界限，以加强公共服务、完善社会服务为重点，探索创新外来投资者社会保障等相关服务，努力为投资者和人才提供便利优质的政府服务。

（四）推进境外经贸合作区建设

大力实施“走出去”战略，进一步深度融入中蒙俄经济走廊、中巴经济走廊建设和中国—中东欧国家“17 +1”等合作框架，持续深化与意大利等重点国家多领域务实合作。推动境外经贸合作园区创新发展，加快中埃苏伊士经贸合作区、印度尼西亚聚龙农业产业合作区等载体建设，提高参与国际合作与竞争的能力。推进中埃苏伊士经贸合作区在营商环境、产业聚集、园区功能、双区联动、金融服务、人文交流六大领域创新升级。加快建设保加利亚农业产业园区等境外产业园区。以“政府引导、企业主导、市场化运作”为原则，充分发挥市境外经贸合作区协调机制作用，及时解决我市境外经贸合作区建设过程中的问题。

(五)提升对外投资合作水平

加快境外投资合作步伐,服务带动区域经济拓展国际市场空间。一是稳步推进对外直接投资。支持有能力、有条件的企业按照商业原则、国际惯例参与国际经济竞争和合作,主动融入全球产业链和价值链。推动优势企业积极参与沿线国家工业制造、电力工程建设、食品加工以及石油化工领域的投资合作,聚焦非洲、中亚、东南亚市场,抢抓一批国际产能合作项目取得收获。着力提升企业的海外经营实力,鼓励在高端制造业、品牌研发等领域实施跨国并购,逐步实现国内外市场联动发展。鼓励优势企业到境外开展商贸、旅游、物流、租赁、设计咨询、文化传媒、医疗保健等领域投资,拓展服务业国际市场。二是深化境外资源能源合作。推动能源企业积极参与境外能源资源的勘探与开发,在境外林地及森林资源、海洋生物资源、矿产资源等开发和集种植、养殖、加工和特色农业为一体的大型海外农场投资等方面,布局和推动重点项目建设,打造长期可靠的境外能源资源供应基地。三是拓展国际工程市场。推动钢铁企业、对外承包工程企业参与"一带一路"沿线国家铁路、公路、港口、电力等基础设施方面的投资合作。培育大型综合性工程公司,支持企业组成联合体或采取联盟方式抱团"走出去"拓展国际工程承包市场,扶持推动具有一级及以上资质的本土建筑企业分包央企海外项目。支持已在海外承揽工程项目的企业,申报对外援助成套项目施工任务实施企业资格。

(六)完善对外投资合作促进体系

深入推进简政放权、放管结合、优化服务改革,坚持以无纸化备案为主的"走出去"监管方式,按照"鼓励发展 + 负面清单"的模式规范企业出海经营,促进对外投资合作高质量发展。健全"走出去"促进支持体系,与政府部门、商业机构、中介组织组建团队,强化在法律、财税、风险防范等领域的服务咨询和业务指导力度,提升企业的跨国经营实力。加强"走出去"政策支持,发挥国家、地方财政以及政策性金融措施的作用,增强对"走出去"的成本投入和信贷支持。积极探索与商业金融机构的合作，拓宽和创新商业保险的担保范围及产品险种，增强企业的海外经营抗风险能力。

（七）加强科教创新与对外开放合作

依托天津高新区、天津大学国家大学科技园、天津滨海中关村科技园等重点创新载体以及天津大学、南开大学等院所机构，重点对接全球科技创新领先国家和地区，加快引进和培育科技水平高、创新能力强的国际性企业以及知名的创新中介机构、创新人才等。推进重点产业领域知识产权、技术密集型服务进口，实现技术合作与技术贸易互动发展。对接美国硅谷、德国巴伐利亚州、日本筑波等创新前沿地区，放宽外商注册资本、投资方式等限制，着力引进新的高新科技或创新能力强的企业。加快培育一批熟悉国际贸易、国际知识产权保护、国际化运营等规则的知名中介机构，推动与硅谷研究院、德国弗朗霍夫应用研究促进学会等国际知名研发组织的合作，吸引更多科技创新与创意服务类跨国公司在天津设立分支机构或研发中心，加快融入区域乃至全球产业链分工体系。发挥天津国家现代职业教育改革创新示范区优势，打造“鲁班工坊”天津职教品牌，主动推介“鲁班工坊”品牌，拓展合作领域和实施范围。

（八）深化对外交流协作机制

拓展国际合作，深化国内合作，打造经贸区域交流和国际交往最活跃的地区之一。一是深化国际友好城市交往。以“一带一路”沿线港口城市为重点，选取产业结构互补性强、有助于促进我市高质量发展的城市结好，在现有 92 个友城基础上积极拓展新建友城，持续优化友城布局。按照一城一策、重点突出的原则，优化合作机制，提升交往质量，拓展和深化在人工智能、生物医药、农业、教育、新能源新材料领域的务实合作，更好地服务对外开放和高质量发展。加强友城资源共建共享，在推动区一级友城结好、建立友好港口关系中实现新突破。发挥侨务资源作用，邀请更多有影响的侨商来津。二是推进与港澳的紧密合作。加强津港澳高层互访，扩大民间交往，定期举办活动周，推进多领域合作。加强津台产业对接，建设台商投资产业园区，稳步推进两岸冷链物流项目，办好津台投资洽谈会。三是加强国内区域务实合作。深化区域合作机制建设，落实省市间签订的政府合作协议，支持发展区域性专业合作组织和跨区域的协会联盟或联合会，进一步完善环渤海区域合作市长联席会机制。

（九）提升城市国际知名度和国际化水平

加快国家会展中心（天津）等会展场馆设施建设，着力培育与天津城市发展方向和产业优势相契合的国际知名会展品牌，推动天津会展品牌“走出去”。发挥世界智能大会、夏季达沃斯论坛、中国国际矿业大会等国际会议（活动）的集聚效应，加强国际交流合作，全面展示天津城市的良好形象。积极引进有重要影响的国际性组织在津设立常设机构，积极向中联部、外交部等争取更多具有国际影响力的会议活动、高端论坛和重大国际赛事在津举办，全面提升天津的对外宣介能力和水平。强化城市名片开发和城市形象塑造，打造更多具有天津特色和文化底蕴的外事活动品牌，注重国际表达，讲好“天津故事”。积极推进“世界设计之都”建设，吸引更多国际一流的文化创意、设计元素汇聚天津，让“天津设计”走出国门、享誉海外。

（十）加强涉外风险防控体系建设

强化海外风险防范管控，设立境外安保专项经费，健全安全风险评估、监测预警、应急处置“三位一体”境外安全保障体系建设，强化海外风险预警和安全信息发布机制，加强重大公共突发事件中的涉外应急处置工作机制建设。推进境外企业和对外投资联络服务分平台建设，提升境外风险防控治理信息化程度。完善“走出去”政治风险和人身意外伤害保险统保平台建设，加强海外经营权益和人身安全保障。引导企业完善境外安全管理制度、落实风险防范措施，提升企业的突发事件处置能力。

共享篇

应对老龄化，提升养老服务供给能力

天津市经济发展研究院　辛宇

“十三五”以来，天津深入学习贯彻习近平新时代中国特色社会主义思想和党的十九大精神，以习近平总书记对天津工作提出的“三个着力”重要要求为元为纲，坚持五大发展理念，把增进人民福祉作为发展的出发点和落脚点，切实推进养老服务领域重点任务、保障工程，在老有所养、病有所医等方面持续取得新进展，资源共享水平逐步提高，社会保障体系不断健全。为应对我市老龄化的严峻趋势，我市应着力健全以居家为基础、社区为依托、机构充分发展、医养有机结合的多层次养老服务体系，加快多渠道、多领域扩大适老产品和服务供给，显著提升养老服务质量。

一、“十三五”时期天津养老体系建设进展

（一）顶层制度设计加快完善

法制保障不断健全，率先在全国出台地方性法规《天津市养老服务促进条例》，以法规范我市养老服务业发展。发展规划科学布局，先后颁布《天津市养老服务业发展行动计划（2017—2020 年）》《“十三五”老龄事业发展和养老体系建设规划》等，引领天津养老全面协调可持续发展。政策引领作用加强，累计出台 50 余个养老服务政策文件，涵盖居家养老服务补贴、养老机构延伸社区服务、老年日间照料、托老所、老年配餐、养老机构建设及运营等具体政策。老龄工作组织体系持续改进，2019 年，调整成立新一届天津市老龄委组成人员，修订成员单位职责，完善联络员制度，协调各成员单位根据职责分工，共同推进

老龄工作的发展。

(二)兜底保障工程不断夯实

天津市委、市政府始终把兜底保障作为完善养老服务体系的立足点。养老服务补贴标准不断提高,困难老年人居家养老服务得到基本保障,采取政府购买服务的方式,对低保、低收入、高龄、失能和独生子女父母等7类老年人,按照轻、中、重度的照料等级,每月给予居家养老服务(护理)补贴,共惠及4.4万人。社区养老服务职能定位调整优化,累计建成1281个社区老年日间照料中心,服务行动不便、空巢和失独等5类老年人群,提供生活照料、家政服务、康复护理和精神慰藉等6项服务内容,由社会组织或企业提供低偿或有偿服务,打造兼具社区、居家和照料多功能平台。养老机构托底作用凸显,出台市级公办机构轮候入住办法,公建民营养老机构预留15%~20%的床位收住政府保障的各类老年人,提高社会办机构收住失能老年人的运营补贴,鼓励兴办老年养护院和养护单元,加强农村敬老院建设和改造,通过“撤、改、并、转、建”等方式,全面提升对农村特困老年人服务的质量。

(三)养老服务市场扩大放开

“放管服”改革持续深化,激发民间资本的活力,持续加大养老服务扶持力度。自2017年起,将居家养老服务(护理)补贴发放方式,由过去指定企业服务,变为让老年人向服务市场自主选择购买服务,满足老年人多样化、自主化养老需求。通过“互联网+养老”模式,推动养老企业与社区、服务与需求、政策与市场对接,培养46家智能服务企业落地社区,开展线上线下养老服务。给予运营补贴、用工补贴和投保综合责任险等支持政策,照料中心社会化运营逐渐增多。社区养老设施兴办主体多样化,给予运营优惠政策,鼓励社会力量在老旧社区开办照料中心。对社会力量开办并取得养老机构许可证的,给予每张床位0.6万~1.5万元不等的一次性建设补贴,给予每年每张床位1050~2250元不等的运营补贴,并将床位纳入综合责任险投保范围。目前,全市有养老机构387家,各类养老床位达到7.6万张,民办养老机构占全市养老机构总数的

85%,床位占比达到80.1%,已完成国家"十三五"指标任务。

(四)养老服务质量普遍提升

全面开展养老院服务质量建设专项行动,先后出台《养老机构服务规范》等5个地方标准,明确我市养老服务质量提升标准化体系。规范全市养老机构入住合同,丰富个性化养老机构补充协议,从法律法规层面减少入院纠纷与漏洞。落实"放管服"改革,进一步简化设立许可审批手续。通过整治,全市新增取得设立许可的养老机构65家,新增通过消防审验的养老机构76家,撤并严重不达标养老机构17家。指导养老机构建章立制、狠抓不达标养老机构整治整改,全市基本指标不合格养老机构整治率为100%。落实全方位监管,开展养老机构"安全管理月"活动,全面贯彻落实检查讲评制度和季度转换、重要节假日、重大活动期安全抽查、通报制度。引入保险经纪公司对养老机构进行责任事故预防指导,引入第三方专业安评公司定期对养老机构进行安全预防、隐患排查并指导整改。委托第三方专业评估组织,对养老机构在建设、运营、服务质量提升达标等进行全面评估。养老机构服务质量普遍提升,养老机构服务纠纷率仅为0.6‰。

(五)医养结合服务更加多元

推进基本公共卫生服务,加强对主要慢性病老年病人的健康指导、管理和干预,老年人健康管理率达到83.8%,同时为老年人提供中医养生保健、疾病防治指导,65岁以上老年人中医药体质辨识达到60%。深入推进家庭医生签约服务模式,聚焦特需人群,为60岁及以上失能、半失能人员提供入户医疗、家庭病床等医疗护理服务,主动开展上门体检、慢病随访等服务。2019年,提供入户医疗护理服务11.3万人次,家庭病床出院人次数1400例,特需上门服务入户5300余次。推广"机构间医养协作"模式,促进养老机构与医疗机构建立签约合作,机构覆盖率达100%。鼓励"资源整合医养服务"模式,支持基层医疗卫生机构在养老机构内设立社区站,向老年人提供医疗巡诊、保健咨询等服务。设立"机构内绿通服务"模式,推进基层医疗机构绿色通道服务,便利老年人挂号、就医等，全市基层医疗机构开通老年人绿色通道达 90% 以上。

（六）社会保障体系逐步健全

全民参保计划深入推进，保障范围进一步扩大。截至 2020 年，全市养老保险参保人数达到 901 万人，基本形成老年人意外伤害商业险、全民意外伤害附加保险、养老床位综合责任险“三重保险保老年人平安”的保险保障体系。2020 年，《国家医保局、财政部关于扩大长期护理保险制度试点的指导意见》，明确将天津市列入扩大长期护理保险试点城市范围。目前，《天津市长期护理保险制度试点实施方案》正处于公开征求意见阶段。下一步，长期护理险将作为一项新的社会保险制度，为失能人员的生活照料及与其密切相关的医疗护理提供费用保障，化解失能人员家庭护理费用负担。

二、天津养老服务存在的问题

（一）供需矛盾仍然存在

我市人口老龄化趋势严峻，2019 年，60 岁及以上老年人口 267.7 万人，占全部户籍人口的 24.16%，远超全国平均水平（18.1%），已进入深度老龄化。我市人口老龄化发展还呈现高龄化的特点，2018 年底，80 岁及以上高龄老人 32.77 万人，占当年老年人口的 12.65%，对于健康养老等服务需求强烈。根据南开大学的研究测算，“十四五”时期，天津 65 岁及以上老年人口预计增加 56 万人，其中 80 岁以上高龄老人将增加约 8.8 万人。届时，对养老床位的需求量预计达到 20 万张以上。而目前，我市各类养老机构床位数约为 7.2 万张，缺口巨大。

此外，“未富先老、未备先老”的问题给居民自身应对人口老龄化增加了难度，而养老服务作为一项基本公共服务，兜底的服务供给主体是政府，需要各级财政负担。然而，“十三五”时期以来，天津受经济增速下滑影响，财政收支矛盾加剧，政府供给的养老服务或将不足。

（二）区域发展不够平衡

目前，我市养老机构能基本满足老年人服务需求，但服务资源配置仍不够均衡，优质养老服务资源更多集中在中心城区的情况没有发生根本改变，不同居住区域的人群对基本公共服务的满意度相差较大。养老服务资源向农村辐射延伸不充分，城乡之间仍然存在较大差距。此外，中心城区用地紧张、租赁成本和用工成本高，且老旧社区较多，配套适老化设施较少，养老机构购置成本过高等问题越来越明显。

（三）优质服务供给不足

在我国，基本公共服务建设首先要走普惠发展的道路。以往，养老服务通常强调覆盖全民、兜住底线、均等享有等，但普惠发展并不意味着不追求优质的服务水平。天津养老产业尚未形成集聚，且缺乏龙头企业带动。根据 2018 年的一项抽样调查，我市群众对优质养老服务的需求十分迫切，社会需求趋于多样化、个性化和人性化。

（四）社区养老效能不高

老年人对医疗卫生和健康护理有更多的要求，需要把医疗服务与社会服务结合起来，对社区卫生服务需求量较大。“十三五”时期，我市千人基层卫生人员数的配置标准为 3.5 人，随着人口老龄化程度的加深，这一标准恐难适应新形势。我国城市老年人日常生活自理能力衰退主要发生在 75 岁以后，80 岁以下，老年人需要的照护基本为部分照护（半自理），80 岁以后，需要全面照护的比例迅速提高。目前，天津社区养老服务标准体系并未真正建立起来，社区服务内容和水平参差不齐。虽然很多社区也有助老志愿者服务队伍，但由于缺乏经验、缺乏系统性和连续性，不能充分、长效发挥助老作用。偏向照护需求的社区养老设施不完善、标准建设滞后和人才供应不足、服务水平不高等问题亟待解决。

(五)养老政策不够系统

目前,我市各部门养老服务政策成“条型”状态,缺乏“网状”的互动和交织,彼此间承接、协同和互补关系还不明显。养老服务工作统筹协调难,缺乏强有力的协调机制,限制了养老服务整体推进的力度。

总体看,当前,我市已进入人口老龄化加速期,但养老床位缺口仍存在,服务层次结构不够合理,存在供需错位的矛盾,养老服务区域分布不够均衡,城乡养老保障水平仍有差距,服务优质化、专业化水平不足,社区养老服务设施未能充分发挥应有作用,养老服务供给有待改善,政策系统性需要加强。

三、各地养老服务建设经验

(一)国外养老服务建设经验

美国建有成熟完善的养老保障制度,分为政府强制推行的社会保障项目、雇主提供的养老保险金计划、雇员自愿建立的个人退休金账户三部分,保障水平高,为老年人实现老有所养提供了重要的经济支撑。美国注重发挥税收杠杆作用,公民个人退休账户免税额度很高,已成为公民的长期储蓄工具。养老服务业业态丰富,社会化、市场化程度较高,普遍实行连锁化经营、集团化发展,尤以社区居家养老和老年公寓为主。其中,社区老年服务体系完善,大多数社区都建有老年日间照护中心,主要为高龄、体弱、慢性病老年人提供护理、康复等服务,且各类生活辅助、文化、体育等设施健全,养老机构的辐射作用突出。老年公寓深受健康老年人青睐,由政府或慈善机构出资建设,产权归政府所有,建成后由社会力量运营。美国重视医、护、养一体化发展,建立了完善的“访家护士”体系,定期为居家老年人提供基本的护理等服务。

日本政府重视居家养老制度建设,共设置老年人住宅改造、安危确认制度等 13 大类居家养老福利,基本可以满足不同老年人的需求。居家养老制度以养老金、医疗保险、护理保险为基础,政府承担护理人员、护理用品等大部分费用,老年人自己支付10%的费用,负担很轻。政府还建立完善的家庭护理服务人员培训与考核体系,所有护理人员均须拥有国家专业资格证书,并由专业公司管理。

加拿大养老保障制度高度发达,分为老年保障金计划、强制性养老保险计划、雇主养老保险计划和个人退休储蓄计划,凡是65岁以上、在加拿大居住满40年以上的老人,都可享受由联邦政府提供的全额老年保障金。同时,国民健康保险制度使得65岁老人基本可享受免费医疗和长期护理服务。养老机构多数由慈善组织、社会公益组织或个人建立,政府独立或与企业合作举办的养老机构不到20%,且主要为失能、半失能老年人服务,并以公建民营方式运行。加拿大注重在城市建设中充分体现为老宜老的特征,城市基础设施、公共场所老年服务设施、文化、教育、宣传等各方面都广泛征求老年人意见,并尽力提供人性化、精细化服务。

澳大利亚养老产业有近百年的发展历史,主要的养老机构包括养老公寓(退休村)、居家养老及社区养老服务、养老院、医院护理等。养老公寓面向相对年轻的老人提供居住、娱乐服务;居家养老及社区养老提供配餐、个人护理、运输及家政服务,约有90%的老人接受此项服务;养老院是当地养老产业最主要的形式,面对不同护理等级的老人提供高层次、低层次及专项护理;医院护理主要针对患病需要医疗的老人给予医疗干预。澳大利亚提倡渐进式养老,很多规模化经营的养老机构同时拥有老年公寓及养老院的设施,老人在不同的阶段可以递进式享受熟悉的服务。养老机构的建筑设备和人员配置有统一科学的标准监管,护理人员有严格准入制度和完备的培训体系,并按专业程度由低到高分为养老护理助手、养老登记护士、养老注册护士。政府是养老服务最大的资金投入者,但近年来,随着资本界对养老管理企业广泛给予财务支持,养老机构的运营主体逐步趋向多元化、市场化,目前,营利性机构约占36%,宗教及慈善机构约占45%,其余为政府及社区管理。

总体上,国外建有完善的社会保障制度,养老服务注重充分考虑老年人的经济、生活照顾、医疗护理和精神慰藉等全方位需求,并建立分阶段、分层次、分级别的养老体系,实行规范化和标准化管理。目前,居家养老是流行的国际趋势，政府承担兜底保障和引导作用，养老服务机构主要由社会力量运行。

（二）国内各地养老服务建设经验

香港遵循世界银行建议的“三支柱”养老金模式，即“综援”（类似内地居民最低生活保障）和高龄津贴等政府保障、“强制性公积金”和“职业退休计划”等职业储蓄、个人储蓄及家庭资助等社会养老投资。养老服务以居家养老、日托中心及机构养老为主，同时高度重视养老服务人员的专业化，出台《社会工作者注册条例》，对于养老服务社工作出详细规定，只有接受过专业训练的注册人员方可申请养老机构专业岗位。政策监管确保了养老服务的质量，同时提高了养老服务专业人员的地位。

重庆大力推进养老服务设施建设，已建成养老服务机构 1427 所、床位 22 万张，城乡社区养老床位（含日间照料）7 万张。着力打造城市社区嵌入式养老模式，在每个城市街道至少建设一个养老服务中心、每个社区建设一个社区养老站，打造一刻钟养老服务圈。开展实施居家适老化改造工程，规划在 2020 年底前，按照每户补助 2000 元的标准，遴选 5000 户高龄、失能、残疾老年人家庭实施改造。此外，重庆还不断改善农村敬老院服务设施条件，新建失能特困人员集中照护中心 10 家，推进乡镇敬老院改造升级，将条件适宜的乡镇敬老院与乡镇养老服务中心统筹建设，围绕“热水供应常态化、生活寝具标准化、卫浴空间适老化”开展乡镇敬老院“三改”行动。

杭州视生命健康产业为数字经济后的第二突破点，以数字经济和生命健康两大优势领域叠加推动智慧健康养老产业发展。通过引才引智，杭州聚焦医疗信息化、高端医疗器械、临床 CRO、化学药等细分产业，形成智慧医疗与体外诊断两大优势特色细分领域，并运用大数据等智能化技术提高养老服务管理水平和服务效率，培育了一批国内领先的智慧健康养老建设全面解决方案提供商和服务商。“医养结合 + 社会组织 + 专业陪护”的智慧健康养老多元化服务模式正在形成。

南京注重居家养老领域服务创新，养老服务综合排名第一的栖霞区创建“微孝栖霞”日间照料品牌，建立标准化居家养老连锁站点和服务体系，通过每人每月500元的政府购买，建设社区助餐点，开设“邻里小餐桌”，为困难失能、失智老人提供日间照料，推广志愿者服务为独居老人提供爱心午餐，并加快建设社区居家养老综合护理中心，实现社区居家养老中心“医养融合”，保障市民15分钟步行半径内即有一处便民为老服务机构、场地或设施。

江苏太仓作为县域养老的典范，为破解养老服务城乡不平衡、农村养老短板等问题，持续加大城乡统筹，推动构建了“城乡一体”全覆盖的养老设施网络，全市9个镇区建成17家养老机构和老年护理院，居家养老和日间照料服务覆盖率均达100%。居家养老月服务老年人超3万人，培育引入30多家专业养老社会组织企业、200多名老年社工、近千名护理员，有力保障了城乡15万余老年人多元高质量的养老需求。

总体看，在各级政府的指导下，国内各地探索医养结合、保险服务等方案，逐渐形成了以机构养老为服务依托、社区养老为服务场景、居家养老为服务终端的养老服务模式，全方位覆盖老年人各类养老生活需求，并逐步向多元化、享受型、智慧型转变。

四、天津提升养老服务供给能力对策建议

党的十九届五中全会提出，“实施积极应对人口老龄化国家战略”，全会通过的《中共中央关于制定国民经济和社会发展第十四个五年规划和二〇三五年远景目标的建议》提出，发展普惠型养老服务和互助性养老，支持家庭承担养老功能，培育养老新业态，构建居家社区机构相协调、医养康养相结合的养老服务体系，健全养老服务综合监管制度。面对我市老龄化总量大、速度快、长期化等特点，“十四五”时期，更应将提升养老服务供给能力融入经济社会发展全局统筹考虑，积极应对、科学应对、综合应对。

（一）完善养老服务顶层设计

要在贯彻落实国家和本市养老服务有关标准的基础上，加快研究制定养老服务相关政策文件，完善投融资、用地、政府补贴、行业监管、医养结合等养老服

务政策制度，推动公办养老机构改革试点，建立政府购买养老服务目录清单，拓展政府购买居家养老服务范围、项目、形式，提高购买服务标准。

（二）巩固居家养老基础地位

推动城乡经济困难老年人居家养老服务（护理）补贴城乡统筹，逐步建立以空巢、留守、失能、重残、计划生育特殊家庭老年人为主要对象的居家探访制度，为生活可以自理的老人提供饮食起居、买菜做饭、慢性病治疗等基本上门服务。调整照料中心职能定位，探索多种业态和经营模式，加快推进社会化运营改革。逐步推进居家养老服务设施集点成网，积极打造居家老年人身边的微型养老院。推广“互联网 + 养老”的智能居家养老模式，推进智慧养老产品家庭化和远程医疗发展，进一步推进家医签约服务。

（三）加强社区养老标准体系建设

社区养老是多层次养老服务体系的基础，“十四五”期间，应聚焦社区养老服务标准体系建设，明确服务项目、支付类别、服务对象、质量标准、支出责任、牵头负责单位等，切实做好社区养老服务。探索“物业服务 + 养老服务”模式，支持物业服务企业开展老年供餐、定期巡访等形式多样的养老服务。借助互联网技术，加强社区养老服务信息平台建设，搭建养老服务供需精准对接平台。

（四）扩大机构养老供给能力

扩大机构养老数量供给，积极推进公办养老机构改革，研究制定公建民营实施细则，鼓励社会力量兴办照料中心等，提供与失能老年人口相适应的养老床位数，促进公办、民办养老机构公平竞争，有序发展。继续深化医养结合，支持经营效益差的医疗机构转型为老年养护机构，鼓励大型医疗机构建设养护机构，推动养老机构内设护理院，加大基层医疗体系投入和建设，支持医疗机构与养老机构建立协作机制。积极鼓励竞争力强、有实力的大型养老机构和组织实行连锁化经营、集团化发展，打造天津养老品牌。

(五)推进养老配套服务设施建设

落实养老服务设施分区分级规划建设和配套标准,优先发展各类居家社区养老服务设施,形成老年人便利生活圈。持续开展养老服务质量建设专项行动,推进质量隐患整治工作。前瞻规划土地供给,新建住宅小区严格落实配套养老服务设施“四同步”要求。无养老服务设施或未达标的旧住宅,应通过购置、置换、租赁等方式开辟养老服务设施,包括增加升降梯、安装无障碍设施等。探索对家庭内部的适老化改造,如户型改造、自主安装无障碍设施等,从根本上方便老年人的生活起居及出行。

(六)提升养老服务供给质量

坚持以需求为导向,着眼于部分老年人中高端养老的弹性需求,推行个性化、精细化服务供给。大力发展医、护、养综合型高端养老机构。引导未开发房地产用地重点向老年社区用地转型,鼓励房地产企业将市场存量房产转型为老年住宅、老年大学,配建养老设施,完善养老服务功能,并建立严格的入住准入和房产使用管理制度,确保老年住宅性质和用途不变。大力培植休闲养生、文化养老、教育养老等新兴业态。充分发挥我市沿海地区区位优势,发展异地养老、旅游养老、候鸟式养老基地。支持和鼓励有关企业和科研机构研发康复器具和老年用品产品。

(七)深化城乡养老服务均衡发展

统筹城乡规划,扎实构建农村养老服务体系。逐步缩小城乡居民社会养老保险保障水平差距,使广大人民群众平等共享经济社会发展成果。健全农村养老服务网络,推进农村特困人员供养服务机构(敬老院)法人登记工作,扩大农村日间照料中心比例,统筹布局城乡公共服务设施,实施提升改造工程。积极探索互助养老,切实做好农村老年人关爱工作,依托村“两委”、村医、综治员、老年社工、志愿者等人员,提供兼职养老服务和文化娱乐上门服务。

（八）探索京津冀养老领域协作

共同规划京津冀三地养老机构布局，深化“通武廊”地区一体化改革，重点推动武清区养老护理中心试点建设，落实京津冀养老工作协同发展合作协议。开展跨地区购买养老服务试点，推动医疗保障跨行政区域异地结算。支持三地行业协会在产业规划制定、产业转移升级、行业标准制定、市场秩序规范等领域积极发挥作用。加快推进三地养老服务政策制定、设施规划、市场规范、行业标准等相互衔接。

（九）多渠道增加养老服务资金投入

进一步健全政府投入保障机制，加强财政资金统筹，加大转移支付资金向财力困难区和农村地区倾斜力度。统筹安排、合理使用、规范管理各类养老服务投入资金。深化养老领域供给侧结构性改革，放宽行业准入，进一步激发养老领域的投资活力，推广运用政府和社会资本合作（PPP）模式助推民心工程建设，着力增加产品和服务供给。加快探索符合我市实际的养老领域产业专项债券发行模式，拓展建设资金来源。鼓励通过合资、合作等方式，支持共建养老机构。发挥慈善组织、专业社会工作服务机构在基本公共服务中的重要补充作用，落实慈善捐赠的相关优惠政策。

（十）强化人才队伍建设

持续实施养老领域专业人才培养计划和重大人才引进工程，提升整体服务水平。加强与在津高校的合作，加大订单式培养人才规模。加强养老队伍服务理念、服务标准等培养培训，全面实行资格认证和持证上岗位。鼓励人才合理流动，增强人才与岗位的匹配度，制定合理规范的人员薪酬激励制度。

参考文献：

[1]王皓田：《“十四五”时期完善养老服务体系需厘清的几个问题》，《中国经贸导刊》2019 年第 29 期。

[2]吴飞:《社会化居家养老服务体系供给侧改革的任务与思路》,《区域治理》2019 年第 49 期。

[3]道靖:《我国养老服务供给侧改革结构性矛盾及策略分析》,《智库时代》2020 年第 4 期。

[4]仙蜜花、邓大松:《政府购买农村居家养老服务资金规模预测——兼论对政府财政的影响》,《财政研究》2020 年第 9 期。

[5]李新华、祖兆林、杨慎可:《国内外养老健康产业模式探析》,《保险理论与实践》2019 年第 3 期。

正确认识人口因素影响
增强高质量发展活力

天津市经济发展研究院　丁绪晨

人口是经济活动的基础，人才是创新发展的源泉，我国人口总量的高增长难以持续，存量的城市间竞争将更加激烈。近年来，天津人口形势面临挑战，老龄化、少子化、不婚化、流动化等“四化”现象突出，对经济发展产生深刻影响：一是劳动力资源对 GDP 的贡献程度相对上升，劳动力资源增长放缓拉低经济增速；二是“四化”现象影响科技创新水平提升，不利于经济创新发展；三是流动人口增量减少影响消费扩张、工业增长。为有效减轻“四化”对天津经济社会发展的影响，实现人口持续增长与高质量发展的良性循环，需要推动以城聚人、以产揽人、以商吸人、以策引人、以生育人和以居留人。

一、准确把握人口形势的变化

人口对一个地区的经济发展具有不可替代的作用，当前天津市已步入全面建设社会主义现代化大都市新征程，经济发展任务艰巨而繁重，准确把握人口因素对经济发展的影响机制，才能更好实现人口持续增长与高质量发展的良性循环。

当前，我国常住人口年均增速已由第四次全国人口普查时的 1.5% 下降至第七次全国人口普查时的 0.5%，我国常住人口逐步进入存量时代，城市间的人口竞争愈演愈烈，老龄化、少子化、不婚化加速到来。近年来，天津市人口总量增速逐渐放缓，结构性矛盾日益突出，人口红利逐步减弱，人才重要性愈加凸显。

（一）人口形势的变化趋势

1. 城市间人口分化加速

近年来，我国城市人口发展的“马太效应”愈加明显，人口加速向大城市聚集，南方城市强于北方城市，天津市在人口竞争中处于劣势。截至2020年，我国已有18个城市常住人口超千万，排名前十的城市中，仅有北京、天津、郑州三座北方城市，分列第三、七、八位。近十年来，共有28个城市常住人口增量超百万，排名前十的城市中，仅有郑州一座北方城市，位列第四位。十年来天津市常住人口共增加92.8万人，排名第29位，年均增长0.7%，低于北京（228.1万人，1.1%）、上海（185.2万人，0.8%），更低于广州（597.6万人，3.9%）、深圳（713.6万人，5.4%）。

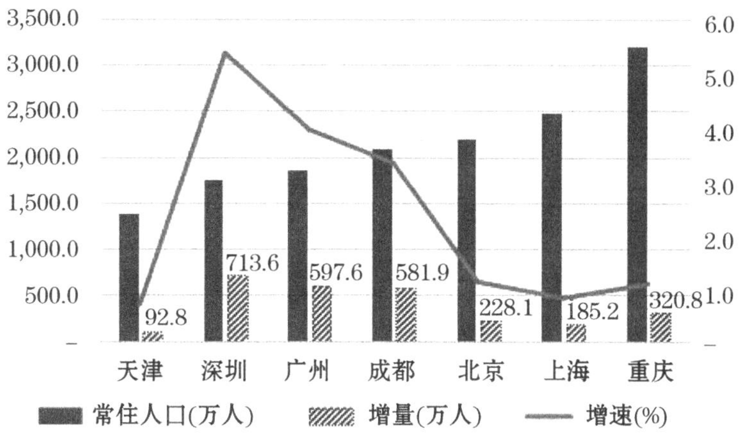

图1　七座超大城市2020年常住人口、近十年人口增量及增速比较

数据来源：各城市统计局网站、统计年鉴等，下同。

2. 各区间人口分布不均

从天津市各区情况看，中心城区、滨海新区常住人口呈下降趋势，人口加速向环城四区流动。从常住人口变化看，8个区人口增长，增量超过30万人的为西青区、津南区；7个区人口减少，下降超过10万人的为滨海新区、河北区、南开区。从常住人口密度看,呈现从中心向四周递减的态势,中心城区人口密度超过 2. 3 万人/平方公里,约为环城四区的 12 倍、滨海新区的 27 倍、远郊五区的 49 倍。从滨海新区情况看,常住人口减少、占比偏低是需要关注的重点。十年来,滨海新区人口减少 41. 5 万人,同期浦东新区增长 63. 7 万人;截至 2020 年,滨海新区人口仅占全市的 14. 9%,低于浦东新区 7. 9 个百分点。

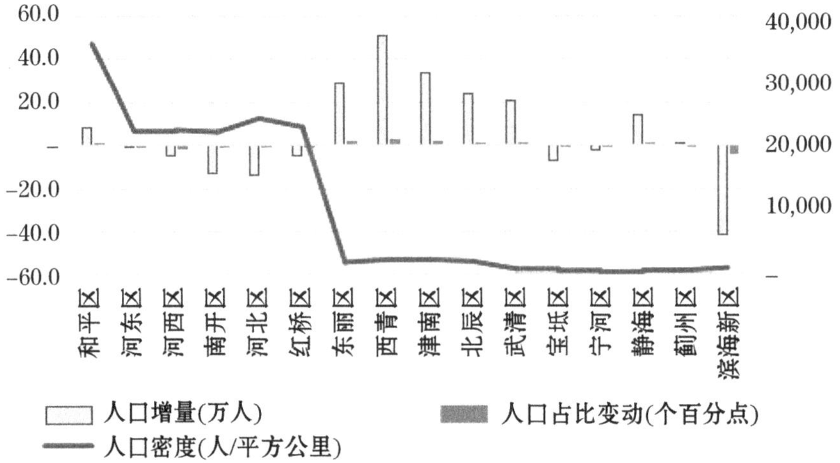

图 2　天津市各区 2020 年人口密度、十年来人口增量及变动比较

(二)人口形势的变化特点

1. 流动化加剧

流动人口是天津市常住人口增长的主要来源,流动化加剧使得天津市流动人口增量较少,导致常住人口年均增速呈下降趋势。2020 年天津市流动人口为 353. 5 万人,占常住人口的 25. 5%,流动人口数量及占比均与北京和上海等地有较大的差距。十年来天津市流动人口增加 54. 3 万人,仅相当于北京的 39. 6%、上海的 36. 2%、深圳的 12. 9%,却贡献了天津市常住人口增量的 58. 6%。

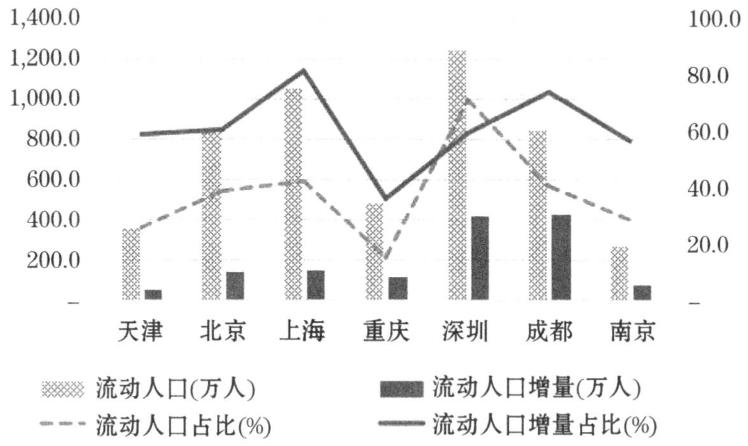

图 3　部分城市 2020 年流动人口及占常住人口比例、十年来流动人口增量及占常住人口增量比例

2. 老龄化加深

2010 年以前，天津市老龄化程度较低且增长缓慢，常住人口中 65 岁及以上人口占比由 1990 年的 6.5% 上升至 2000 年的 8.3%，随后微增至 2010 年的

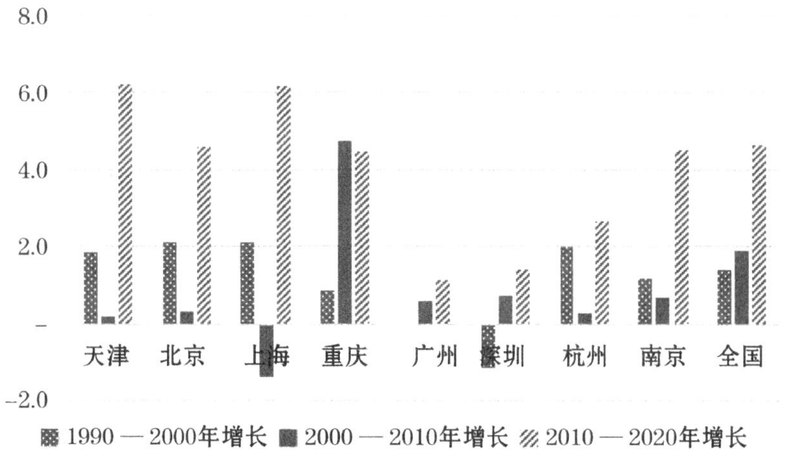

图 4　主要城市老龄化率变化情况（单位：个百分点）

8.5%。近十年来,天津市老龄化率增速快于其他主要城市,2020 年老龄化率达到 14.8%,高于全国的 13.5%,天津进入深度老龄化;十年来,天津老龄化率提高 6.2 个百分点,与上海持平,同期,北京提高 4.6 个百分点,重庆提高 4.5 个百分点,广州提高 1.2 个百分点。

3. 少子化加重

天津市常住人口出生率在 1997 年首次跌破 10‰,目前已震荡下行至 7‰ 以下,低于全国约 4 个千分点。同时,户籍人口家庭平均户规模由 2000 年的 3.1 人/户,下降至 2010 年的 2.8 人/户,进而下降至 2020 年的 2.4 人/户,低于全国的 2.6 人/户。

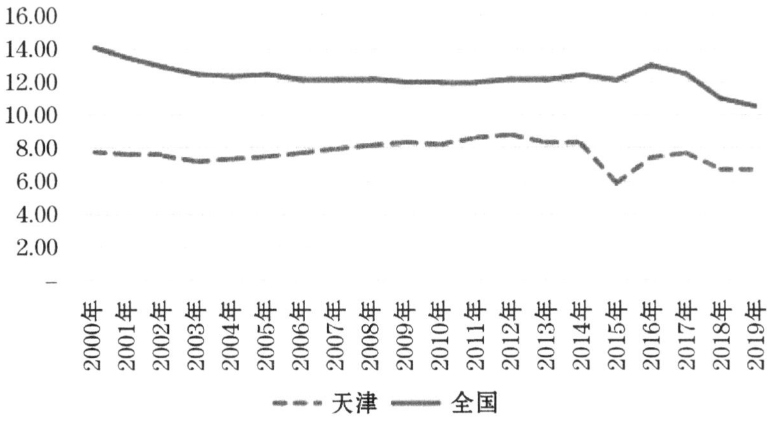

图 5 天津市与全国常住人口出生率(‰)

4. 不婚化突出

近年来,天津市不婚化现象日益突出。2000 年至今,天津市初婚人数在 2015 年达到 17.5 万人的高点,之后逐年下降,至 2019 年已低于 10 万人;同时,离婚人数则逐年增加,从 2000 年的 2.7 万人上涨至 2019 年的 14.9 万人。

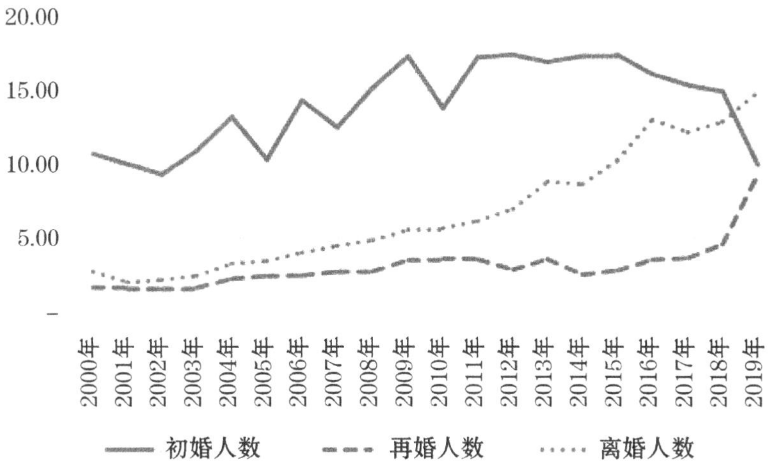

图6　天津市结婚与离婚人数变化情况(单位:万人)

从日本、韩国等国家的发展规律来看,老龄化、少子化、不婚化现象的出现以及常住人口增速放缓是经济社会发展的必然趋势。从天津市人口形势的变化来看,流动人口增量少是其中最核心、最突出的特点。根据《中国流动人口发展报告2018》,2015年流动人口中18—60岁人口占80.9%,平均年龄29.3岁,流动人口主要是有劳动能力的年轻人口。流动人口增量减少加剧了天津市老龄化、少子化程度。分析成因,天津市流动人口增量少的原因是复杂的,很大程度上是包括产业实力、经济活力、收入水平、置业压力等相关因素综合作用的结果。

二、正确认识人口因素的影响

经济发展与人口、资本和技术息息相关,且资本积累和技术进步都需要人发挥决定性作用。人是必不可少的生产要素,是举足轻重的消费群体,是科技创新的唯一源泉,更是经济发展的根本目的。从天津市实际GDP增速与20年前出生人口数的走势图可以看出,二者之间具有一定的相关性,当更多的出生人口成年后参与到经济活动中时,GDP增速大概率会更高,反之类似。

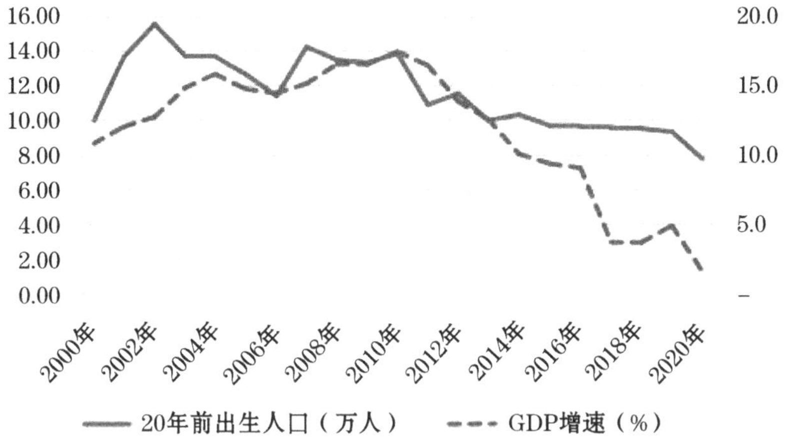

图 7　天津市 GDP 增速与 20 年前出生人口数量走势

正确认识人口因素的影响，对于推动天津市经济高质量发展至关重要。本文将利用天津市相关数据，研究人口因素对经济发展的影响。

（一）劳动力资源对 GDP 的贡献程度相对上升

劳动力资源是最重要的人口因素之一，通过研究劳动力资源对 GDP 的影响程度，可以看出人口对经济发展的重要作用。

1. 模型选取

本文采用柯布－道格拉斯生产函数分析劳动力资源、资本存量对 GDP 的影响，以及劳动力资源对 GDP 影响程度的变化情况，公式如下：

$$Y = AK^{\alpha}L^{\beta}$$

其中，A 为初始技术水平，K 为资本存量，L 为劳动力资源，α、β 分别为资本存量和劳动力资源的产出弹性，即资本存量、劳动力资源每增加 1% 带来 GDP 的增加百分比。在不考虑技术水平影响的情况下，两边取对数得到分析模型：

$$Ln(Y) = C + \alpha Ln(K) + \beta Ln(L)$$

2. 指标选取

GDP(Y)选取1993—2019年天津市实际GDP。

资本存量(K)采用永续盘存法估算,本年度资本存量=(上年度资本存量×(1-资产折旧率)+本年度资本形成总额)/GDP平减指数,GDP平减指数=本年GDP/(上年GDP×本年GDP指数)。资本存量选取全社会固定资产投资数据,参考相关研究,由于基年资本存量设定对总资本存量估算结果影响较小,因此基年资本存量选取1992年全社会固定资产投资169.88亿元的10倍估算,资产折旧率采用张军(2004)计算的9.6%。

劳动力资源(L)选取劳动力资源总数,即16岁以上有劳动能力人员。

3. 研究结论

通过对1993—2005年、2006—2019年的两组数据分别进行回归分析,结果如表1、表2所示:

表1　劳动力资源、资本存量对GDP的影响(1993—2005)

Variable	Coefficient	Standard Coefficient	Std. Error	t - Statistic	Prob.
C	-13.295	-	2.054	-6.474	0.000
Ln(K)	0.573	0.556	0.078	7.336	0.000
Ln(L)	2.429	0.479	0.385	6.316	0.000
R - squared	0.982				
Adjusted R - squared	0.979				
Durbin - Watson stat	1.460				
F - statistic	277.208				

表 2　劳动力资源、资本存量对 GDP 的影响(2006—2019)

Variable	Coefficient	Standard Coefficient	Std. Error	t – Statistic	Prob.
C	-3.961	-	3.368	-1.176	0.265
Ln(K)	0.287	0.526	0.116	2.483	0.030
Ln(L)	1.421	0.470	0.641	2.219	0.048
R – squared	0.985				
Adjusted R – squared	0.983				
Durbin – Watson stat	0.874				
F – statistic	366.148				

从表 1、表 2 的回归结果可知,各解释变量 t 值显著,在 5% 的显著性水平下通过检验;R^2 均超过 0.98,回归拟合程度高;D – W 值大于 0,自变量之间可能存在正相关。总体来看,模型回归效果良好。模型的最终表达式分别为:

$$Ln(Y_1) = -13.295 + 0.573Ln(K) + 2.429Ln(L)$$

$$Ln(Y_2) = -3.961 + 0.287Ln(K) + 1.421Ln(L)$$

各解释变量的回归系数表示产出弹性。从模型回归结果可得如下结论:一是劳动力资源相对资本存量对 GDP 的影响程度呈上升趋势。劳动力资源的产出弹性与资本存量的产出弹性之比由 1993—2005 年的 4.2∶1 上升至 2006—2019 年的 5.0∶1,劳动力资源相对于资本存量对 GDP 的影响程度提高了 16.8%。二是劳动力资源对 GDP 贡献程度正在逐渐赶上资本存量对 GDP 贡献程度。劳动力资源贡献程度与资本存量贡献程度的比例由 86.2% 上升至 89.4%。

因此,随着天津市经济发展水平不断提高,劳动力资源将发挥更加重要的作用。天津市劳动力资源增长的主要来源是流动人口,近年来天津市流动人口增量较少,导致劳动力资源增长放缓,拉低了天津市经济增速。

(二)减轻“四化”影响,有利于促进经济创新发展

天津市“四化”现象突出,通过分析老龄化、少子化、不婚化、流动化与经济发展之间的相关关系,可以衡量“四化”与经济发展各方面的关联程度。

1. 模型选取

采用灰色关联系数衡量指标之间的关联程度,公式如下:

$$\xi_i(k)=\frac{\min_i \min_k |x_0(k)-x_i(k)|+\rho\times\max_i \max_k |x_0(k)-x_i(k)|}{|x_0(k)-x_i(k)|+\rho\times\max_i \max_k |x_0(k)-x_i(k)|}$$

其中,$x_i(k)$表示第 i 个因素的第 k 个数值,$\min_k |x_0(k)-x_i(k)|$表示被解释指标与第 i 个因素绝对值的最小值,$\min_i \min_k |x_0(k)-x_i(k)|$表示被解释指标与所有因素绝对值最小值的最小值,$\max_i \max_k |x_0(k)-x_i(k)|$表示被解释指标与所有因素绝对值最大值的最大值;ρ 为分辨系数,ρ 越小,分辨力越大,一般取值区间为(0,1),通常取值 0.5。灰色关联系数越大,代表指标之间的关联程度越高。

2. 指标选取

老龄化指标选取老龄化率,少子化指标选取人口出生率,不婚化指标选取结婚人数,流动化指标选取流动人口数。

经济发展指标从创新、协调、开放、共享四个方面进行测度。创新指标选取专利授权量,协调指标选取产业结构,开放指标选取外贸依存度,共享指标选取城乡居民收入差距。

指标选取具体内容见表 3。

表 3 “四化”与经济发展关联程度的指标选取

一级指标	二级指标	计算公式
创新发展	专利授权量	专利授权量
协调发展	产业结构	第二产业增加值/第三产业增加值
开放发展	外贸依存度	进出口总额/GDP
共享发展	城乡居民收入差距	城镇居民人均可支配收入/农村居民人均纯收入

续表

一级指标	二级指标	计算公式
老龄化	老龄化率	65 岁及以上人数/常住人口总数
少子化	出生人口	常住人口的出生人口数
不婚化	结婚人数	初婚人数 + 再婚人数
流动化	流动人口	常住人口 – 户籍人口

3. 研究结论

经计算各指标之间的灰色关联系数,得表 4。

表 4 “四化”与经济发展指标的灰色关联系数

灰色关联系数	创新发展	协调发展	开放发展	共享发展
老龄化	0. 7486	0. 6138	0. 6136	0. 6561
少子化	0. 6467	0. 5911	0. 5881	0. 6229
不婚化	0. 7565	0. 6795	0. 6645	0. 7135
流动化	0. 7074	0. 5512	0. 5510	0. 5776

根据模型结果,可得如下结论:对天津市来说,“四化”均与代表创新发展的专利授权量的关联度最高,与代表开放发展的外贸依存度的关联度最低。

老龄化、流动人口减少,降低年轻人口占比和规模,不婚化、少子化削弱年轻人口后备力量,影响年轻人口创新主力军作用的发挥,导致经济活力减弱、创新能力降低。因此,降低老龄化率、引进流动人口、提高结婚率、增加出生人口,有利于提升科技创新水平,促进天津市经济创新发展。

(三)增加流动人口,有助于提升消费水平和工业增速

天津市人口变化趋势中最突出的特点是流动人口增量少,通过分析流动人口与 GDP、工业、服务业增加值等经济指标之间的灰色关联系数,可以看出流动人口与不同指标之间关联度的相对大小。

1. 指标选取

流动人口指标选取流动人口数,经济增长指标选取 GDP、工业增加值、服务业增加值、社会消费品零售总额、外贸进口总额、外贸出口总额。

2. 研究结论

经计算各指标之间的灰色关联系数,得表 5。

表 5 流动人口与经济增长指标的灰色关联系数

灰色关联系数	GDP	工业	服务业	消费	进口	出口
流动人口	0.7082	0.8045	0.6449	0.7953	0.6504	0.5729

根据模型结果,可得如下结论:整体而言,天津市流动人口与消费和工业的关联度较高,其次是 GDP 和服务业,与进出口的关联度较低。

流动人口年龄结构较为年轻,消费能力较强,是工业生产的重要力量,流动人口减少,导致消费活力偏低、工业生产增速放缓。因此,增加流动人口对于提升天津市消费水平、拉动工业增长具有重要作用。

三、多措并举增强高质量发展活力

人是生产力第一要素,是经济发展的根脉所在、活力所在,人口因素在很大程度上将决定一个城市未来发展所能触及的高度。为此,在全面启动社会主义现代化大都市建设的新征程中,将人才强市作为首要战略来抓,聚人气、增活力,实现人口持续增长与城市高质量发展的良性循环,建议如下:

(一)以城聚人

人依城居,城以人兴。城市是人们生产生活的重要场所,要千方百计提升城市功能,增强其对人的吸引力。一是"津城"突出优。打造中央活力区,形成若干现代服务业标志区,建设具有竞争力的核心承载区,增强环城四区城市功能,提升人口吸纳能力。二是"滨城"突出聚。按照城市标准规划建设滨海新区,加快补齐基础设施和公共服务短板,推动产城融合、职住平衡,提升生产性服务业与先进制造业的融合发展水平,促进人口集聚增长。三是远郊五区突出稳。强化各区资源集聚能力,促进城乡融合发展,打造一批宜居宜业、各具特色的现代服务业组团和特色城镇,提升人口城镇化水平。

(二)以产揽人

产业是人的全面发展的载体,是提高人均收入水平的关键,是促进人口增长的重要基础。一是加快实施制造业立市。立足"一基地三区"发展定位,培育形成战略性新兴产业、高技术产业等高端产业龙头企业,围绕龙头企业拓展产业链,对关键节点上企业的能耗、排污等环保指标纳入全产业链统筹,避免一刀切对产业链发展的影响。二是深入改善创新环境。充分发挥企业创新主体作用,建立完善科企对接、产学研合作平台和公共服务平台,促进科技成果向企业转化;支持龙头企业组建产业技术创新联盟,进一步激发民营企业创新活力。三是提前布局相关产业。老龄化利好养老和医疗保健等行业,少子化、不婚化利好娱乐消费行业,要提前谋划布局,大力发展银发经济,引导单身经济健康发展。

(三)以商吸人

深刻认识并精准把握商业的以人为本要旨,加快"双中心"建设,提升商贸功能,形成万商云集、近悦远来的局面。一是加快国际消费中心城市建设。大力发展消费新模式、新业态,加快构建线上线下融合的"智能+",积极发展首店经济,创新发展夜间经济,探索发展免税经济,引进一批国际知名一线品牌落户,吸引八方客来,提升天津商业消费聚集度。二是加快区域商贸中心城市建设。优化海河国际商业中心布局,实施高品质商业步行街改造提升工程,形成若干主题鲜明的商业地标和体验中心,加快电商龙头企业区域分拨中心建设,畅通国内物流通道,提升天津商业的吸引力和服务力。

(四)以策引人

着力实施人才强市战略,既要注重人口数量的作用,也要重视人口质量的价值，在继续推动“海河英才”行动计划的同时，进一步加大以策引人的力度。一是放宽落户限制。天津市学历型人才中全日制本科生、硕士研究生落户的年龄上限分别为40、45周岁，技能型人才中具有技师职业资格的年龄上限为40周岁，均低于杭州5年。应进一步放宽相关限制，以“来了就是天津人”为标准，吸引学历型、技能型等各类人才。探索按照户籍人口标准对待流动人口的体制机制。二是提供实践平台。搭建高校与企业和科研院所之间的合作平台，为大学生提供优质实习机会，完善大学生就业、创业补贴长效机制，提升高校毕业生留津数量和比例。

（五）以生育人

人口问题是“国之大者”，随着全面二孩政策放开后补偿性生育累积势能逐渐放缓，2021年5月，全面三孩政策应势而来，要全面落实国家三孩政策。一是提升婚育意愿。加强对年轻人婚恋观、家庭观的教育引导，鼓励企事业单位和社会团体定期组织各种形式的联谊活动和宣传讲座。二是降低婚嫁负担。整治天价彩礼、婚嫁陋习等不良社会风气，营造天朗气清的婚嫁氛围。三是降低抚养开支。提升优生优育服务水平，大力发展0—3岁幼儿普惠托育服务体系，统筹好老人隔代照养与延迟退休的关系。四是保障合法权益。完善生育休假制度，延长夫妻双方的生育假期，保障女性就业合法权益。

（六）以居留人

从古至今，逐水而居是人们最朴素的追求，体现了人们对美好生活环境的向往。一是加强生态环境建设。牢固树立绿水青山就是金山银山的理念，坚持生态优先、绿色发展导向，坚持留白、留绿、留璞，坚持山水林田湖草系统治理，加快推进“871”重大生态建设工程，构建生态文明体系，增加绿色空间和生态产品供给，促进经济社会发展全面绿色转型，建设人与自然和谐相处、共生共荣的现代化美丽天津。二是提升公共服务水平。进一步优化公共服务水平，加快补齐基础设施、公共卫生、健康养老等方面的突出短板，提高便利化程度，提升幸福感水平，以更加绿色宜居的城乡人居环境，吸引国内外优秀人才齐聚津门干事创业。

参考文献：

[1]解韬、由丽芳等：《广东省劳动年龄人口变化对经济发展的影响研究》，《广东经济》2020 年第 4 期。

[2]刘新：《我国人口老龄化对经济发展的影响研究》，《现代营销》2021 年第 7 期。

[3]张军、吴桂英等：《中国省际物质资本存量估算：1952—2000》，《经济研究》2004 年第 10 期。

[4]黄凤羽、王刚等：《中美经贸摩擦背景下天津市持续改善营商环境研究》，《天津体改研究》2021 年第 4 期。